小学教育研究方法

◎ 主　编　曾晓洁

◎ 副主编　张洪萍　彭玲艺

高职高专小学教师培养系列教材

中国教育出版传媒集团
高等教育出版社·北京

内容提要

本教材依据《教师教育课程标准（试行）》，结合《小学教师专业标准（试行）》和《中小学和幼儿园教师资格考试标准（试行）》对小学教师教育研究能力的要求编写。

作为高职高专小学教育专业教材，本教材以"实践应用"为编写宗旨，将小学教育研究的基本方法、典型案例、实践操作相融合，带领学习者全程体验从课题选择到成果表达的小学教育研究全过程，重点感受教育文献获取、一手资料调查、教育实验设计、教育行动研究的具体方法。根据具体情况，本教材还在各章中设计了"问题导入""案例""实践与体验"等栏目，引导学习者学习；尤其"实践与体验"栏目，意在引导学习者在学习有关研究方法相关技能基础上进行实践演练或体验，增强学习效果。另外，学习者还可以通过扫描二维码，获取相应的丰富的案例或其他拓展阅读资料，从而深入学习或开阔视野。

本教材适合作为高职高专小学教育专业"教育研究方法"课程教材，也可为在职小学教师提升教育研究能力提供帮助。

图书在版编目（C I P）数据

小学教育研究方法 / 曾晓洁主编. -- 北京 ： 高等教育出版社， 2024.4
ISBN 978-7-04-061029-1

Ⅰ. ①小… Ⅱ. ①曾… Ⅲ. ①小学教育-教学研究-师资培训-教材 Ⅳ. ①G622.0

中国国家版本馆CIP数据核字(2023)第149992号

XIAOXUE JIAOYU YANJIU FANGFA

策划编辑	肖冬民	责任编辑　肖冬民	封面设计　姜　磊	版式设计　杜微言
责任绘图	易斯翔	责任校对　吕红颖	责任印制　存　怡	

出版发行　高等教育出版社	网　　址　http://www.hep.edu.cn
社　　址　北京市西城区德外大街 4 号	http://www.hep.com.cn
邮政编码　100120	网上订购　http://www.hepmall.com.cn
印　　刷　三河市潮河印业有限公司	http://www.hepmall.com
开　　本　787mm×1092mm 1/16	http://www.hepmall.cn
印　　张　13.75	
字　　数　280 千字	版　　次　2024 年 4 月第 1 版
购书热线　010-58581118	印　　次　2024 年 4 月第 1 次印刷
咨询电话　400-810-0598	定　　价　32.00 元

高职高专小学教师培养系列教材
总序

教师是教育发展的第一资源，也是国家富强、民族振兴、人民幸福的重要基石。2018年9月10日，习近平总书记在全国教育大会上系统总结了推进我国教育改革发展的"九个坚持"，其中特别强调了"坚持把教师队伍建设作为基础工作"。党的二十大报告强调，加快建设教育强国，培养高素质教师队伍。教材建设作为教师培养的基础和保障，承载着传授知识、培育人才的使命。习近平总书记指出，要抓好教材体系建设。从根本上讲，建设什么样的教材体系，核心教材传授什么内容、倡导什么价值，体现国家意志，是国家事权。为贯彻落实习近平总书记关于职业教育和教材工作的重要指示批示精神，落实《职业院校教材管理办法》等政策措施，适应我国小学教育现代化发展的迫切需要，满足教育事业高质量发展对高素质小学教师的需求，结合师范类专业认证实施办法及教师专业标准等，针对新时代小学教师岗位的新要求，高等教育出版社全面推进高职高专小学教师培养系列教材的建设工作。

本系列教材建设充分吸收以下方面的精华：（1）教育部师范教育司自2003年组织专家审定、高等教育出版社陆续出版并不断修订完善，现被广泛使用的高等院校小学教育专业教材；（2）"十三五"以来特别是"十四五"期间高职高专教育学类专业建设成果，如国家级精品资源共享课、国家级职业教育专业教学资源库等；（3）我国20余年小学教师培养的理论研究成果与实践探索经验。本系列教材依据高职高专小学教育专业群的设置及相应专业教学标准，聚焦专业基础课和专业课，突出专业主干课程，服务师范生的教育教学能力与专业素养培养。编写队伍包含专业领域专家、教科研人员、一线教师，有跨本、专科院校两个层次的众多专家学者，有的是2022年版义务教育课程标准修订组及国家级精品资源共享课、国家级职业教育专业教学资源库等团队的核心成员，能够确保编写出高质量教材。

本系列教材编写体现以下原则及特色：

1. 体现党和国家意志

教材建设注重"一坚持五体现"，即坚持马克思主义指导地位，体现马克思主义中国化要求，体现中国和中华民族风格，体现党和国家对教育的基本要求，体现国家和民族基本价值观，体现人类文化知识积累和创新成果。教材编写以习近平新时代中国特色社会主义思想为指导，融入党的二十大精神，全面贯彻党的教育方针，落实立德树人根本任务，力图充分发挥教材培根铸魂、启智增慧的育人功能。

2. 体现新时代教师培养理念与要求

教材建设贯彻党和国家对新时代高素质专业化创新型教师培养要求，贯彻教师"一践行三学会"（践行师德、学会教学、学会育人、学会发展）的要求，体现师德为先、学生为本、能力为重、终身学习理念，遵从产出导向，结合小学教师岗位的基础性、综合性、实践性职业特点，促进高职高专师范生系统掌握教师专业知识和专业技能；有机融入教育家精神和优秀教师事迹，助力师范生养成高尚师德；引进儿童教育案例和生活场景，建构"儿童取向"的教材内容体系，培养师范生促进儿童生命健康成长的能力。

3. 突出职业教育特色

教材建设依据职业教育规划教材建设实施方案及相关专业教学标准开展，编写科学先进、积极向上、针对性强的内容，遵照高职高专教育类专业学生学习年限特点和学习规律，强调理论和实践统一，突出实践性。教材编写尤其注重落实职业教育教师、教材、教法改革要求，创新教材内容与形式。如除了阐述基本理论、基本知识、基本方法外，穿插设置问题导入、案例学习、实践活动、拓展阅读等栏目，促进项目学习、案例学习，设置教学一线、教师技能训练、教师资格考试链接等内容，满足"岗课赛证"育人模式及教师教学技能培养要求。

4. 打造新形态教材

适应"互联网＋职业教育"的发展需求和新时代高职高专师范生的学习特点，打破学科逻辑，以教育问题解决能力训练为导向，设计教材内容体系，并落实"以学生为本"的教育理念，系统设计融导学、知识学习、技能训练、资源支撑、教学评价于一体的教材体系，体现学—思—行的教师培养规律；一体化设计、同步推进教材、数字资源建设，最终形成编排科学、资源丰富、呈现形式灵活、信息技术应用适当的新形态教材。

我们期待本系列教材能为新时代高质量小学教师培养助力，为高职高专师范专业建设贡献力量。

前言

主动收集分析相关信息，不断进行反思，改进教育教学工作。

针对教育教学工作中的现实需要与问题，进行探索和研究。

——《小学教师专业标准（试行）》

在日常学习和实践过程中积累所学所思所想，形成问题意识和一定的解决问题能力。

了解研究教育实践的一般方法，经历和体验制订计划、开展活动、完成报告、分享结果的过程。

参与各种类型的研究活动，获得科学地研究学生的经历与体验。

——《教师教育课程标准（试行）》

了解教育研究的基本理论和方法，能对小学教育教学实践问题进行研究。

——《中小学和幼儿园教师资格考试标准（试行）》

当代小学教师的专业发展需要教育研究的支撑。本教材依据《教师教育课程标准（试行）》，结合《小学教师专业标准（试行）》和《中小学和幼儿园教师资格考试标准（试行）》对小学教师教育研究能力的要求，由湖南第一师范学院联合几所同类师范院校及高职高专院校作者共同编写，供职业院校小学教育专业学生学习相应课程，也可供在职小学教师提升教育研究能力使用。

一、教材特色

本教材以"实践应用"为编写宗旨，这个宗旨贯穿编写的整个过程，主要体现在以下三个方面：

1. 理论、实践、案例紧密结合

（1）每章由"问题导入"开始。"问题导入"呈现的是小学教师在教育实践中经常会遇到的一些问题。

（2）正文部分，知识、理论的阐述力求清晰、简洁；基本上针对所有理论都提供了相应的案例，目的在于方便学生比较、研讨；案例力求丰富，但为了更好地帮助学生整体理解，不少案例都做到一例多用。

（3）为了特别突出实践操作，让学生体验如何开展研究，除绪论外，每章的每节后面都设计了"实践与体验"栏目。该部分由一项或几项操作任务构成，在每一项任务下，都给出了"操作提示"，有的还提供"他山之石"或"存在的问题"提示。"操作提示"列出完成所给任务所需的思维步骤，"他山之石"呈现他人是如何完成该任务的范例，"存在的问题"则在"操作提示"之下进一步提出需要规避的问题。

2. 基于实用要求选择教材内容

本教材由绪论和七章构成。绪论概括讲述小学教师进行教育研究的意义及小学教育研究的过程、类型与基本要求；第一章阐述如何选择与表述课题；第二章介绍课题选择及后续研究中均需使用的文献法，涉及文献检索、文献综述；第三章阐释如何设计一份较好的课题研究方案；第四章到第六章分别对教育调查法、教育实验法、教育行动研究进行解说和剖析；第七章对学位论文写作进行介绍。对于这一内容体系，有两点需要说明：

（1）为何只介绍文献法、教育调查法、教育实验法、教育行动研究这几种教育研究方法？这主要基于如下考虑：第一，选择文献法，因为几乎所有研究都需要检索、阅读文献，即要获取有价值的文献，要思路清晰地分析既有文献和撰写文献综述；第二，选择问卷调查、访谈、观察等教育调查法，因为这是小学教师获取教育研究一手资料最常用的方法；第三，选择教育实验法，因为这是一线教师在实践中经常使用的一种方法，但现实中所进行的教育实验，大多缺乏科学方法的指导，实验结果的可解释性与推广性因此受到限制；第四，选择教育行动研究，因为它具有基层性、行动性、合作性，是填平教师行动与教育研究之间沟壑的重要方法，正日益改变着教育实践、研究两张皮的不良现象。总之，可用以进行教育研究的方法很多，但以上方法最适合小学教师，能够满足小学教育研究的基本需求。

（2）为何单列"学位论文写作"一章？职业院校的学生在毕业时可能不需要撰写毕业论文，但很多职业院校学生尤其师范类学生一般都会参加自学考试、专升本考试等，以获取学士学位，撰写本科毕业论文是获得学士学位的必要条件。同时，我们在本章还介绍了与小学教育有关的期刊，方便学生查阅相关文献，提升自己。

3. 尝试建设立体化教学资源

本教材在传统纸质教材的基础上，增加了数字资源供师生使用（扫描二维码即可获取）。数字资源的内容，目前以核心知识点讲解视频、篇幅较长的案例和拓展阅读资料为主，后续还将进一步完善。

总之，本教材编写者始终坚持"实践应用"的编写宗旨——以职业院校在校师范生和未曾受过教育研究系统训练的在职小学教师为预设读者。对预设读者的特别关注，使得本教材不追求成为一本包含各项教育研究方法的教材，而追求成为一本独特的、实用的教材。

二、教学建议

从本课程的实践取向出发，建议教学时重点考虑以下两个方面：

（1）把"小学教育研究方法"上成理论与实践紧密结合的课程，而非纯理论课。授课时，除各节后面的"实践与体验"外，正文中的大量案例也可运用翻转教学方式，先让学生试着想一想、做一做，或者先批判性地阅读、模仿，然后再由教师答疑解惑，或师生共同探究。

（2）尝试开展网络研习和混合式教学，充分利用数字资源，在使用本教材的同时，指导学生线下学习与线上学习相结合，开阔学生视野，增加多方互动。

三、编者队伍

主编曾晓洁负责教材的框架设计及统稿工作，副主编张洪萍、彭玲艺参与统稿，各章撰写人员分工如下：

绪论、第七章	曾晓洁（湖南第一师范学院）
第一章、第二章、第三章	张洪萍（湖南第一师范学院）
第四章第一节、第六章	彭玲艺（湖南第一师范学院）
第四章第二节	曾晓洁、徐立峰（淮南师范学院）
第四章第三节	董建伟（新疆教育学院）、齐先峰（株洲师范高等专科学校）
第五章	赵敏（郑州师范学院）

本教材的编写和出版得到了高等教育出版社的大力支持，谨此致谢！由于视野所限，书中可能还有疏漏，期待您拨冗发来宝贵建议（主编邮箱zengxj1212@163.com），衷心感谢！

曾晓洁
2023 年 12 月

目录

绪论 / 001

　　第一节　小学教师进行教育研究的意义 / 002

　　　　一、提升教育质量 / 002

　　　　二、促进专业发展 / 003

　　　　三、提升职业成就感 / 004

　　　　四、发展小学教育理论 / 005

　　第二节　小学教育研究的过程、类型与基本要求 / 005

　　　　一、小学教育研究的一般过程 / 006

　　　　二、小学教育研究的类型 / 006

　　　　三、小学教育研究的基本要求 / 008

第一章　课题的选择与表述 / 011

　　第一节　课题的选择 / 012

　　　　一、课题的来源 / 012

　　　　二、课题选择的策略 / 016

　　　　三、课题选择的基本要求 / 018

　　　　四、两个概念的界定：问题和标题 / 020

　　第二节　课题的表述 / 022

　　　　一、课题表述的基本要求 / 022

　　　　二、课题表述中的常见问题 / 023

第二章　文献检索与文献综述 / 027

　　第一节　文献检索的路径 / 028

　　　　一、文献与文献检索 / 028

　　　　二、文献检索关键词的拓展 / 029

　　　　三、手工检索工具 / 031

　　　　四、计算机检索工具 / 031

　　第二节　文献检索的方法及综合案例 / 036

一、文献检索的方法 / 036

二、文献检索综合案例 / 037

第三节 文献阅读与文献综述 / 044

一、文献阅读 / 044

二、文献综述的撰写 / 046

第三章 课题研究方案的设计 / 055

第一节 为什么研究 / 056

一、选题缘由与研究意义 / 056

二、核心概念界定 / 058

三、研究现状 / 060

第二节 研究什么 / 061

一、研究目标与研究内容 / 061

二、研究假设 / 063

第三节 怎么研究 / 066

一、研究方法 / 066

二、研究步骤 / 067

三、研究的前期基础与可行性分析 / 068

第四章 教育调查法 / 071

第一节 问卷调查法 / 072

一、什么是问卷调查法 / 072

二、问卷调查法的实施过程 / 073

三、调查问卷的构成要素及常见问题 / 074

四、调查对象的选择 / 080

五、调查问卷的发放 / 083

六、问卷数据的统计分析 / 086

七、数据的呈现与解读 / 089

八、问卷调查报告的写作 / 092

第二节 访谈法 / 100

一、什么是访谈法 / 101

二、教育访谈法的类型 / 102

三、教育访谈的准备与实施 / 103

四、访谈资料的整理与分析 / 107

五、访谈调查报告的撰写 / 113

第三节 观察法 / 118

一、什么是观察法 / 119

二、观察法的类型 / 119

三、课堂观察的准备与实施 / 123

四、课堂观察资料的分析 / 128

五、教育观察报告的写作 / 130

第五章 教育实验法 / 133

第一节 教育实验法概述 / 134

一、教育实验研究的特点 / 134

二、变量 / 135

三、实验效度及其干扰因素 / 140

第二节 教育实验设计 / 143

一、真实验研究与准实验研究 / 143

二、常见的教育实验设计 / 145

第六章 教育行动研究 / 151

第一节 教育行动研究概述 / 152

一、教育行动研究的含义 / 154

二、教育行动研究的特点 / 155

三、教育行动研究的价值 / 157

四、教育行动研究的优点及局限性 / 158

第二节 教育行动研究的一般步骤与成果撰写 / 161

一、教育行动研究的一般步骤 / 162

二、教育行动研究成果的撰写 / 170

第三节 教育行动研究案例分析 / 176

一、提出问题环节 / 176

二、分析问题环节 / 177

三、制订计划环节 / 178

四、第一轮行动:《赠汪伦》的吟诵教学实践 / 181

五、第二轮行动:《池上》的吟诵教学实践 / 182

六、第三轮行动:《登鹳雀楼》的吟诵教学实践 / 183

七、总结与评价 / 184

第七章 学位论文写作 / 187

第一节 学位论文的基本结构 / 188

一、题目 / 188

二、摘要与关键词 / 189

三、目录 / 191

四、绪论 / 192

五、本论 / 193

六、结语 / 195

七、注释 / 196

八、参考文献 / 196

九、附录 / 197

十、致谢 / 197

第二节　学术写作规范与小学教育期刊常识 / 199

一、学术写作的规范 / 200

二、小学教育期刊常识 / 201

主要参考文献 / 203

绪论

《中小学和幼儿园教师资格考试标准（试行）》明确指出：小学教师要"了解教育研究的基本理论和方法，能对小学教育教学实践问题进行研究"。《小学教师专业标准（试行）》也明确小学教师要具有"针对教育教学工作中的现实需要与问题，进行探索和研究"的专业能力。教育研究能力已经成为小学教师必备的素养。那么，小学教师为何要进行教育研究呢？一名普通的小学教师，能够做出有价值的研究成果吗？

创新是人的天性，研究是创新的关键路径。具有创新精神的小学生，离不开有创新人格的小学教师。小学教师开展教育研究，既能提升教育质量，也能促进个体专业发展，提升职业成就感。小学教育研究跟其他研究一样，也通常会经历"选题—研究设计—收集资料—整理与分析资料—撰写研究成果—反思、评价与运用"这六个阶段，还要满足研究所必须遵循的伦理性、实践性等要求。

第一节　小学教师进行教育研究的意义

科学是以严密论证为基础的，能够反映客观事物的规律与本质的知识体系。科学研究是一种有计划的探究活动，一般以发现事物的规律、解决前人所没有解决的问题或时代提出的新问题为基本目的，具有高度的创新性。"教育研究"是"科学研究"的下位概念，是教育领域的科学研究，它有目的、有意识地运用科学的方法，思考和探索教育现象或教育问题，以总结教育规律、指导教育实践活动。小学教育研究则进一步仅以小学教育现象、问题作为研究对象。运用科学研究方法，探索小学教育领域的客观规律，解决小学教育领域的实际问题，无论是对小学教师，还是对即将成为小学教师的师范生，都具有多方面的意义。

一、提升教育质量

一般来说，影响教育教学质量提升的因素大致有两类：外在的环境因素和教师、学生本身的内在因素。从"教师"这一角度来看，提升教育质量最有效的途径，莫过于以教育研究为立足点，学习教育理论，并在理论指导下设计教改方案、优化教育实践，从而解决在教育教学过程中所遇到的疑难问题。比如，针对"如何开展小学识字教学"这一疑难问题，南京师范大学附属小学斯霞、辽宁省东港市实验小学姜兆臣等进行了教育实验，分别总结出分散识字、韵语识字这两种识字教学方法，并通过多种渠道推广，对我国小学识字教学产生了较大的影响。斯霞、姜兆臣的教育研究，解决了小学识字教学中的一些重要问题，为我国小学识字教学质量的提升做出了一定的贡献。

《影响中国20世纪的语文教育大家——斯霞》

《韵语识字发展了我国传统的识字教学》

再如"大班额问题"，很多人都在抱怨，但抱怨对于改变现状没有任何正面效应。重庆市巴蜀小学马宏、李永强老师则抱着探究的精神，不断追问课堂中师生律动的本质，通过研究课堂和学生，实验多种课堂管理策略，从课堂管理技术创新的角度，较好地解决了大班额下对每一个学生的关注问题。

小学教师进行教育研究，可以从以下三个方面提升教育质量：第一，解决班级与学校管理难题，提升教育管理水平。前面所述马宏、李永强的教育研究就是一个例子。第二，解决在学科教学中遇到的问题，提升学科教学质量。比如，针对小学中、高年级语文教学中"缩句"这个难点，研究缩句的目的、标准、训练范围等，从而通过优化习题设计等途径，达成简洁表达的缩句训练效果。第三，解决特殊群体问题，在更公平的环境中促进每个学生的发展。比如，对一些小学高年级女生成为数学学困生的现象进行研究，根据女生学习心理、家长培养预期等调整教育教学方法，等等。

二、促进专业发展

科学家威廉·贝弗里奇（William Beveridge）曾经说过：

对于一个科学家来说，姑且假定他迟早会懂得怎样最好地进行研究工作，但如果完全靠自己摸索，到他学会这种方法时，他最富有创造力的年华或许已经逝去。因此，如果在实践中有可能通过研究方法的指导来缩短科学工作者不出成果的学习阶段，那么，不仅可以节省训练的时间，而且科学家做出的成果也会比一个用较慢方法培养出的科学家所能做的多。[①]

掌握科学研究方法的重要性，对于青年科学家的成长是如此，对于小学教师、师范生的专业发展同样如此。

教师专业发展是教师职业生涯的重大问题。学界一般把教师职业生涯划分为准备期、适应期、发展期、创造期四个阶段。

第一阶段是准备期。师范生在校学习阶段是典型的准备期。及早掌握合适的研究方法，能够让他们在准备期结束、成为新任教师之时，已经具备教育研究的基本意识，掌握教育研究的基本方法。本书作者所指导的学生在完成小组课题研究时写下的这段心得，真实地反映了开展教育研究对处于教师准备期的师范生在专业发展上的促进作用：

第一次做课题研究，我们知道还有很多做得不够到位的地方，但是一个完整的过程下来，大家都觉得收获了很多，不仅仅是专业知识方面的提升，还感悟到了一种科学、严谨的研究态度与精神。从确定课题到查找资料、构思立意，到确定研究的具体内容，制作调查问卷，整理分析资料，得出结论等，每一步都不容易，但每一步都见证了我们小组成员的成长与进步！我们曾走过弯路，我们中途曾沮丧过，曾怀疑过自己，但是我们坚持下来了，今天大家在一起讨论商量撰写研究报告，我们很高兴。尽管这次课题研究就要结束了，但是这种科研精神和这些科研方法将长存在我们每个人的心中，将指导着我们今后的工作。

---

① 贝弗里奇. 科学研究的艺术［M］. 陈捷，译. 北京：科学出版社，1979：序言.

第二阶段是适应期。此时的教师刚刚走上工作岗位，主要工作是熟悉学校、同事、学生、教材以及备课、上课和当班主任，虽然有了之前的见习与实习经验，但此时需要更多的实践智慧以应对各种复杂的现实教育情境。在这个阶段进行以行动研究为主的教育研究，有助于教师带着问题意识、反思意识更好地理解和解决现实问题，从而让自己更顺利地进入发展期。

第三阶段是发展期。处于此阶段的教师已经基本能够得心应手地处理常规性教育教学事务，但也会越来越明显地感受到一些教育难题的困扰，此时进行有针对性的教育科学研究，有助于探明难题的根源之所在，并促进自身在研究中学习、发展，使专业水平得到明显的提升。

第四阶段是创造期。探索、创新、形成独特风格是这个阶段的关键任务。有些教师经过发展期后，遇到了专业发展的瓶颈，不能顺利地进入创造期。在持续的教育研究中形成一定的教育研究能力，是突破专业发展瓶颈、走好职业生涯第四阶段的利器。

三、提升职业成就感

教师职业成就感，指的是教师在完成其教育教学任务的过程中，发挥自身的教育工作能力，充分展示其在教育教学工作方面的潜能，实现教育教学目的，达到自己事前设定的标准，对实现自我价值与社会价值的感受与体验，以及由此而获得的一种内在满足感。教师职业成就感与岗位差异、职位高低无关。从表象上看，小学教师的工作有较强的重复性，如果只是抱着完成任务的态度，时间一长，小学教师就容易觉得无趣、无聊，职业倦怠也将随之而来。进行教育研究则有助于小学教师提升职业成就感。

第一，自我成长是人的最高需求，教育研究能够促进教师自我成长。人的需求层次，无论是在经典的马斯洛需求层次论中，还是在修正后的 ERG 理论[①]中，自我实现、个体成长都是人最高层次的需求。小学教师要想在职业生活中获得自我实现与个体成长，就必须在平凡的小学教育生活中，对教育事件进行反思与分析，通过不断解决问题、形成观点来获得自我成长的满足感。

第二，教师需要思考。布莱希特（Bertolt Brecht）认为，思考是人类最大的乐趣。爱迪生（Thomas Alva Edison）认为，不下决心培养思考习惯的人，便失去了生活中最大的乐趣。确实，人是思考的动物，思考的过程尽管有时艰辛，但能让思考者获得持

---

① 根据赵平的《组织行为学》（北京理工大学出版社 2021 年版）的解释，ERG 理论是美国耶鲁大学教授克莱顿·奥尔德弗（Clayton Alderfer）以马斯洛需求层次论为基础提出的一种人本主义需求理论，认为人有生存（existence）、相互关系（relatedness）、成长发展（growth）三个层次的需求，一个人可以同时有该三个层次的需求，同一层次的需求得到少量满足的结果是激发对该层次需求的更强烈欲求，某一层次的需求越得不到满足则越为人所渴望，较低层次的需求越被满足则人对较高层次的需求产生的欲求越强烈，较高层次的需求越得不到满足则较低层次的需求就更强烈。

续的快乐。对于小学教师而言，对周遭教育生活中的问题进行思考与探究，是在工作中获得持续快乐的深层根源。

第三，教师群体竞争较大，开展教育研究有更多机会脱颖而出。即使是一所只有一二十个班级的普通小学，一般也有几十位教师，年轻教师要想早日获得该群体及其所处体制的认可，发表教育研究成果是一条有效的路径。跟年长资深的教师相比，刚从大学毕业不久的新教师在实践智慧上可能稍逊一筹，但基本都受过学校较系统的科研训练，有进行教育研究的基本能力。而在小学教师评价中，科研成果也占有一定的比例，通过扎实的教育研究解决教育教学中的现实问题，并将成果发表、推广，是小学教师尤其是小学新教师早日获得职业成就感的重要路径。

四、发展小学教育理论

小学教师在教育实践中遇到问题或困境后，如果能够进行深入思考和研究，提出一些有针对性、切实的对策，经过反复检验和提升后，即可抽象出理论。这种根植于实践的理论，是教育理论的重要组成部分。在小学教育教学工作中存在层出不穷的问题与困境，尤其是在国家大力推进基础教育课程改革之际，许多亟须解决的问题都被推到风口浪尖。作为小学教育教学的工作主体，小学教师应该而且可以充分利用自身的实践优势，开展侧重应用的小学教育研究，充实教育理论，并反过来用它来指导教育实践。

基于应用的研究，有时能产生更接地气的理论。比如，浙江省著名特级教师王崧舟，自参加教育工作起就抱有"语文教改教研"的信念，认为在语文教学过程中应追求形成自己的理论主张与教学体系。在此信念下，他从教学实践出发，潜心开展诗意语文教学，不仅贡献了众多可圈可点的小学语文名课，而且撰写了多部论著，发表了近 200 篇论文，成功构建了以"美读、复沓、陌生化"为核心的诗意语文基本框架。目前，这种基于教育生活的应用研究正日益成为一种风气，它使教育理论在实践中得到了并将持续得到丰富与完善。

《一个朝圣者的执着之旅》

第二节　小学教育研究的过程、类型与基本要求

了解小学教育研究的一般过程、类型与基本要求，有助于小学教师对拟进行的教育研究进行大体定位。

一、小学教育研究的一般过程

一项完整的教育研究，大致需经历"选题—研究设计—收集资料—整理与分析资料—撰写研究成果—反思、评价与运用"六个阶段。

在选题阶段，通常先提出问题，再通过文献检索、专家咨询、自我反思等方法，分析问题有无价值，自己是否具有相应的知识结构、时间以及物质条件等来研究它。在研究设计阶段，主要拟订研究目标、研究内容、研究方法、研究步骤、研究可能的成果与创新点。在收集资料阶段，运用所拟订的研究方法及相应的研究工具，广泛而准确地收集数据、文字、图片等历史与现实资料。在整理与分析资料阶段，通过合适的思维方法或同时借助相关软件对资料进行分析，梳理出科学事实或作出事实判断。在撰写研究成果阶段，就是撰写论文、研究报告等形式的研究成果，每类研究成果有相对固定的格式要求。在反思、评价与运用阶段，主要对研究的学术水平、应用价值进行多方反馈，它常常可能成为下一项研究的酝酿阶段。

二、小学教育研究的类型

教育研究的分类标准很多：按研究目的，可分为基础研究、应用研究；按研究手段，可分为定量研究、定性研究；按研究指向，可分为描述性研究、干预性研究；按研究内容，可分为单一性研究、综合性研究；按研究对象数量，可分为成组研究、个案研究[①]；等等。其中，基础研究与应用研究、定量研究与定性研究是使用频率最高的两组概念。

（一）基础研究与应用研究

基础研究又称基础理论研究，是在教育实践的基础上认识各种教育现象，探索其本质和规律，获取新知识，形成较系统的教育基础理论的研究。这种研究以发现新领域、新规律，提出新观点、新学说、新理论为目的。

应用研究是运用基础理论研究的成果解决教育工作中的具体问题的研究。它着重研究如何在理论的指导下，针对某一具体问题，深入考察其特殊规律，提出比理论研究更加具体的对策与方法。应用研究关心的是解决具体问题，是基础研究成果的具体化、操作化。

举例来说，接受美学家沃尔夫冈·伊瑟尔（Wolfgang Iser）提出，在读者的阅读活动中作家所创作文本的"艺术极"与读者实现文本的"审美极"之间，存在诸多不确定点和空白，这些不确定点和空白所形成的"召唤结构"，能吸引读者参与到文本叙述当中进行自行填充或理解阐释。文本召唤结构理论是基础研究，但它为应用研

基础研究案例：
《教育改革成功的基础》

应用研究案例：
《课堂开放以后——两次执教〈角的度量〉后的思考》

[①] 成组研究又可进一步分为大样本研究和小样本研究，一般以样本对象是否超过 30 个单位为界限。个案研究则往往只有一个研究对象或少量研究对象。

究提供了依据和指导，比如，运用中国知网的计量可视化功能发现，自 2004 年以来，将召唤结构理论应用于各类文本解读并发表于核心刊物的研究成果增量明显，说明该理论已被较广泛地应用于相关各类文本解读的应用研究中了。

但是，这并不意味着基础研究和应用研究哪个更复杂，哪个更有价值。这两种研究，归根结底并不是从它们的复杂程度或价值来区分的，而是依据研究目的来区分的。

对于基础研究、应用研究的常见误解

- 基础研究很复杂，应用研究较简单。（×）
- 应用研究通常由实际工作者完成，而基础研究则由善于抽象思维的理论工作者进行。（×）
- 应用研究粗糙、无计划，却很有实用价值；基础研究精细、准确，但却少有甚至没有实用价值。（×）

值得一提的是，有时人们还在基础研究、应用研究基础上单列"开发研究"。开发研究是在基础研究与应用研究基础上对研究成果做进一步的推广以扩大其影响价值的研究。它不是为了获取知识，而是为了将研究的成果与经验加以运用、推广和普及。其主要目的是寻求上述两种研究更明确的具体技术的表现形式，如教科书、课程资源、教学软件，具有普遍意义的教学规划、对策、方法、程序、量表等。因此，开发研究可以归到应用研究范畴。

因为工作对象、研究时间、研究经验的要求，小学教师进行的主要是应用研究。

（二）定量研究与定性研究

定量研究用数字和量度来描述对象，而不用语言文字；定性研究用文字来描述现象，而不用数字和量度。[①] 在实际教育研究过程中，绝对的定量研究和定性研究可能比较少，但某项研究从总体上来说，其主要研究手段一定是定量或定性两者之一。定量研究和定性研究是由于研究手段的区分而产生的一种分类。

在研究范式上，定量研究基于实证主义范式，强调对关系、影响因素的数量化探讨，力求获得具有普遍性的结论。从研究手段看，定量研究强调比较严格的操作程序，同时也有自己较为完备的操作技术。研究者首先需要建立假设并初步确定具有因果关系的各种变量，然后通过抽样的方式选择样本，再使用标准化的工具和程序采集数据，最后通过对数据的科学分析，建立不同变量之间的相关关系，检验研究者最初所确立的假设。在具体环节的操作上，定量研究有随机抽样、分层抽样、整群抽样等抽样方法，也有问卷调查法、实验法等资料收集方法，以及描述统计、推断统计等数学方法。

定性研究基于人文主义范式，强调在特定的自然背景中理解研究现象；从研究手段看，由研究者广泛运用参与式观察、深度访谈、个案研究、文本分析等非干预式

定性研究案例：《王小刚为什么不上学了——一位辍学生的个案调查》

定量研究案例：《2021—2035年城乡学龄人口变化趋势与特征——基于第七次全国人口普查数据的预测》

---

① 袁振国. 教育研究方法 [M]. 北京：高等教育出版社，2000：10.

的研究技术收集资料，再以归纳的方式，用文字来描述、解释、建构被研究者眼中的世界及其意义。需要注意的是，定性研究强调扎根理论，它并不像定量研究那样强调在研究之初即形成假设，它所依据的理论可以在研究的过程中形成，也可以随着研究的进行被改变、被放弃或被精炼，也就是说，理论是基于资料而非基于先前形成的观点、想法或系统的。

最典型的教育定量研究是教育实验，教育调查介于定量研究与定性研究之间，经验总结是比较典型的定性研究。

陈向明、维尔斯马等都对定量研究与定性研究的差别进行过专门比较[1][2]，我们对其进行综合择取，将定量研究、定性研究的特点对比，如表0-1所示。

表0-1　定量研究与定性研究的特点对比

对比项	定量研究	定性研究
研究目标	证实普遍情况，预测，寻求共识	作出解释性理解，提出新问题
研究理论基础	基于理论	无理论或扎根理论
研究设计	事先确定、具体、结构化	灵活、变化、较宽泛
研究内容	针对变量，探究关系、影响、原因	整体探究，研究故事、过程、意义
研究情境	具有普遍性，不受情境影响	具有特定情境
研究工具	量表、统计软件、问卷等	研究者本人、音像设备
研究资料的类型	数字、计算、统计分析	语言、文本、图像、描述分析
研究资料的来源	现实资料、数据	历史事实、生活经验
研究思维方法	演绎的分析方法	归纳的分析方法，寻找概念和主题
研究成果形式	以数据、模式、图形为主	以文字描述为主
研究结果	结果是建议最后的行动路径	结果是获取一个初步的理解

三、小学教育研究的基本要求

所有的科学研究都要求坚持客观性原则与系统性原则。客观性原则要求研究者排除由价值观、立场、愿望等各种主观因素所导致偏差的影响，实事求是地了解事实真相。系统性原则要求把研究对象看作一个有机整体，从整体与部分之间、整体与外部环境之间的相互联系中综合地解释问题。小学教育研究也同样追求客观性与系统性，但除此之外，还必须符合教育研究的伦理性和实践性要求。

（一）伦理性

伦理是人类社会的特有产物，是为协调个人与他人、群体或社会之间的利益而设

---

① 陈向明. 质的研究方法与社会科学研究［M］. 北京：教育科学出版社，2000：11.

② 维尔斯马，于尔斯. 教育研究方法导论：第9版［M］. 袁振国，主译. 孟万金，校. 北京：教育科学出版社，2010：17.

立的准则。人是教育研究的重要对象，人的特殊性决定了教育研究必须遵循伦理性原则。教育研究伦理包含教育研究学术共同体中人伦关系的条理、规则及其变化规律，是研究者与研究对象之间的行为关系、价值关系、人际交往及社会活动秩序的是非、曲直、善恶、对错、好坏，以及"应不应该""能不能做""怎么做""做什么"的道理、责任、准则、素养和约定。①

1. 不允许以"证伪"作为研究目的

如研究音乐对人的素质培养的作用，不能为了证明不开设音乐课会对学生素质造成负面影响，就在实验班不开设音乐课。再如，为研究儿童过多地玩电子游戏对学习的影响，要求实验班的学生花大量时间玩电子游戏，也是不允许的。

2. 确保研究对象不因研究而受伤害

某些教育研究，如"家庭教育缺失状态下的儿童人格特点研究""班主任负面情绪与班级管理效果研究"，需要某种不良情境。为研究而创设的不良情境，事实上必定会引发研究对象的不良体验，使其出现某种程度的身心不适。这类教育研究，应尽量以基于自然状态的观察为主要研究方法，如观察那些原本就缺失家庭教育的儿童，那些原本就有负面情绪的班主任，等等。

3. 尊重研究对象的意愿

尊重研究对象的意愿，意味着研究对象有相关知情权，也意味着研究对象可以凭个人意愿拒绝参加或中途退出研究。有时，研究对象知情权与研究客观性会发生冲突；有时，研究对象的参与意愿与样本代表性也会发生冲突。如果发生冲突，应以伦理性原则为先。美国、英国、加拿大、德国、澳大利亚、日本等国家的相关组织所制定的相关规范，都要求某项教育研究在正式开展之前，必须取得伦理许可。

对于教育研究伦理性原则的贯彻要领，已有研究者做了很好的归纳。

教育研究伦理性原则的贯彻要领 ②

在实施研究之前，研究者应当站在客观的立场上评估研究的伦理可接受性：（1）研究设计的各方面是否对研究对象的权益具有直接或间接的损害；（2）这些损害对研究对象的身心健康与生活幸福的不利影响可能达到何种程度，可否在较短时间内得以消除；（3）研究目的与研究结果的用途是否只限于增进人类幸福而并非反对某个人、某些人；（4）在研究设计中，是否已经为保护研究对象采取了特别的措施。

在研究过程中，应充分认识并尊重研究对象的以下权利：（1）决定自己是否参加某项研究；（2）可以随时退出；（3）了解研究目的、方法和研究结果用途等各项有关情况；（4）拒绝对某些或全部问题（或刺激）作出回答（或反应）；（5）决定与其个人有关的资料可否以某种形式公布；（6）年龄不足18岁的研究对象，上述权利由其法定监护人代理。

在研究结束后，了解研究对象是否受到某种不良影响，并负责采取措施予以消

---

① 赵哲，曲波. 我国教育研究伦理审查制度的缺失及建构［J］. 高校教育管理，2021，15（3）：61-69.

② 参考：董奇，申继亮. 心理与教育研究法［M］. 杭州：浙江教育出版社，2005：29-30.

除，对研究对象的个人资料保密（只公布被研究群体的总体资料）。

（二）实践性

小学教育研究具有很强的实践性要求，体现在从课题选择到成果表达的全过程中。

1. 课题的实践性

一般而言，那些从实践中提炼形成的课题，对于小学教师而言，更具有研究价值，也更具有研究的可行性。下列小学数学教育研究课题，都是基于实践提出的：

- 《义务教育数学课程标准（2022 年版）》对教师教学思想的影响研究
- 乡土资源在乡村小学数学教育中的应用现状研究
- 小学中、高年级估算的错误类型及其原因分析
- 小学数学课堂趣味提升策略的观察研究

2. 开展研究的实践性

在确定课题之后，不管是对课程标准、教材，还是对教法的研究，都要以教育实践经验作为参照，或者研究课题本身就是以解决某个实践问题为目的，开展的教育探索性研究。如上述 4 个课题，第一个课题主要是教学研究，应该以教育教学中研究者本人或他人的实践作为参照，不能轻率地作出评判；后三个课题都是现状研究，要以问卷调查、观察、访谈等方法来获取小学数学教育实践中的大量真实资料，来作为研究结论的基本依据。可见，自己或他人的教育实践，既是获取教育研究资料和作出研究结论的科学基础，也是小学教育研究得以开展的现实基础。

3. 成果的实践性

小学教师开展教育研究形成的成果，一般都与教师的教育实践息息相关，具有明显的实践性，很少会是没有实践基础的高深理论成果。也正因如此，小学教育研究，尤其是小学教师所进行的小学教育行动研究，其成果的形式，不论是研究报告、论文、教育故事（教育叙事）、教育随笔、教学课例、反思笔记，还是校本教材、课件、课例、课堂教学实录、教研活动实录，都离不开对体验、情境、过程等实践性内容的描述。

第一章　课题的选择与表述

问题导入

　　王老师是一位小学教师，今年想申报一项市级教育规划课题。该选择一个什么样的课题呢？王老师冥思苦想了几天，列出了几个感兴趣的问题，但是，这些问题能不能作为课题呢？怎样的选题才适合小学教师开展研究呢？王老师还是有些疑惑。

在小学教育研究的过程中，课题选择是第一步。选题，既可以紧跟教育前沿和热点问题，也可以基于兴趣，还可以参考各类课题指南。课题的领域和主题确定后，表述就变得极为关键。课题的表述，要求能准确而简洁地描述所研究的主题、对象等内容，并力求新颖、独到。

第一节　课题的选择

有研究者指出，课题的形成和选择，无论作为外部的经济技术要求，还是作为科学本身的要求，都是研究中最复杂的一个阶段。一般来说，提出课题比解决课题更困难。所以，评价和选择课题便成为研究的起点。

在小学教育研究过程中，课题的选择是第一步。课题的选择引导研究的方向，反映整个研究的价值，也是决定研究质量的重要因素。课题选择是研究者确定所要研究问题的过程，是一个从产生研究动机到勾画研究大致轮廓的过程。正确选题不仅决定了研究者现在和今后一段时间内的研究主攻方向、研究目标与研究内容，而且在一定程度上规定了教育研究所应采取的方法与途径。因此，如何发现并确定既有研究价值又切实可行的课题，是开展教育研究会遇到的一个重要问题。

一、课题的来源

由"教书匠"转变为"反思性实践者"，由只专注于教育实践到开始涉及教育研究，是当代小学教师角色发展的新趋势。小学教师由选题不当导致教育研究成果不佳甚至以失败告终，是较为常见的问题。正确地做好课题选择工作，了解基本的课题来源并掌握一定的选题策略，是小学教师走好教育研究的第一步。

（一）来源于教育教学实践中的经验和问题

在教育教学实践中所积累的经验和遇到的实际问题，是小学教师选择课题最重要的来源之一。教育研究的任务之一是要解决当前教育实际工作中亟待解决的问题。一线教师在教育教学实践过程中，能够积累丰富的教育教学经验，也往往会面临很多实际问题。在这些教育教学经验和实际问题中，蕴含着丰富的研究课题，凡是有志于教育研究的小学教师，都可以从这些教育教学经验和实践问题中提炼出适当的课题。这些课题来自教育教学实践，往往针对性强，实用价值大。如一位小学数学教师针对小学数学练习设计目的性不强、机械练习过多的问题，提出了"小学数学课堂练习设计的实验研究"课题。这一课题为解决学生学业负担过重的问题找到了一个切入点，是一个很有意义的课题。

值得注意的是，教育教学中的问题并不是都可以成为教育研究的课题。如"两位数乘以两位数有几种算法"之类的问题，虽在教学过程中会经常碰到，但它只是一个具体的问题，因为题目太窄，没有深入研究的价值，不适宜作为教育研究的课题。

又如，小学教师在教育教学过程中遇到的一些问题涉及制度体系及传统思维影响，很难通过自己的思考和研究得到解决。

教师可以有所作为的，主要有三个方面的问题[①]：一是课程问题。我国当前实施国家、地方、学校三级课程管理体系，其中，校本课程主要由一线教师来负责开发和实施，在校本课程中，教师对"教什么"具有较大自主权，可以进行持续深入的研究。二是教学问题。面对不同时代背景、教学对象与教学条件，教学方法、教学模式、教学效果等"怎么教"的问题，始终都是一线教师应该重点关注的问题。三是教育管理问题。在班级管理与学生教育中，教师会面临很多教育管理问题，主动加以思考和研究，能更有效地促进班级管理，帮助学生成长。

（二）来源于教育改革中的热点和难点问题

小学教师应随时关注教育改革与发展，从教育热点和难点问题中也能受到启发，提炼出适合自己的课题。比如，革命文化教育和中华优秀传统文化的传承及教育一直是我国教育领域十分关注的问题，2021年教育部印发了《革命传统进中小学课程教材指南》《中华优秀传统文化进中小学课程教材指南》两个文件，对于革命传统和中华优秀传统文化进中小学课程教材的基本原则、主题内容、载体形式等方面提出了具体要求，相关问题就是值得研究的教育热点问题。

关注教育改革中的热点和难点问题的途径很多，如阅读教育新闻、与同事沟通交流、关注教育类期刊中登载论文的研究趋势等。除此之外，还有一个更直接、权威的途径，就是浏览教育部、各地教育行政部门的官方网站，了解关于基础教育领域的改革动态和要求。

（三）来源于对教育文献的阅读与分析

从教育文献中寻找课题，就是从现有的教育文献中去发现空白，把还没有人研究过的问题或是别人研究过但仍有争议的问题，或者是虽已有研究结论，但自己存有不同看法的问题，作为课题加以研究。从教育文献中寻找课题，首先需要阅读、研究相关的教育文献，如教育专著、期刊与学位论文、研究报告等。在阅读过程中，研究者可以寻找前人研究的空白，继续研究他们提出而没有解决的问题，也可以对前人的研究成果提出质疑，另外还可以从学术争论中提炼出问题。事实上，研究者在确立课题的过程中，必须梳理与课题相关的文献，了解国内外研究动态，吸纳他

---

① 刘良华. 教育研究方法：专题与案例［M］. 上海：华东师范大学出版社，2007：4-5.

人的研究成果，避免重复劳动，从而加快研究进程。可以说，在教育研究过程中研究者应自始至终地重视教育文献的作用。

（四）来源于各种途径的课题指南

除了从教育教学实践领域、教育改革的热点与难点及文献等方面找到研究课题外，研究者还可以关注一些现成的课题，如一些来自学会、学术期刊的课题指南。一些学术期刊有自己特定的关注领域，一般会在每年的第一期刊登当年的课题指南，或者在每年的最后一期刊登来年的课题指南，有时也会多期连续刊发。这些期刊的课题指南，在知网里选择"篇名"，输入年度（如"2022年"）和"选题"作为关键词，即可搜索得到。

案例1-1

《基础教育》杂志2022年重点选题
（刊于《基础教育》2022年第1期）

（1）基础教育的基本理论与学科建设研究
（2）立德树人根本任务落实机制研究
（3）五育融合育人体系的理论与实践研究
（4）教育治理体系与治理能力现代化研究
（5）基础教育课程与教材建设研究
（6）新时代教师队伍建设研究
（7）新时代基础教育评价改革研究
（8）"双减"政策落地与义务教育学校课后服务研究
（9）中小学作业改革研究
（10）基础教育阶段拔尖创新型人才培养研究
（11）未来学校变革研究
（12）课堂教学方式与学习方式变革研究
（13）信息技术与课堂教学深度融合研究
（14）"新中考""新高考"改革与探索研究
（15）义务教育优质均衡发展改革与实践研究

除来自学会、学术期刊的课题指南外，还有来自国家及各地教育行政部门、科研机构及学术团体等的课题指南，这些课题指南是针对教育研究的发展规划制订的，一般可以通过相应的官方网站找到。来自国家教育行政部门的，如教育部人文社会科学研究项目（教育类）、全国教育科学规划项目等；来自地方教育行政部门的，如湖南省哲学社会科学基金项目（教育类）、湖南省教育厅科学研究项目（教育类）、湖南省教育科学规划项目等；来自相关小学教育方面学术团体的，如中国教育学会下设的小学语文教学专业委员会、小学数学教学专业委员会、中小学整体改革专业委员会、小学教育专业委员会等所公布的年会题目或研究方向。

案例1-2

2022年度江苏省教育科学"十四五"规划课题研究领域

江苏省2022年度的课题指南中，涉及的课题研究领域包括：

（1）教育基本理论

（2）教育史研究

（3）教育发展战略研究

（4）教育经济与管理研究

（5）基础教育研究

（6）高等教育研究

（7）职业技术教育研究

（8）德育研究

（9）教育心理研究

（10）体育卫生艺术教育研究

（11）教育信息技术研究

（12）成人教育研究

（13）民族教育研究

（14）比较教育研究

（15）江苏教育家研究

2022年度江苏省教育科学"十四五"规划课题基础教育研究领域的选题范围：

（1）新课程改革实施与评价监控研究

（2）学生学习和创新能力培养研究

（3）高质量的课堂教学模式研究

（4）大城市义务教育阶段择校问题现状和对策研究

（5）义务教育阶段学生课业负担监测与公告制度研究

（6）流动人口子女在流入地义务教育后升学考试研究

（7）留守儿童关爱机制研究

（8）学生校外学习状况研究

（9）学前教育规律研究

（10）不同发展地区普及学前教育的模式研究

（11）特殊教育师资队伍培养和培训机制研究

（12）随班就读工作机制和保障体系研究

（13）学校教育、家庭教育与社会教育协调配合研究等

值得注意的是，这些课题指南所提供的内容仅为课题研究的领域和方向，一般不宜直接作为课题题目，但可以引导小学教师确定教育研究方向，找到适合自己的研究课题。而且，在目前的各种课题指南中，这种领域性和方向性更为明显。

案例1-3

《北京市"十四五"时期教育科学研究规划纲要》的研究领域

在北京市发布的"十四五"时期教育科学研究规划纲要中，涉及的研究领域包括以下九个方面：

（1）教育宏观战略与政策研究

（2）教育基本理论与国际比较研究

（3）教育治理体系与资源配置研究

（4）课程、教学、评价改革研究

（5）学生发展研究

（6）教育人才队伍建设研究

（7）教育信息化研究

（8）德育与心理健康教育研究

（9）终身学习体系建设与可持续发展教育研究

其中，"课程、教学、评价改革研究"中"教学"部分，其选题方向如下：

（1）围绕"双减"和教育质量提升开展教育教学方法变革研究；

（2）开展社会主义核心价值观融入课堂教学研究；

（3）开展课堂教学模式变革、教学方法创新等基础问题研究；

（4）关注学生深度学习，加强信息技术在课堂教学中的应用研究；

（5）研究开发智能教学系统，加强教学效果智能诊断研究；

（6）加强高等学校本科教学质量与教学改革研究；

（7）深入开展以就业为导向的职业教育教学模式和方法研究

北京市"十四五"时期教育科学研究规划2023年度的课题申报通知明确指出，要根据《北京市"十四五"时期教育科学研究规划纲要》的规定，从上述九个研究领域进行选题，并且明确说明"各领域分为'教育决策咨询研究''教育基础理论研究''教育教学实践研究'三个研究方向"，此外再无其他任何关于研究内容或范围的说明。

二、课题选择的策略

课题选择是教育研究成功与否的关键环节，了解一定的选题策略，对于初涉教育研究的研究者具有一定的指导意义。以下从小学教师的实际出发，列出了五个方面，每个方面都是对小学教师选题策略的提示，可能存在逻辑上的交叉。

（一）选择自己感兴趣的课题

教育研究同其他科学研究一样，也是一项艰苦的、创造性的劳动，不仅研究本身具有一定的难度，而且在研究过程中也会遇到各种意想不到的困难。一般而言，只有选定的课题是自己感兴趣的问题，研究者才能在研究过程中把创造性思维和动力机制激发到最佳状态，放飞自己的思想，进而使教育研究成为一种追求心灵自由、实现事业理想和人生价值的过程。比如，对新时代教师的素养问题感兴趣，就可以围绕这个问题开展阅读、调研、思考甚至行动研究。

（二）结合研究专长选题

研究者应尽可能在自己所学专业领域内或结合所学专业选择课题，只有如此，才能扬长避短。如果完全按照自己的兴趣，抛弃自己多年的理论积淀和实践经验去进行研究，或轻易涉足自己不熟悉的研究领域而又缺乏专家指导，结果往往是敷衍了事或半途而废。小学教育专业的学生，在课程学习和学术研究中，如果能够基于自己的专业，从小学课程、教学、管理、教师和学生等方面进行课题选择，就是一种不错的选择。比如，湖南第一师范学院小学教育专业罗佳同学，就沿着这一思路选择了"教育惩戒对乡村小学师生关系的影响研究"这一课题，该课题于 2020 年入选国家级大学生创新训练项目。

（三）从既有经验中提炼课题

从既有经验中提炼课题，不仅可以从别人的经验中吸取教训，少走弯路，而且有助于创新。例如，浙江省永嘉县的小学数学教师吴成业在暑假学习中发现：教学创新、解题创新、命题创新是创新教育的三个支点；对于教学创新、解题创新，许多地区、学校、教师都展开了研究，成果丰富，而对于命题创新却涉猎不多，没有人进行系统、深入的研究。于是吴老师在新学期有意识地进行命题创新的实验，一个学期的实验取得了较好的效果。吴老师对自己的命题创新实践进行提炼，写成教学论文《数学命题应创新》并公开发表在《教学与管理》上。吴老师没有停下探索的脚步，一直思考命题创新并进行教学实践，最终基于自己的教学经验，凝练出课题"新课程理念下的小学数学命题创新模式的研究与实验"。由于课题来源于自己教学实践的成功经验，进展顺利。结项时，这个课题被评为优秀课题。

《吴成业：教学路上的"教科研标兵"》

（四）从学术争论或教育热点中提炼课题

在教育领域，针对同一个教育理论或实践问题往往会有不同的观点，特别是那些有较大争议的问题，本身就给研究者提供了一个相互冲突的对立面，有助于研究者开阔研究视野。对于所关注的学术争论，研究者可以结合自己的教育教学实践以及自己的知识构成，比较分析并权衡评价其中的争议要点，得到启发和灵感，发现一些需要进一步探究的问题，从而提炼出课题。当然，从学术争论中提炼课题，对研究者的要求较高。

另外，目前我国教育改革方兴未艾，新情况、新问题不断出现。这些新情况、新问题，既有宏观方面的，如乡村教育振兴问题、劳动教育问题、教师的数字化素养问题、城乡义务教育均衡发展问题等，也有中观、微观方面的，如校本课程开发、智慧教学、教学评价改革问题等；同时，不仅包括某一学科系统规划建设中的若干未知问题，也包括学科衔接、学科融合等产生的问题，如未来教育视域下课程的综合化、人工智能视域下的教学挑战、小学课程中的项目式学习等，都需要研究者专门研究、探索出解决问题的思路与对策。

（五）直接从课题指南中进行选题

如上文所述，为了更好地指导教育科学研究工作，提高教育研究水平及其成效，国家及各省教育行政部门、科研机构和学术团体往往会定期或不定期地制订教育科学研究规划的课题指南。这些课题指南中涉及的课题范围很广，且往往具有针对性和应用性，小学教师可以从中选择自己感兴趣或与自己的教学实践相联系的课题领域进行申报和研究。

三、课题选择的基本要求

教育理论和实践领域需要解决的问题很多，但并非所有的问题都可以转化为研究的对象，成为教育研究的课题。教育研究课题的选择是一个理论思辨和实践探索的过程，研究者要选择一个有较高价值、符合自己实际且能够取得成效的研究课题并非易事。为提高课题研究的水平与效率，教育研究课题的选择有一些基本要求，以下三点尤为重要。

（一）价值性

课题的价值包括理论价值和应用价值。小学教师在教育研究中一般应侧重课题的应用价值，即为什么要研究这个课题，通过这个课题的研究要解决什么问题。教育研究的最终目的是促进学生更好地发展，为学校提供建设性意见。课题有价值，随后的研究及其成果才会有价值。

小学教师更应选择那些涉及范围小、目标集中、任务单纯的课题。这样的研究课题较易深入，较易出成果，也更能实现研究的理论价值和应用价值。为此，有人提出，中小学教师在选择研究课题时，应具备四种思维：难点思维、痛点思维、热点思维、经验思维。难点即教师在日常教育教学工作中所遇到的突出问题或困惑；痛点即教师在教育教学工作中令自身感到痛苦的事情，包括遗憾、不满、提醒等；热点即教育发展的前沿、变革的动向等；经验即教师在教学实践中积累的经验。[①]

（二）创新性

课题的创新性，是指课题要有新意，具有一定的原创成分。教育研究的目的是要认识前人没有认识到的或没有充分认识的教育规律，其本质属性必然要求课题的选择

---

① 王旸. 谈中小学教师科研选题的四类思维［J］. 河南教育（教师教育），2023（1）：33-34.

要有一定的独创性和新颖性。课题选择的创新性体现在以下几个方面：

1. 问题的前瞻性

问题应能反映教育发展与改革的方向和趋势，或居于理论研究和学科发展的前沿。

2. 内容的开拓性

由于不同时期的研究者对教育问题的关注点不同，或某些教育问题未被研究者所重视，形成了研究的"空白"，这就为教师提出新的课题留下了空间。如在对班级管理的研究中，研究者较多集中在对"问题学生"的研究上，而对所谓的"优秀生"关注较少。有的教师针对这一点，提出了"优秀生易出现的心理问题及矫正"课题，关注了人们通常忽视的问题，有一定的新颖性。除关注他人易忽视的教育问题外，教师还可以在学科发展的边缘和交叉点上提出课题，从而拓展研究内容。

3. 理论和方法应用的创新性

理论或方法的创新，能令人耳目一新，往往也能产生异于常规的观点或发掘出异于常规的材料。比如，首次将一种理论应用于教育教学实践领域，以新的理论视野来观照教育现象，发现新问题，或者把一种其他学科领域常用而教育领域少用的方法，应用到教育研究当中。

要使课题具有创新性，选题的时候要注意两点：第一，不跟风。切忌看别人研究什么，自己就跟着研究什么。要根据自己的兴趣、专长以及在教育教学实践中遇到的实际问题选择课题，这样，研究才有针对性和价值，才可操作、可完成。第二，不重复别人的研究。如果一个课题，别人已经研究得很透彻，并且有许多成果发表，很难找到一个新的切入角度，这样的课题就要尽量避免，如"小学生记叙文写作指导研究""观课、议课的实践研究"等。所以，研究者在准备研究某一个感兴趣的问题之前，要广泛阅读文献，全面了解此课题的研究现状，确定是否值得进一步探索，尽量避免重复别人的研究。

（三）可行性

教育研究是一项严谨求实的活动，研究者在选择课题时，需要从主观条件、客观条件两个方面来分析、判断课题研究的可行性。主观条件包括研究者自身的学识水平、能力构成、兴趣爱好、治学品格、事业心和对课题的理解等；客观条件包括文献资料、实验条件、经费、工作时间、指导力量、协作条件等。有些课题虽然很有价值，但凭借学校现有条件或教师个人能力却无法开展研究，这就不具有研究的可行性。如某一位小学教师想要做关于叙事方面的研究，而叙事研究要基于深度访谈收集资料，并在资料分析的基础上，用生动、细腻、优美的笔触进行叙述，如果这位小学教师性格内向，不善交谈，文笔较弱，则一般不适合做叙事研究。所以，研究者在选择课题时要充分考虑实际条件，做到扬长避短、由易到难、由小到大，使课题研究逐步深化，最终取得成果。

值得注意的是，初涉教育研究的教师一定要仔细考虑"这个课题为何前人没有任何研究"这个问题。一般说来，这个问题会有两种答案：一是可能因为资料缺失或是条件不具备，完全没有办法做下去，所以暂时没有人进行研究；二是这个课题确实是前人没有关注到但却有研究价值的问题。如果是第一种情况，应该及时放弃；如果是第二种情况，对于初涉研究的教师来说，在本身缺乏相关理论基础及研究经验，又缺乏可供参考的研究成果的情况下，是否继续研究，也需要慎重考虑。

四、两个概念的界定：问题和标题

在课题选择过程中、课题表述前，要区分清楚"问题"和"标题"两个相关概念。

所谓"问题"，是指研究的领域或方向。如有的课题申报指南会针对"研究领域和方向"作一个说明：本年度重点课题研究领域和方向一般不宜直接作为课题题目，申请人可据此分解、细化，自拟题目申报。这里的"研究领域和方向"即"问题"，研究者可以在这个问题领域里确定研究课题，而自拟的题目即课题的"标题"。

案例1-4

《湖南省教育科学"十四五"规划 2023 年专项课题申报指南》中的有关研究领域和方向

《湖南省教育科学"十四五"规划 2023 年专项课题申报指南》中，有一个"中小学教师发展研究专项课题指南"。该指南规定："课题均须依据以下研究领域和方向，可自拟题目，不在该研究领域和方向的选题原则上不予立项。"在该专项课题指南中，有如下研究领域和方向（仅列举部分）：

（1）大数据支持下的中小学教师培训模式研究

（2）基于中小学教师需求的校本培训模式实践研究

（3）混合式研修培训模式研究

（4）高等院校与地方教育部门教师培训协同机制研究

（5）非师范类毕业青年教师教育教学能力提升培训模式研究

（6）市县中小学教师常态化自主选学机制行动研究

（7）乡村振兴背景下精准帮扶培训乡村教师的实践研究

（8）中小学教师精准培训实施模式研究

（9）中小学教师"一对一"精准帮扶式培训的实践研究

（10）新时代中小学教师培训数字化转型实践研究

上述研究领域和方向，即"问题"。研究者可以根据自己的学术积累和研究兴趣，从中选择其一作为研究问题，然后再在这个问题领域里自拟题目，作为研究课题。

在选题过程中，通常一个"问题"领域可以确定多个研究课题。

例如，由"教科书"这一问题领域能确定的研究课题可能有：

• 清末民初教科书的启蒙诉求

- 1932 年《开明国语课本》的插图研究
- 小学语文教科书价值取向比较——以 20 世纪 80 年代教科书和当前教科书（人教版）为例
- 统编版小学语文教科书的编制研究
- 统编版小学语文教科书中的插图研究
- 统编版小学语文教科书中的传统文化研究
- 小学数学教材"小数乘除法"内容的比较研究——以人教版和北师大版为例

……

所谓标题，是在确定研究领域和方向即"问题"之后，对所研究"问题"及具体研究对象等给予高度概括后形成的题目。好的标题能恰当地反映研究方向、范围和深度。

值得注意的是，研究的课题一旦确定之后就不宜轻易变更，而标题则是可以反复斟酌修改的，甚至在准确把握研究对象及研究角度的基础上做到标新立异。具体见本章第二节所述。

实践与体验

任务

如果在本课程学习期间，你准备一边学习理论知识，一边进行教育研究的实践与体验，把学与做更好地结合起来，那么，现在就是选择课题的时候了。来，试着确定一个课题吧！

操作提示

可以通过以下几个步骤确定课题：

（1）确定大致的研究方向

了解当前的教育热点和难点问题，或者查阅各种途径的课题指南，或者回顾自己教育见习与实习或教学过程中的困扰与心得，或者对平时感兴趣的问题追根溯源，这些都是确定研究方向的途径。

（2）查阅文献

无论通过哪种途径找到研究方向，都要查阅文献，这样才能知道别人在这一领域已经有过哪些相关研究，已经用过哪些方法，有哪些值得借鉴的地方，自己研究的突破点在哪里。

（3）确定选题的研究对象、研究内容、研究方法，并用合适的语言表述出来。

在选择课题的过程中，多向研究经验丰富的人请教咨询。当然，请教咨询应当以自己已有思考和文献阅读基础为前提。

第二节　课题的表述

发现了具有研究价值的问题，并不意味着课题就完全确立了。教育研究课题的确立，还应包括对研究的问题或者说课题的名称进行明确的表述和科学的界定。

一、课题表述的基本要求

（一）准确

课题名称的表述要意义准确，即课题名称要能明确地表达出这项研究的主要内容和主要问题，范围大小要适中，行文含义要明确。如果课题太大、太笼统，就会使研究无从下手；如果课题过于狭小，就事论事，就会使课题研究失去应有的意义和价值。如"人工智能时代小学教育改革的研究"，"教育改革"是一个比较宏观的问题，这个课题对于一线教师而言，就显得过大；又如"学生眼中的优秀教师和教师心目中的优秀教师异同比较"，就是一个太过具体的问题，显得过于狭窄，可以改成"小学优秀教师的素质研究"。

一个表述准确的课题，要做到让人一看到课题名称，就知道这个课题要研究的是什么问题，即见其题而知其意。如"小学古诗词的德育研究"这一课题，"德育"是一个范围相当广泛的领域，可以改成"小学古诗词中的道德情感研究"等。又如在"有效激发学生潜能，提升学生品质的研究"这一课题中，"品质"的含义相当宽泛，既可以是"道德品质""心理品质"，也可以是"意志品质""思维品质"等，究竟要提升学生的什么"品质"，表述不够准确，可以改成"有效激发学生潜能，提升学生学习品质的研究"。

（二）简洁

在意义准确的前提下，课题表述最好能用最简短、精练的词句表达完整的意思。课题名称的表述虽未严格限定字数，但一般在 20 个字以内。标题语言要符合语法规则，一般以偏正句式为主，去掉多余的成分与虚词，只留关键词语，结构紧凑，简洁而准确地把研究对象、研究内容概括出来。如"城市小学生课业负担的调查研究"，仅用了 14 个字，就将研究对象、研究内容、研究方法简洁而明确地概括出来了。

（三）规范

一般来说，一个合理的课题名称，在表述上要能够反映所研究问题的主要信息，如研究目标、研究对象、研究内容、研究方法等。有的学者甚至提出，课题名称应尽可能同时表明研究对象、研究内容、研究方法。

课题名称的表述要规范，即课题表述所用的词语和句型要规范、科学。词语的规范，即要求使用规范的术语，不可生造词语，尽量避免使用新出的网络用语，以免产生歧义。如网络用语"红客"（指利用网络技术维护国家利益，为祖国争光的黑客），如果用于课题名称的表述，不熟悉网络用语的人，就完全不知所云。在句型上，课题名称的表述最好采用陈述句，避免使用比喻句、反问句等；不用似是而非、过于感性、口号式和结论式的语句。例如，"让美术课堂'活'起来的研究"，这个"活"字就是感性而不确定的用语，可以改为"美术课堂激发学生学习主动性的策略研究"。

需要注意的是，在一些课题申报文件中，会明确规定课题表述不要使用副标题。因而，"让美术课堂'活'起来——激发学生学习主动性的策略研究"这种主、副标题的表达方式就不适合用来申报课题，但可用于研究成果如论文、研究报告的表述。

二、课题表述中的常见问题

课题表述中可能存在以下几种常见问题：

（一）要研究的问题不明确

例如，"小学生身心安全教育研究"，这一课题如果既要研究小学生的人身安全教育，又要研究小学生的心理健康教育，研究对象就过于宽泛，不是一般小学教师能驾驭的重大课题，所以，建议进一步明晰研究的到底是"身"还是"心"，甚至更进一步明确到"身"或"心"的哪一个方面。

（二）课题名称外延过大

例如，"多元智力与小学教育改革研究"，小学教育改革是一个宏大的体系，而多元智力对这个宏大体系的各个方面，如教学观、学生观、课程观和评价观都可能产生影响，这其中的每一个方面都可以是一个很大的课题，所以，课题名称的表述就显得外延过大。

（三）要研究的对象表述不明确

例如，"我的课堂我做主：课堂教学中的主体性研究"，这个课题没有将研究对象表述清楚：教师在课堂教学中起主导作用，决定教学内容的选择和教学方法的采用等，因此，"我的课堂我做主"中的"我"可以是教师；学生是课堂学习的主体，教学效果的优劣与学生主体性发挥的程度密切相关，所以，这个"我"也可以是学生。

案例1-5

"'双减'政策实施背景下乡村小学教师职业倦怠的现状调查"①

这一课题名称包含如下信息：

第一，研究对象是小学教师。从研究对象的范围看，是乡村的小学教师，而不是城市小学教师。

第二，研究内容是"职业倦怠"。"双减"政策实施之后，乡村小学普遍开展课后服务，教师工作时间和工作压力随之增加，会影响到教师的工作热情，催生职业倦怠，因而此内容具有时代意义。

第三，研究方法是调查研究。

这个选题切合时代主题，题目表述也准确、简洁、规范。

实践与体验

任务

如果你已经查阅了大量文献资料，并进行过深入思考，对于想要研究的问题成竹在胸，那么，请将你所要研究的问题准确、简洁、规范地表述出来。

操作提示

表述课题，可以按照以下步骤进行：

（1）明确研究主题和研究对象。在前面选题的环节，确定了将要研究的领域和方向，接下来便要在所选定的研究领域和方向上凝练出具体的研究主题和研究对象。因为课题表述的基本要求就是研究主题和研究对象要明确。不过，需要注意的是，这里的"研究主题"，是指基于研究领域和方向以及研究的角度所确定的研究内容。

（2）用准确、简洁、规范的语言，把课题名称表述出来。

他山之石

"乡土文化与小学语文阅读教学资源的开发研究"课题表述②

我们小组之前确定的研究方向是小学语文阅读教学资源的开发，交上课题申请表之后，老师给出以下建议：这个课题太宽泛，有研究对象，但没有具体的研究主题。小学语文阅读教学资源的开发涉及很多具体的问题，需要先把这个具体的问题确定下来。比如，从哪些方面进行开发？采取什么方法进行开发？

考虑到我们今后会成为农村小学语文教师，经过讨论，我们希望在小学语文阅读教学资源开发中，能将当地文化考虑进来。于是，我们将课题表述为"当地文化与小学语文阅读教学资源的开发研究"。

对于这个课题，老师认为比上次有所进步，但"当地文化"这一表述指向

---

① 此课题题目来源于湖南第一师范学院2023届小学教育专业毕业生的毕业论文选题，略有改动。
② 来自湖南第一师范学院2017级小学教育专业学生"教育研究方法"课程作业。

太宽泛，建议改为"乡土文化"。最终，我们的课题表述为"乡土文化与小学语文阅读教学资源的开发研究"。

他山之石

"乡村小学生课后服务的需求及保障机制研究"课题确定的过程[①]

在大学期间，多数大学生课余时间都曾经在校外托管机构兼职过，对城市小学生大量参加托管班的现象较为关注。2020年疫情期间，学生无法返校，在家学习，其中的"教育研究方法"课程需要以课题为依托完成学习任务。选择什么课题呢？小组的几个同学经过沟通，发现大家都对"小学课后服务"这一问题较感兴趣，遂决定本小组的研究问题为"小学课后服务"。

要研究的问题领域确定了，可是，"小学课后服务"是一个比较宽泛的问题，研究对象和研究角度都尚未确定。想到老师所说的，要确定研究对象和具体的研究问题（即切入角度），光拍脑袋想是不行的，必须去查文献。于是我们分头行动，以"小学课后服务"为检索关键词，检索到《小学课后服务学生满意度研究——以成都市 S 小学为例》《X 市小学课后服务问题与对策研究——以 S 区小学课后服务为例》《课后服务的性质与课后服务的改进——基于我国小学"三点半难题"解决的思考》《小学阶段课后服务实施现状及对策研究——以 S 小学为例》《城市小学课后服务供给保障研究》《加强课后服务助力学生成长——以牡丹江市长安小学为例》《南宁市小学课后服务发展现状与对策研究》《乡村寄宿制小学课后服务的问题和对策研究——以江苏省淮安市 D 小学为例》等多篇文章。这些文章内容主要是关于城市小学课后服务的，只有一篇是研究乡村寄宿制小学课后服务的。我们小组的同学都是准乡村教师身份，也都对乡村小学的课后服务很感兴趣，但寄宿制小学不是乡村学校的主流形式，那么，乡村非寄宿制学校有课后服务吗？毕竟，课后服务的初衷是解决城市家长的"三点半难题"，而下午三点半接孩子回家，对于乡村小学的家长而言基本不是难题。

带着困惑，我们请教了老师。老师对乡村的课后服务问题也极感兴趣，认为课后服务的主要目的是解决城市"三点半接送难题"，乡村虽然一般没有接送难题，但乡村学生是否就不需要课后服务？较之城市，乡村学生平时的课外学习资源和机会本来就很少，乡村小学能否依托课后服务，给乡村学生提供课外学习和发展的机会呢？学生对课后服务的需求是什么？另外，乡村家长可能对课后服务收费问题比较敏感，那么，教育行政部门及学校应该如何提供相应的保障？教师是否愿意在课后服务报酬极低的情况下提供服务？甚至，能不能再进一步拓展，学校之外，乡村社区、校外活动中心能否提供课后服务及相应的保障？在老师一系列问题的启发下，经过讨论，我们小组决定把课题名称确定为"乡村小学生课后服务的需求及保障机制研究"。

---

① 来自湖南第一师范学院 2017 级小学教育专业学生"教育研究方法"课程作业。

第二章 文献检索与文献综述

问题导入

　　杨老师最近一段时间很犯愁。他准备申请一个课题，可是通过百度搜索后，却没有获得有价值的文献，杨老师感到很困惑——要怎样才能检索到有价值的文献呢？在有经验的同事的指导下，杨老师解决了这个问题，但在着手写课题申报书时，新的问题又产生了：申报书中的文献综述应该怎么写呢？

文献检索贯穿课题研究的始终，从最初的选题到最终的研究报告或研究论文撰写，都需要进行文献检索。在检索的基础上对文献进行综述，是厘清课题的研究现状和确定课题研究起点的重要环节。文献综述的水平，确定了课题起步的高低。

第一节　文献检索的路径

文献检索是教育研究中非常关键的一环。在教育研究中，从选题、资料收集、开题报告撰写，到研究成果的撰写和修改，文献检索贯穿整个研究过程。

一、文献与文献检索

（一）什么是文献

所谓文献，是指记录有知识的一切载体。狭义的文献，通常指图书、期刊等各种出版物的总和。广义的文献，即凡用文字、图形、符号、声频、视频等技术手段记录人类知识的一切载体，或指固化在一定物质载体上的知识；也可以理解为古今一切社会史料的总称。[①] 随着现代科技的进一步发展，文献的载体更加丰富。

现代意义上的文献，是指记录、存贮和传递人类信息和知识的一切有形载体，既包括图书、报刊、学位论文、档案等书面印刷品，也包括文物、影片、录音或录像带、金石和碑刻等实物材料，还包括现代的博文、网页等电子资料。

根据对内容处理和加工程度的不同，文献可分为零次文献、一次文献、二次文献和三次文献。中华人民共和国国家标准《信息与文献　参考文献著录规则》（GB/T 7714—2015）将参考文献分为普通图书、会议录、汇编、报纸、期刊、学位论文、报告、标准、专利、数据库、计算机程序、电子公告、档案、舆图、数据集及其他等。

（二）文献检索

1. 文献检索的含义

广义的文献检索，包括文献信息的存储和检索两个过程，即把文献按一定方式组织和存储起来，并针对用户的需求找出所需文献的过程。教育研究中的文献检索，主要指狭义的文献检索，即利用有效的工具，通过适当的方式，从浩繁的既有文献"库"中迅速定位并获取文献的过程。

---

① 饶宗政. 现代文献检索与利用［M］. 3 版. 北京：机械工业出版社，2020：10.

2. 文献检索的意义

（1）有助于把握研究的趋势和前景

在教育研究中，从课题的选择、资料的收集到研究成果的呈现，文献检索必不可少。在初步确定一个研究方向后，研究者要想对这个研究方向的研究趋势、存在的问题、进一步的研究空间等进行深入了解，就不能仅凭想象，一定要有扎实的文献基础，这就需要进行文献检索。

（2）有助于细化研究问题

研究者在面临重大的课题或者较为陌生的课题时，需要查阅文献，对课题进行分解和细化，或者对陌生概念进行界定，从而使课题研究具有操作性。习近平总书记在2021年4月19日考察清华大学时发表重要讲话，其中提出："教师要成为大先生，做学生为学、为事、为人的示范，促进学生成长为全面发展的人。"有研究者对于"大先生"十分感兴趣，决定好好研究一番，如：何为大先生？大先生和一般教师有何区别？如何才能成长为大先生？针对这些问题，研究者查阅了大量相关文献，最终形成"新时代'大先生'的核心特征及实现路径研究"这一课题及相应的研究框架。

（3）有助于避免重复研究，提高研究效率

在教育研究中，研究者通过文献检索，可以知道哪些问题已经研究得较为透彻，没有继续研究的必要；哪些问题已经取得了一些研究成果，但还有深入挖掘的必要。通过文献检索，研究者还可以最大限度地利用别人的研究成果和研究方法，避免不必要的重复劳动，从而提高研究效率。

二、文献检索关键词的拓展

检索关键词是否合适，是文献检索成功与否的关键。需要注意的是，论文撰写中的关键词和文献检索用的关键词有所不同。论文关键词，是为了满足文献标引或检索工作的需要，从论文中提取的词或词组，是能够表示全文主题内容的重要词语；而文献检索用的关键词，则是迅速定位所要查找文献的词语，与课题研究对象、研究内容和研究方法密切相关。一般而言，论文关键词往往会成为文献检索关键词，但文献检索关键词则不限于论文关键词。

有些初涉研究的人员，可能在以相关论文的论文关键词为文献检索的关键词进行检索后，没有检索到相关文献或者检索到不想要的文献，立刻就放弃，并认定该课题尚未有研究成果，从而错误估计课题的研究现状。事实上，当利用关键词检索没有达到预期效果时，研究者应该拓展文献检索的关键词。

有些初涉研究的人员，可能直接以课题中的研究主题或研究内容作为检索关键词，在中国知网等数据库进行检索后，没有检索到相关文献或者检索到不想要的文献，立刻就放弃，并认定该课题尚未有研究成果，从而错误估计课题的研究现状。事实上，当利用课题关键词检索没有达到预期效果时，研究者应该拓展文献检索的关键词。

拓展文献检索的关键词，常用的方法有以下三种：①

（一）基于同一概念的关键词拓展

许多事物从不同的角度考虑，有不同的名称，研究者可以根据这些不同的名称，拓展文献检索的关键词。具体方法有：

（1）寻找近义词或相近词，如"小学教育"和"初等教育"，"后进生"和"学困生"，"教师观"和"师道观"，等等。有时，关键词的近义词或相近词可能不止一个，研究者应尽可能用所有有关的词语进行检索。如在检索文献时，研究者如果输入"教材"，能检索到一部分文献；尝试以"教科书"为关键词，又能检索到一部分文献；还可以以"课本"为关键词，也能搜索到部分文献。

（2）寻找反义词或相对的词。如"学优生"和"后进生"，"素质教育"和"应试教育"，等等。

（3）寻找同一事物的简称或全称。如"小学教育专业"和"小教专业"。

（二）基于内容分析的关键词拓展

（1）上位概念拓展法，即分析检索对象的归属关系。如"教育思想"和"教学思想"，教学思想是教育思想的构成之一。

（2）下位概念拓展法，又称概念分析的树形展开法。如要研究义务教育，义务教育从大的范畴可以分解为"小学"和"初中"两个部分。

（三）基于检索结果的关键词拓展

在文献检索过程中，研究者通过关键词初步检索到一些和课题密切相关的文献，通过查阅这些文献能够得到与课题相关的新的检索关键词，对这些新的关键词进行组合，就可以达到拓展检索结果的目的。如在关于徐特立的研究中，徐特立撰写的文本及研究徐特立的文献成果，是研究徐特立的重要参考资料。如果仅限于此，则在文献搜集上还是有很大局限的。如果研究者在查阅文献时能够发现徐特立和"周南女学"有着密切关系，将"周南女学"作为拓展关键词进行文献检索，从中搜集和徐特立有关的文献资料，就可以进一步拓宽资料收集的途径。

基于检索结果的关键词拓展，研究者需要对初步检索到的文献进行阅读，从中选择和课题有关的用于进一步检索文献的关键词。这种检索关键词的拓展，可能不是一次两次就能完成的，而是一个循环往复直至课题结题才告一段落的过程。

总之，为了保证文献搜集的全面性，在进行文献检索时，只要是和课题有关的资料，就要尽可能搜集。这需要在进行文献检索时尝试着对文献检索的关键词进行各种变换和组合，也可以说，文献检索的过程，实际上是一个利用各种关键词"试误"的过程。

---

① 梁国杰. 文献信息资源检索与利用［M］. 北京：海洋出版社，2011：50-51.

经过以上步骤，可以进入全面检索阶段了。实际上，文献检索的各个步骤并不是截然分开的，有时关键词的拓展是与文献检索等步骤同时完成的，这里为了方便初学者理解这一过程，才人为地将关键词的拓展单独拿出来讲解。

三、手工检索工具

常用的检索工具有手工检索工具和计算机检索工具。其中，手工检索是一种传统的文献检索手段，常见的检索工具有目录、索引、文摘等。

（一）目录

我国历史上最早的目录是汉代官府藏书目录《别录》和《七略》，由刘向、刘歆撰写，唐代时散佚。影响最大的古代书目当数清代早期的《四库全书总目》和晚清的《书目答问》及其补正。现代影响较大的书目有《全国新书目》《全国总书目》《中国国家书目》。

（二）索引

索引最早出现于西方，又称通检、备检或引得。索引的款目一般包括索引词、说明或注释、出处 3 项内容。索引的本质特征是揭示内容出处或文献线索，索引并不直接提供事实、资料本身。常见的索引主要有：报刊论文索引，如《全国报刊索引》；篇名索引，如安徽省图书馆中文期刊《中小学教育》篇名索引等。

（三）文摘

常见的综合性文摘有《新华文摘》和《报刊文摘》，与教育有关的文摘有《教育文摘周报》《国内外教育文摘》《高教文摘》等。

上述手工检索工具，随着现代科技的迅速发展，很多都已经电子化，可以通过计算机及网络进行检索。

四、计算机检索工具

计算机检索始于 20 世纪 50 年代；20 世纪 80 年代中期全球第一个 CD-ROM 数据库——美国国会图书馆机读目录问世，标志着光盘检索系统的开始；20 世纪 90 年代开始有了计算机网络文献检索。目前，计算机检索中常用的资源有期刊数据库、电子书数据库、搜索引擎以及门户网站等几大类。

（一）期刊数据库

1. 中国知网

中国知网（CNKI）① 由清华大学、清华同方发起，是世界上全文信息量规模最大的"CNKI 数字图书馆"。其中，综合性数据库含学术期刊全文数据库，博士、硕士学位论文全文数据库，会议论文全文数据库，报纸全文数据库，图书全文数据库等。学术期刊全文数据库收录中、外学术期刊文献，中国文献最早可以回溯至 1915 年，外国文献最早可以回溯至 19 世纪；博士、硕士学位论文全文数据库收录全国主要博士、硕士培养单位的博士、硕士学位论文，最早可以回溯至 1984 年；会议论文全文数据库则重点收录自 1999 年以来，中国科协系统及国家二级以上的学会、协会，高校、科研机构、政府机关等举办的重要会议以及在国内召开的国际会议上发表的文献，部分重点会议文献可以回溯至 1953 年；报纸全文数据库收录国内公开发行的 500 余种各级重要党报、行业报及综合类报纸，最早可以回溯至 2000 年；图书全文数据库包括中文图书和外文图书，目录已收录专业精品类图书 17 850 本，覆盖人文社科、自然科学、工程技术等各领域，并实时更新。除此之外，还包括年鉴、专利、标准等。

2. 万方全文数据库

万方全文数据库是目前最常使用的另一种期刊全文数据库，集纳了涉及各个学科的期刊、学位、会议等类型的学术论文，还有科技报告、专利、标准、科技成果、法律法规和地方志等。万方的中国学术期刊数据库收录了自 1998 年以来国内出版的各类期刊；中国学位论文全文数据库收录自 1980 年以来我国各高等院校、研究生院和研究所的博士、硕士以及博士后论文；中国学术会议文献数据库的会议资源包括中文会议和外文会议，中文会议文献收录始于 1982 年，每月更新，外文会议文献主要来源于NSTL 外文文献数据库，收录 1985 年至今世界主要学会和协会及出版机构出版的学术会议论文，每月更新。此外，万方全文数据库还定期更新机械、建材等中国行业标准。

中国知网和万方全文数据库，是目前教育教学和科学研究中最常用的两种期刊全文数据库，由于两个数据库的资源并不完全重合，所以，配合起来使用效果最好，查阅的文献最全面。

3. 中文期刊服务平台

重庆维普资讯有限公司旗下的中心网站"维普资讯"，是综合性文献服务网，其中"中文期刊服务平台"由维普资讯网推出，收录了 15 000 余种期刊。

4. 国家哲学社会科学文献中心

国家哲学社会科学文献中心由国家投入和支持，中国社会科学院牵头，教育部和原国家新闻出版广电总局等相关部委配合，其他社科机构参与共同建设和管理，依托中国社会科学院图书馆开展工作，2016 年正式上线运行。该中心网站主要开设资源、专题、服务等栏目，资源部分包括中文期刊、外文期刊、古籍，提供在线阅读、全文

---

① 据中国知网上的解释，NKI，即 National Knowledge Infrastructure（国家知识基础设施），此概念由世界银行在《1998 年度世界发展报告》提出。CNKI 即 China National Knowledge Infrastructure（中国知识基础设施工程），于 1999 年启动。

下载等服务；还提供了国内外哲学社会科学领域重要的政府机构、高等院校、学术机构以及数据库的链接，便于广大读者查阅和使用。

（二）电子书数据库

电子书是传统印刷书籍的电子版本，可以使用个人计算机或电子书阅读器进行阅读。在目前网络普及的情况下，电子书因丰富的文献资源、便利的检索途径和方法，成为文献检索的常见工具。在教育研究中，常用的中文电子书数据库有：超星数字图书馆、中国国家图书馆·中国国家数字图书馆、CNKI中小学数字图书馆、"读秀"学术搜索等。

1. 超星数字图书馆

超星数字图书馆是目前世界上较大的中文在线数字图书馆之一，是国家863计划中国数字图书馆示范工程项目，于2000年1月在互联网上正式开通，收录了1977年至今出版发行的大量免费电子图书、论文及超过16万集的学术视频，其经典文库包含文学经典、科学经典、历代方志、中国文史资料集萃等。

2. 中国国家图书馆·中国国家数字图书馆

中国国家图书馆是亚洲最大的图书馆。作为国家藏书机构，中国国家图书馆除依法接收中国各出版社交存的出版样书外，还收藏中国非正式出版物，如各高校的博士学位论文等。其藏书每年以百万册（件）的速度增长，其中价值连城的古籍善本有200余万册。中国国家数字图书馆还藏有丰富的电子资源，其中，能通过读者卡号远程登录访问的资源有"全宋诗分析系统""全唐诗分析系统""二十五史研习系统""国学宝典""中国社会科学文献库""科学文库""世界文明史连环画阅览室""中华连环画数字阅览室""点点书库"等。

3. CNKI中小学数字图书馆

CNKI中小学数字图书馆隶属中国知网，是我国第一个面向中小学的数字图书馆，包括"中国基础教育期刊库""中国基础教育博硕士数据库""基础教育知识资源总库——报纸库"等，内容按不同的主题进行分类，提供主题、作者、关键词、摘要、全文等各种检索途径，检索方便，能很好地满足教师教学、学生学习和学校管理的需要。另外，CNKI中小学数字图书馆的内容来源于正式出版物，并且进行了深度加工和整合，与那些散布在网上未经筛选、真伪难辨且无序的信息有本质的区别。不过，CNKI中小学数字图书馆要付费使用，个人用户需要购买"中小学数字图书馆"检索阅读卡。

其实，除CNKI中小学数字图书馆之外，还有众多检索方便而且免费的地方中小学数字图书馆，如北京、重庆、天津等省市的中小学数字图书馆，甚至一些地级市也有自己的数字图书馆。这些单个的中小学数字图书馆，可能藏书只有十多万册，但是如果多个数字图书馆互相配合，则可资利用的文献就很可观了。以重庆中小学数字图书馆为例，其自2010年底开始运行，每年还在既有藏书总量的基础上增加约1%的数字资源。

4. "读秀"学术搜索

"读秀"学术搜索（以下简称"读秀"）是由海量图书、期刊、报纸、学位论文、会议论文等文献资源组成的庞大知识系统，是一个可以对文献资源及其全文内容进行深度检索，并且提供原文传送服务的平台。在搜索方面，"读秀"具有三大优势。

第一，比传统的机器可读目录（Machine Readable Catalogue，MARC）管理更加深度地揭示了内容："读秀"除提供书名、出版社、出版日期、ISBN 等图书的基本信息外，一般还提供前言页、版权页、目录页以及正文 17 页等更为丰富的原文试读，展示更为直观、多元的图书信息，帮助读者提高检准率。

第二，检索深入到章节和全文，实现基于内容的检索。"读秀"突破传统检索模式的局限，检索结果不止步于书名、作者和主题词等 MARC 字段，还围绕关键词深入到章、节、目，直至全文之中进行检索，扩大知识搜索的范围，提高检全率和检准率，在海量的学术资源库前端为广大读者打造一个崭新、专业的学术检索工具。

第三，创新知识点式检索模式，为研究型读者提供查找资料的便捷途径。"读秀"不以检索单体文献为根本目标，而是围绕关键词，以检索文献所包含的知识为根本目标。其检索结果显示本关键词以及与关键词相关的所有知识点，可免除读者反复查找、确认的过程，为研究型读者提供便捷的文献获取途径。

5. 其他电子资源库

除上述电子书资源之外，还有一些小学教师在教学和研究中会用到的电子资源库。

（1）小学资源网。小学资源网于 2008 年 8 月份建立，主要面向广大一线小学教师，介绍关于小学教学方面的资源，包括语文、数学、英语、科学及其他学科，涉及教案、课件、微课、试题、在线题库等内容。

（2）国家教育资源公共服务平台。国家教育资源公共服务平台是中央政府提供教育基本公共服务的一次创新，着力于教育信息化的工作推进、教育资源的推送推广、各类教育活动的举办实施、教育资源信息的智能导航。而且，平台所有资源均免费使用。此平台设有"智慧中小学""找资源""看教研"等几个板块，并有"资源频道""专题活动""德育科普""成果展示"等资源导航。

（3）国家中小学智慧教育平台。"国家中小学智慧教育平台"是教育部在"国家中小学网络云平台"基础上的改版升级，于 2022 年 3 月 1 日上线试运行。此平台包括德育、课程教学、体育、美育、劳动教育、课后服务、教师研修、家庭教育、教材经验、教材、地方频道等众多资源。

另外，研究者还可以利用一些论坛及搜书网站等来获取所需的电子书，如：爱如生、鸠摩搜书等网站。

（三）搜索引擎

随着网络技术的迅猛发展，搜索引擎成为文献检索的常用方式。目前使用得较多的中文搜索引擎有百度和搜狗等。其中，百度是目前全球最大的中文搜索引擎，能提供较多资源，其中网页、视频、图片等，是教育研究中较常用到的。其中的百度学术涵盖了各类学术期刊、会议论文，在其中能搜到中国知网、万方、维普等数据库中的论文，其中的文献互动功能相当实用。不过，百度学术只是一个学术信息搜索引擎，如果要下载文献，还需要到中国知网等数据库去获取。

值得注意的是，百度和搜狗等搜索引擎虽然具有强大的搜索功能，但研究者在通过这些搜索引擎获取文献信息时，要注意区分其类型和来源。如果是从大学或专业的数据库获取的图书、期刊论文、学位论文等，文献具有较强的学术性和严谨性，极为可靠。但如果文献来自博客或网页，研究者则需要对这些文献进行考证，辨别其真实性和可信度。

专业数据库或电子书刊十分便捷，但都涉及有偿使用问题。在不能利用高校图书馆等内部资源免费查询的情况下，研究者可以先利用搜索引擎检索文献，即：先通过搜索引擎查阅文献信息，对研究课题有一个大致的了解，再根据所了解的信息，去查阅专业的数据库或者是电子书刊。当然绝对不能把通过搜索引擎检索的文献当作最终的文献，而放弃对专业数据库的检索。

（四）教育类门户网站

一些政府及学会的门户网站也能提供大量的电子文献资源。常用的教育类门户网站有：

1. 中华人民共和国教育部官方网站

教育部的官方网站是一个教育的综合信息站点，其中有教育新闻、教育法规、教育政策、重要文献、统计数据、教育部机构设置等站点导航。这是了解教育动态、获取教育统计数据以及其他教育文献最权威的网站。

2. 中国教育和科研计算机网

从中国教育和科研计算机网能查阅到教育动态及教育热点问题，这里有丰富的教育资源可以利用。这是由教育部负责管理，清华大学等高等学校承担建设和运行的全国性学术计算机互联网络，它利用先进的计算机技术和网络通信技术，把全国大部分高等学校连接起来，并与现存的国际性学术计算机网络互连，成为中国高等学校进入世界科学技术领域快捷方便的入口。

3. 其他

其他教育类门户网站还有中国中小学教育网、中国教育信息网、中国人民大学书报资料中心网、联合国教科文组织网等。

实践与体验

任务

2013 年 8 月，教育部颁布了《中小学教师资格考试暂行办法》，该办法与师范生休戚相关。如果想对该办法及小学教师资格考试的渊源作较深入的了解，可以运用哪些检索工具呢？

《中小学教师资格考试暂行办法》

操作提示

（1）明确准备检索的问题。

（2）分析有哪些检索工具。

（3）确定在这些检索工具中哪些最直接、快捷、可靠。

他山之石

可以这样来完成这项任务：

（1）明确现在想检索的问题：一是《中小学教师资格考试暂行办法》，二是小学教师资格考试的渊源。

（2）回顾本教材中提到的检索工具类型（期刊数据库、电子书数据库、搜索引擎等）。

（3）全国性教育法规基本上由教育部发布，所以，了解这项制度最权威、最直接的途径就是登录教育部官方网站，找到《中小学教师资格考试暂行办法》这一法规文本进行阅读。针对"小学教师资格考试的渊源"，如果只是泛泛了解，最快的途径是尝试运用百度等搜索引擎；如果要找权威的说法，较快捷的方式是借助中国知网、"读秀"等寻找学术性的电子期刊与电子书。具体检索工具及其运用，可以参阅本章第二节"文献检索的方法及综合案例"。

第二节　文献检索的方法及综合案例

在熟悉了常用的检索工具后，研究者要想迅速而全面地获取和课题有关的文献，还需要了解常用的文献检索方法。

一、文献检索的方法

文献检索的方法多种多样，常见的有顺查法、逆查法、抽查法及追踪法。

（一）顺查法

顺查法是按照时间顺序，由远及近地进行文献检索的方法。如果已知某课题的起始年代，为了解其发展的全过程以及对该课题的研究状况，研究者可以采用顺查法，从最初的年代开始查阅，直至当前文献。例如，如果要研究北京大学校史，使用顺查法查阅文献资料，则研究者首先要弄清楚北京大学的建校时间。北京大学的前身是京师大学堂，而京师大学堂于 1898 年成立，使用顺查法，就得从 1898 年开始查起，一直查到当前相关文献为止。顺查法的优点在于能系统地搜集与课题相关的文献，不易漏检。

（二）逆查法

逆查法是按照时间顺序，由近及远、由新到旧进行文献检索的方法。使用逆查法查阅文献，在时间顺序上与顺查法完全相反，要从当前向前查。如使用逆查法检索北京大学校史的相关文献，就是从当前文献开始查阅，一直查到 1898 年为止。利用逆查法查阅文献，关注的焦点在于近期文献及最新研究成果。逆查法是科研人员在撰写文献综述时常用的检索方法。

（三）抽查法

抽查法是指针对课题的特点，选择该课题文献信息最可能出现或最多出现的时间段（如发展最快、成果最多的时间段），进行重点检索的方法。利用抽查法，能迅速地检索到较多的文献，效率较高，但是容易漏检。

（四）追踪法

追踪法又称追溯法。文献追踪的基本步骤是：根据已知文献中的文献（参考文献、注释、附录等）指引，查找到一批相关文献；再根据相关文献的文献指引，进一步回溯查阅文献，扩大文献检索范围，如此循环反复。运用追踪法查阅文献，可以先查找和课题相关的专著、文献综述，以及博士、硕士学位论文，它们所附的参考文献是进一步追踪的基础和方向。利用追踪法查阅文献，有利于扩大文献搜集的范围，但是也容易漏检。

在实际的文献检索中，利用何种方法检索文献，要根据实际情况确定，通常需要综合使用多种方法，以保证文献检索的全面性和高效性。

二、文献检索综合案例

为了让读者更好地了解文献检索的工具及具体方法的使用，下面以"革命传统进小学课程的现状研究"课题 [①] 为例，进行文献检索。

（一）检索期刊文献

本研究的课题为"革命传统进小学课程的现状研究"，从"革命传统进小学课程"即可知此课题源于 2021 年教育部印发《革命传统进中小学课程教材指南》这一教育热点问题，在检索途径上主要采用计算机检索，可以利用中国知网、万方全文数据

[①] 此课题为湖南第一师范学院小学教育专业 2020 级苗佳丽等同学的课外研究项目。

库、维普中文期刊服务平台等来检索文献。下面以中国知网为例，进行文献检索：①

首先，以标题中的"革命传统进小学课程的现状"为检索词，在中国知网进行检索，没有检索到任何相关文献。需要注意的是，在一般情况下，如果以标题为文献检索关键词检索到大量的文献，说明该课题的研究成果已经十分丰富了，就得重新思考该课题是否还有研究的价值，或者在阅读相关研究文献后能否找到新的切入点，否则可以考虑尽早放弃；如果检索到的文献不多或没有检索到相关文献，则需要考虑扩大文献检索的范围。

要扩大文献检索的范围，可以通过减少标题中的相关限定词来完成。如"革命传统进小学课程的现状研究"这一标题，可以逐步减去"研究""现状""小学"等限定词，当再以"革命传统进课程"为关键词在中国知网中进行检索时，检索到相关研究成果如图 2-1 所示。

图 2-1 "革命传统进课程"在中国知网上检索结果的部分显示

仔细分析检索到的文献，就会发现在检索到的文献列表中，第 2 条、第 4 条、第 5 条文献涉及的是高中课程，和本课题关系不密切。

除通过"减法"扩大文献检索范围外，还可以通过"加法"来扩大文献检索范围。标题中的小学课程，包括小学各科课程。根据《革命传统进中小学课程教材指南》的政策要求，革命传统进小学课程主要涉及语文、道德与法治和艺术等学科课程。以"革命传统"＋"语文课程"为关键词进行检索，可以得到如图 2-2 中的结果：

---

① 本节文献检索日期为 2023 年 5 月 10 日。

图 2-2　"革命传统与语文课程"在中国知网上检索结果的部分显示

从上述检索结果中选择和本课题相关的文献。同样，也可以以道德与法治、艺术（包括美术和音乐）等课程为关键词进行文献检索。

事实上，除学科课程外，小学课程还包括校本课程。所以，在扩大文献检索范围时，可以以"革命传统"＋"校本课程"为关键词进行检索，得到如图 2-3 中的结果：

图 2-3　"革命传统与校本课程"在中国知网上检索结果的部分显示

除"减法""加法"之外，还可以通过近义词等方式变换文献检索关键词。如"革命传统"和"红色文化"意义相关，所以可以以"红色文化"＋"小学课程"为关键词进行文献检索，可以得到如图 2-4 中的结果：

图 2-4 "红色文化与小学课程"在中国知网上检索结果的部分显示

我们通过各种方式，变换文献检索关键词，在各种数据库进行文献检索，有的关键词能检索到文献，有的关键词可能检索不到文献。实际上，文献检索的过程就是一个不断试误的过程。文献检索正是在不断变换检索关键词、不断试误的过程中，得到课题研究需要的相关文献的。

（二）检索专著等图书

当然，除检索期刊文献之外，还可以使用专著及资料汇编。要检索和课题相关的专著及资料汇编，我们可以直接进入中国国家图书馆官网进行书目检索。通过查阅国家图书馆的馆藏书目可知，到目前为止，我们可以找到有关革命传统进课程的图书，但不是研究专著。

如果没有相关的研究专著，那么，有没有哪些专著中的某些章节会涉及相关研究成果呢？这时候我们可以借助"读秀"进行检索。在检索专著中的某些章节所涉及相关研究成果时，"读秀"独具优势。

首先进入"读秀"首页（图 2-5）。

在"读秀"首页，选择"知识"，然后输入各种检索词进行检索。如果以课题中的"革命传统"为检索关键词，会有很多结果。为了迅速定位革命传统和小学课程的相关研究成果，选择课题中的"革命传统"＋"课程"为检索关键词，检索结果如图2-6所示。

以"革命传统"＋"课程"进行检索，会出现大量关于革命传统教育的研究成果，这时需要从检索结果中进一步查找与课程有关的研究成果。

图 2-5 "读秀"首页

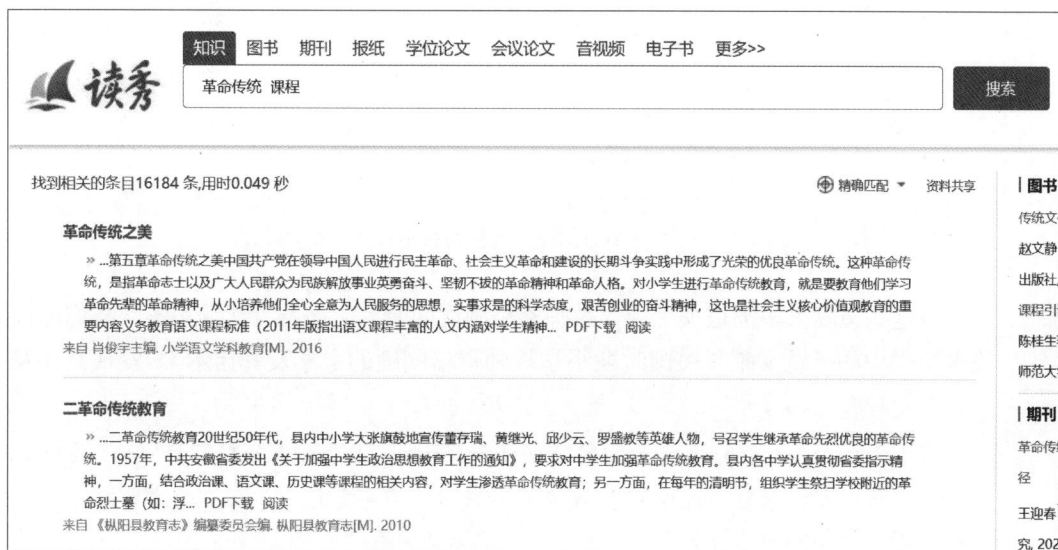

图 2-6 "革命传统"+"课程"在"读秀"上检索结果的部分显示

经过进一步检索，没有在专著中检索到与课程有关的研究成果。

利用"读秀"进行检索，除了可以选择"知识"这一项目进行检索外，还可以选择"图书""期刊""学位论文"等项目，检索结果分别是跟研究课题相关的已出版（或发表）的图书、期刊论文及学位论文等。

在文献检索的过程中，根据文献的情况，我们还可以随时调整关键词进行补充检索，这里不一一赘述。

（三）文献追踪

当通过常用的检索工具把所能想到的文献检索关键词都逐一尝试后，文献检索还是没有新的突破时，我们可以通过追踪法来进一步扩大文献检索的范围。

通过文献追踪，文献检索的范围能突破论文和专著的局限，得到意想不到的收获。下面以"近代小学教师资格制度研究"为例，通过文献检索所获得的文献，进行文献追踪。

在中国知网中输入文献检索关键词"小学教师资格",可以检索到如图 2-7 中的文献:

图 2-7 "小学教师资格"在知网检索结果的部分显示

但这些文献大多都是关于现代教师资格制度的研究,涉及近代的不多。我们阅读检索结果中的一篇文献《民国时期小学教师资格制度的考察及其启示》,发现其涉及的相关文献有:

[1]李连宁,孙葆森.学校教育法制基础[M].北京:教育科学出版社,1997.

[2]俞启定,杨瑾.关于中国教师资格的历史考察[J].河北师范大学学报(教育科学版),2009(7):67.

[3]顾倬.检定小学教员管见[J].教育杂志,1917(10).

[4]李桂林,戚名琇,钱曼倩.中国近代教育史资料汇编:普通教育[M].上海:上海教育出版社,1995.

[5]刘瑜.我国教师资格证书制度研究[D].北京:首都师范大学,2006.

……

根据这些相关文献,我们还有以下收获:

第一,在文中得到大量有关近代小学教师资格制度的原始史料性质的文献资料,如宋恩荣、章威主编的《中华民国教育法规选编(1912—1949)》、李桂林等编的《中国近代教育史资料汇编(普通教育)》、李友芝等编的《中国近现代师范教育史资料》(全四册,北京师范学院内部交流资料)等。这些史料性质的资料,突破了之前检索论文和专著的局限,拓展至原始史料性质的资料汇编等文献。

第二,得到一些民国时期的期刊论文资料①,如 1917 年《教育杂志》刊载的《检

_____

① 在中国国家图书馆的特色资源中,有一个"民国时期文献",包括民国图书、民国期刊、民国报纸等,部分资源可以在线查阅。另外,研究者还可以通过《民国时期期刊全文数据库》获取民国时期的有关文献。

定小学教员管见》，1920年《政府公报》刊登的中华民国北京政府发布的《给予教员许可状规程》（1920）等。通过文献追踪，我们能获得较多的有关文献资料。

第三，对当代研究成果进行拓展。之前利用中国知网、万方全文数据库等检索到的研究成果不多，但是从该文所附的参考文献里，我们可以对当代研究成果进行较大的拓展，如俞启定和杨瑾的《关于中国教师资格的历史考察》、刘瑜的《我国教师资格证书制度研究》、张汶军的《教师专业化的初步尝试：民国后期小学"教师检定"的定制与实践》、余家菊的《余家菊先生论著》（第5辑）等文献。

根据这些通过文献追踪获得的拓展文献，我们可以再次使用追踪法来进一步拓展文献。实际上，运用文献追踪法拓展文献，是课题研究中一个生生不息、循环不止的过程。

进行文献追踪需要注意两个问题：（1）为提高文献追踪的效率，在利用追踪法拓展文献线索时，最好优先选择权威文献或者学位论文。所谓权威文献，主要从刊物水平、作者知名度以及文献引用率几个方面判断。学位论文则因其学术性和规范性，尤其是参考文献的丰富性，也是优先选择的文献类别。（2）通过文献追踪得到文献检索的信息，如通过参考文献发现民国时期某本专著对课题有相关研究，但是研究者可能一时无法得到这本书，这个时候就可以借助电子书了。

实践与体验

任务

请利用文献法对课题"'双减'政策实施背景下乡村小学教师职业倦怠的现状调查"进行全方位的文献检索。

操作提示

可以按以下三个步骤操作：

（1）利用百度等搜索引擎及一些门户网站，查阅和"双减"政策实施相关的新闻、法律法规文件及相关资料，了解"双减"政策实施的概念及基本情况。

（2）利用中国知网、万方全文数据库、维普中文期刊服务平台等数据库，查阅目前已经发表的和"双减"政策实施、"教师职业倦怠"等相关的期刊文献，了解"双减"政策实施、"教师职业倦怠"研究的现状和趋势。

（3）利用"读秀"查阅已出版的图书中有无和"双减"政策实施、"教师职业倦怠"相关的章节或知识点。

存在的问题

针对"'双减'政策实施背景下乡村小学教师职业倦怠的现状调查"这一课题，上述途径基本能满足文献检索需要。在查阅时，我们需要避免以下情况：

（1）只利用搜索引擎和门户网站，对一些专业数据库视而不见。

（2）在查阅专业数据库时，只用中国知网和万方全文数据库两者其一。事实上，这两个专业数据库所收纳的文献可以互补。

（3）只搜集期刊及学术论文，不重视图书，从而忽视利用"读秀"及其他文献工具检索。

（4）关键词选取，只知道用"职业倦怠"，不知道换用"职业枯竭"等关键词进一步检索。

第三节　文献阅读与文献综述

在利用文献检索工具及常用方法搜集到较为丰富的文献后，这些文献就可以全部应用于自己的研究了吗？当然不是。接下来，研究者还需要对文献进行阅读和摘记，将与研究课题有关的资料及能激发自己思维的一些内容，利用自己熟悉的方式摘记下来，以便随时查阅。在阅读文献的基础上，研究者再进一步撰写文献综述。

一、文献阅读

（一）浏览与筛选文献

1. 浏览文献

在文献检索阶段，在海量的文献面前，不管是初次检索文献，还是利用已有文献进行文献追踪，都重在以较快的速度了解文献信息，因而不需要精读或细读，只需迅速地获取基本的文献信息，这就必须学会浏览文献。

浏览文献的技巧有以下几点：

（1）浏览关键词。看有没有和课题相关的关键词，如果有相关的关键词，则可以继续浏览摘要或导言。如在检索有关"革命传统进小学课程"这一课题的文献时，由图2-1的检索结果，我们可以挑选出王迎春等人的《革命传统教育融入小学语文课程的实践路径》，以及刘雪华的《开放性课程思维指导下的革命传统教育策略——以小学道德与法治的教学为例》两篇文章，这是和本课题密切相关的研究文献，我们可以进一步阅读这两篇文献。

（2）浏览摘要或导言。一篇文章的摘要，或一本专著的导言，是全文或全书的核心要点与主题的体现。浏览摘要或导言，有助于快速了解该文献的全貌，如研究问题的背景、研究方法、篇章结构等。在浏览摘要或导言后，如认为和自己的研究课题相关，则可以浏览正文。

（3）浏览正文。浏览正文有助于了解文献的具体内容和细节。如果该文献和研究课题部分相关，我们可以迅速浏览相关部分；如果是和自己的研究课题高度相关，则可以精读全文。

2. 筛选文献

通过浏览，我们对搜集到的文献有了初步的印象。但是，由于搜集的文献数量大，文献必然有主次、轻重之分，这时我们就需要对文献进行筛选。筛选文献，需要遵循一定的原则。[①]

（1）相关性原则。检索到的文献，其课题名称、依据的理论背景、研究主题和自己的研究课题越相似，越具有参考价值。

（2）前沿性原则。要了解研究的最新动态，必须注意文献的前沿性。最新发表的文章在研究方法和研究思路上，一般会有超越以往研究的地方，这有利于开阔我们的思路，激发我们的思维。

（3）经典性原则。在某一领域具有典范性的著作或论文，是某一学说或某一理论的开创、奠基之作，对我们了解该领域研究的基本观点、发展过程十分必要。

（4）权威性原则。发表于权威期刊、引用率较高及知名学者的文章或专著，在通常情况下代表了该领域内的较高水平或发展趋向，值得重点参考。

（二）精读与记录文献

无论是浏览还是筛选，都是走马观花式地阅读文献，仅仅是对文献进行初步的整理。以此为基础，我们需要对筛选出来的最新的、经典的、权威的以及与课题高度相关的文献进行精读。在精读文献时，要对所读文献及时进行初步的整理和记录，否则会忽略掉很多有价值的信息。

在阅读文献的过程中，养成随手记录[②]的习惯对于研究者开展研究非常重要。记录的方式主要有以下几种：

1. 列提纲

列提纲就是用简练的语言列出全书或全文相关部分的内容要点。如果需要阅读的文献较多，我们可以通过列提纲记录每篇文献的基本内容，最后将提纲汇总，就能将相似主题的资料进行归类，这有利于促进研究思路的清晰。

2. 标记和眉批

标记就是在文章或书上做记号，而眉批则是在书刊的空白处写上体会、感受、评价或疑问等。

3. 抄录（复制）

抄录（复制）就是将与研究课题相关的文献信息及内容抄写（复制）下来。抄录有全录和摘录两种方式：全录是将全文原文照抄；而摘录则是将有价值的、自己需要的信息抄写下来。在电子文献未普及之前，全文抄录可能是一件费时费力的事情，但是在今天，全文抄录不再是一个难题，我们可以运用各种转换软件很方便地将文献信

---

① 鲁胜全. 教师如何进行教育科学研究［M］. 乌鲁木齐：新疆青少年出版社，2009：12-13
② 现在手机、平板、电脑的普及，使得下面几种记录方式都已经电子化，故这儿的"随手记录"并不限定于手抄。

息复制下来。

值得注意的是，不管是撰写提纲、标记、眉批还是抄录，研究者在阅读过程中进行记录的时候，一定要区分清楚文献信息和自己的所思所想。有时，研究者在阅读文献或文献的某一部分甚至某一句话时，可能会很有感触，这时应该将自己的想法或思路随时记录下来；否则，时过境迁，极有可能错过一些非常有价值的思想火花。

另外，在阅读文献时，研究者一定要把文献的相关基本信息，如作者、文章名（书名）、刊载期刊名称及其刊期（或出版社及其出版年月）、页码等同时记录下来，以便撰写研究成果时注明出处。

二、文献综述的撰写

（一）什么是文献综述

文献综述，"是经过对阅读过的大量材料的筛选、比较、分析、综合、提炼而成的文献研究产品，也是对正准备研究的课题在一段时间内的发展情况进行综合叙述研究的成果"。[1]

一般来说，一个专题的文献综述应包括三个方面的内容：

（1）问题提出部分，主要是概括问题的性质、特点、研究的重要性等；

（2）现状分析，主要介绍国内外研究的现状，将归纳、整理的资料进行必要的分析；

（3）研究趋势预测，在纵横对比中肯定所综述内容的研究水平、存在问题，提出展望性意见。[2]

通常，文献综述撰写完毕，需要附上参考文献。参考文献中要列举与课题相关的重要文献，时间以最近10年内为宜；如果是时代感较强的研究课题，参考文献以5年内为宜。当然，如果是历史研究，则没有时间限制。

写文献综述要建立一个合理的综述框架，可以分研究阶段综述每一个阶段的研究成果，也可以分门别类地述评。分门别类地述评是撰写文献综述较为常见的方式，因为框架的构建是建立在合理分类的基础之上的，合理的分类有内在的逻辑关系。比较好的做法是根据研究的问题或领域来写研究现状，研究者根据现有文献中所研究的问题进行分类，把每一类具有代表性的观点呈现出来，边呈现边评价，或者在全部呈现后进行集中汇评。

文献综述的目的是要站在前人的肩膀上，整理前人所做的与本课题相关的研究，这不仅是研究者选择此课题的缘由，也是研究者确定自己研究的特色或突破点以开展进一步研究的基础。假如某一个领域他人的研究已经很先进、很完美，我们只能跟在别人的后面重复，无法有所充实、完善、纠正、突破和创新，那就没有再研究

---

① 陈向明. 教育研究方法［M］. 北京：教育科学出版社，2013：43-44.
② 陈向明. 教育研究方法［M］. 北京：教育科学出版社，2013：44.

的必要。所以，研究现状部分，最重要的是要找到前人研究中"所存在的问题"。

撰写文献综述，应以大量文献阅读为基础，选择相关度高、权威性强、影响力大的文献进行分析。

案例2-1

课题"乡村振兴背景下湖南省乡村小规模学校教师专业发展研究"的文献综述 [①]

党的十九大报告提出乡村振兴战略，2018年《中共中央 国务院关于实施乡村振兴战略的意见》对实施乡村振兴战略进行了全面部署，实施乡村振兴战略，关键在人，核心在教育。受城乡二次元经济发展影响，我国目前城乡教育发展不均衡问题仍较突出，乡村小规模学校办学条件相对较差、师资队伍亟待加强、育人水平不高等问题没有得到根本性解决。湖南是农业大省，乡村教育线长面广、基础薄弱，这是全省教育工作的突出短板。统计数据显示，2016年湖南省有乡村小规模学校8 000余所，这些学校虽然规模小，但基数大，覆盖广，满足着乡村20%的家庭教育需求。乡村小规模学校教师作为打通乡村教育"最后20里"的关键，他们的专业发展直接决定了学校的教育教学质量，影响到偏远乡村孩子的升学率以及入学率。而多学科教学甚至包班教学、不合理的专业结构、浅层化的交流培训等现象的存在，不能不引起我们对当前乡村小规模学校教师专业发展问题的深刻反思。2018年中共中央、国务院《关于全面深化新时代教师队伍建设改革的意见》明确指出，深入实施乡村教师支持计划，关心乡村教师生活，优化乡村教师发展环境。有鉴于此，加强乡村小规模学校建设，提升湖南省乡村小规模学校教师专业水平已经成为湖南省乡村教育发展的当务之急，也是乡村振兴的必然要求。

一、国外研究现状

国外对乡村小规模学校的研究主要集中在不同学校及班级规模对教学质量的影响方面，小班教学的影响激发了很多争论和研究（Pedder，2006）。许多研究表明，在规模小于25人的小学班级中，学生学习成绩均有所提高（Blatchford等，2003；Finn，Pannozzo和Achilles，2003）。但是减小规模被认为是"用一个昂贵的方式来适度地改善学生成绩"（Folger and Breda，1989，30）。梳理国外相关研究成果发现，不少国家的乡村小规模学校发展历程和我国乡村小规模学校的发展有相似之处，地处偏远、学生生源少、资源不足是普遍存在的问题。因城镇化发展，美国的乡村小规模学校1917年有196 000所左右，而到20世纪90年代锐减到380所（I. Muse，1998）。澳大利亚的100人以下的小规模学校占比约为34%，它们大多分散在乡村，而地方越偏远，学生就越少，小规模学校占比也越大（Helen，1999）。不可否认的是，建筑和土地、教师资源、校车和食物等供给不足；学生入学数量减少、地处偏远、成为管理盲区等是乡村小规模学校普遍存在的问题（Montgomery，2011；Wannagatesiri，2014；

---

① 该案例来自湖南第一师范学院任卓老师的湖南省教育科学规划申报书。

Corbett，2017）。研究者认为，乡村小规模学校并非不能提供好的教育，美国某些乡村学生的学业成就甚至比城市学生的要高（Lisbeth Aberg-Bengtsson，2009）。小规模课堂对学生的学业水平有所助益（Galton and Patrick，1990）。国外研究者侧重从微观角度关注乡村小规模学校的教育质量。深化课程与教学改革是他们关注的重点，澳大利亚主要实施复式教学，个别科目则采用教师轮教形式，保证每个学校都能开设；社区力量也是他们争取的资源之一（I. W. Connel，1993）。在美国，课程多样化、小组合作学习、小助手辅助等都是保障教学质量的主要手段（Kalaojia，2009；Smit，2012；Hyry-Beihammer，2015）。资源共享也是有效办法之一。早在 1996 年美国就施行"教育宽带"（E-Rate）项目，用于资助乡村学校购置电脑和通信设施，实现同步共享（J. B. Stedman，2001），还有通过建立学校组合体、促进社区及学校间资源共享等系列措施提升小规模学校教育质量（Hargreaves，2017；Anderson，2011）。在发展模式上，"校中校"（School-within-School）、"集群式"是美国不少州的做法（Mary Anne Raywid，2002）。这种模式一方面是扩大了小规模学校的课程范围，提高了课程教学质量，另一方面教师也有机会与同行分享教学经验和理念，这有助于教师专业发展（M.Galton，1995）。

二、国内研究现状

1. 关于乡村教师队伍建设的研究

当前，我国乡村地区教师队伍建设普遍存在以下一些问题：（1）教师分布不合理，包括区域间和学科间分布不合理；（2）教师综合素质偏低，包括教师的专业知识、教学与研究能力、职业道德和教育观念不足；（3）教师队伍不稳，流失严重，且代课教师多，教师老龄化，教师队伍出现断层；（4）教师的社会地位低，待遇差。在对乡村教育管理者、相关教师群体的调研中发现，村小普遍存在教师生活和工作环境差、教师队伍量少质弱、教师管理制度不完善、村小代课教师问题严重等问题（周昆，2008）。县域学校教师资源配置整体"超编缺岗"、配置不均衡等问题突出（赵丹，2016）。当前乡村教师薪酬存在酬额相对偏低、差异依然较大、构成不够科学、分配不够合理等问题，他们的待遇没有充分体现乡村教师任教的乡村性和均衡性，不能激发乡村教师任教的积极性和长期性，致使部分乡村教师产生离农脱教、消极无为的思想和行为（容中逵，2014）。乡村师资短缺的背后，反映的是在城乡二元差距下，乡村教育地位边缘化以及教师补充机制断裂（朱启臻、田牧野，2014）。尽管近年来我国实施了一系列针对乡村学校和学生的利好政策，但对乡村教师队伍建设的政策支持力度还薄弱和欠缺（郑新蓉、武晓伟，2014），我国农村教师结构性短缺、整体素质偏低、生活环境较差、工作待遇不高等问题依然比较严重（邵泽斌，2010）。"下不去""留不住""教不好"是乡村教师队伍亟须解决的重大问题，而编制数量缺乏、教师队伍不稳、教师质量低正是这些问题的外显表征（孙颖，2016）。要以"开源、解难、造血"来进行乡村教师队伍建设（林忠玲，2013）。

2. 关于湖南乡村教师队伍建设研究

有关湖南省乡村教师队伍建设的研究范围集中在贫困地区的乡镇农村中小学，教师大多存在数量、质量、发展及个人身心健康等方面的问题。以株洲醴陵市为例，调研发现，主要存在着师资结构、教师素质、福利待遇、培训制度等方面的问题（张雄，2014）。在对湖南省岳阳、娄底、湘西、邵阳、郴州等地广泛调查中发现，乡镇农村学校的师资需求呈现三大主要矛盾："总量满足，但结构性缺编严重；教师减员多，但补充难度大；新进教师多，但是结构不优。"（阳锡叶，2016）而对湖南省新化县孟公镇、洋溪镇和琅塘镇的177名教育工作者进行的深入调查，发现新化县农村学校教师的配置呈现出学历达标但素质偏低、高素质人才难留、学科层次结构搭配不合理、小学教师老年化和职业心态不正常等问题（周向科、骆华松，2009）。

3. 关于乡村教师专业发展的研究

目前我国乡村教师普遍存在着综合素质偏低、专业知识欠缺、教学与研究能力不足、职业道德和教育观念薄弱等问题。在对乡村教师群体的调查中发现，乡村教师专业发展处于中等水平，专业幸福感体验较弱，专业知识亟待加强（李森，2015），不少乡村教师认为自己在专业知识、专业能力方面都还有很大的提升空间（朱贤友，2016）。而正是这种薪酬相对偏低、分配不够合理等原因，致使部分乡村教师产生消极无为的思想和行为（容中逵，2014）。国外许多学者探索了某些特定专业发展方法给乡村教师带来的影响（Barrett，2015；Amendum，2013）。虽然这些研究对于教师专业发展有积极意义，但是仍有一些问题亟待解决，如与非乡村教师相比，乡村学校现有的专业发展活动有何特点？这些措施不同方面的重要程度如何？

4. 关于乡村小规模学校研究

我国有关乡村小规模学校的研究集中在乡村小规模学校社会功能、学生与教师群体的生存状态等方面。乡村小规模学校为乡土文化传承和社区能力建设提供了重要支撑（雷万鹏，2014），是中国教育改革的"种子"（杨东平，2016）。但学校目前存在不少薄弱环节：学生走不掉、生存环境差、获得的外在帮助少，学生被喻为"走不掉的一代"（凡勇昆，2017）。教师方面，乡村小规模学校师资队伍中"民转公"教师居多，存在年龄老化、理念老化、教师编制以及骨干教师流失等突出问题（张和平，2014）。学校发展也面临经费不足、设施设备配置不均衡、组织结构分散等困境（徐笛，2016）。

当前我国乡村小规模学校发展存在困难是不争的事实，梳理已有研究成果，这种困难大致可归类为：

一是办学方向迷离。研究指出，新型城镇化发展使得乡村小规模学校在"农村教育城市化"的浪潮中不断迷失了自我（张旭，2015）。多数学校在"为农"与"离农"的办学取向中陷入自我矛盾，而没有内涵建设方面的办学理念（赵丹，2019）。

二是师资困境。乡村小规模学校普遍存在着师资力量薄弱的问题，究其原因在于"以县为主"的财政管理体制、师资配置政策不合理（雷万鹏，2014；李森，2015；任春荣，2015；秦玉友，2018；赵丹，2019）。

三是教学资源困境。大部分乡村小规模学校的教学楼、运动场等基础设施难以达到国家规定的标准（王路芳，2014）。同时，在资源的配置中，乡村小规模学校也经常被"边缘化"（于海英，2012），与大规模学校之间存在相当大的差距（赵阔，2017）。

四是经费短缺。乡村小规模学校发展长期以来面临经费不足、组织结构分散等困境（徐笛，2016）。其教育经费主要有两个来源：一是财政拨款，二是专项经费。无论是前者还是后者，小规模学校都比非小规模学校少很多（雷万鹏，2014）。对108所小学的调研发现，小规模学校校长认为学校"经费短缺"的比例高达68.6%，远高于大规模学校的31.1%（赵丹，2019）。在乡村小规模学校发展对策研究上，多数研究以政策及资源投入、师资建设的宏观视角切入为主。如有研究者从赋予平等地位、提高地方政府治理能力等方面提出发展小规模学校（任春荣，2015）。有研究者提出加大公共财政支持、合理布局、充分挖掘小班小校优势、引入社区资源改善其办学质量（范先佐，2016；雷万鹏，2014；邬志辉，2016；秦玉友，2018）。有研究者从信息化建设、精准帮扶、单独制定办学标准等方面提出对策建议（刘善槐，2017；付卫东，2016；李刚，2017；卢同庆，2016）。此外，有学者提出乡村小规模学校应该"两条腿"走路，推行国家课程的同时，打造有"特色"的乡村小规模学校（吴亚林，2014）。在师资补充方面，培养"农村小学定向公费师范生"，区域内建立教师定向循环交流体系被认为是可行的做法（陈莺燕，2015；张旭，2014；吴晗，2015）。

5. 乡村小规模学校教师专业发展研究

国内目前对乡村小规模学校教师有一些研究，如乡村小规模学校教师任教多个学科，专业结构不合理，对口教学难度大（姚翔，2017），在教学方式上大多是跨年级、跨学科以及"包班制"的教学方式（刘丽群，2017）。在国外，研究表明乡村小规模学校并非不能提供好的教育（Lisbeth Aberg-Bengtsson，2009），某些国家和地区乡村学生的学业成就甚至比城市学生的要高。小规模课堂、高水平的任务学习（Galton and Patrick，1990）等对学生取得较高的学业成就水平有所助益。有研究者针对乡村小规模学校教师专业发展不足也探究了一些原因，如乡村小规模学校教师队伍老龄化明显，内部发展动力不足（徐笛，2016），培训机会少且缺乏针对性，严重影响教师培训效果（高政，胡权，2014）。而校际的交流与合作往往不尽如人意，相同背景教师之间的交流容易陷入"共同贫穷"状态（朱青，2017）。在澳大利亚，小规模学校由于教学材料和设备等资源的短缺，教学工作受到阻碍，和大规模学校有着明显的差距（Kevin Sullivan，2013），美国学者格拉特霍恩（A. Glatthorn，1995）则认为教师的认知发展、教师生活、学校社区影响了小规模学校教师的专业发展。

6. 已有研究述评

从研究趋势来看，有关乡村教师专业发展、乡村小规模学校的研究越来越多，但此类研究多聚焦于学校的功能结构分析、布局调整等层面，对乡村小规模学校教师专业水平和发展需求尚缺乏全面深入、系统客观的具体研究。我们认为，关照"湖南省乡村小规模学校教师"这个特殊的群体，要做到以下几点：

（1）必须要有基于湖南本土的研究，要全方面、多维度、深层次地展示他们的实际工作和发展状况，要基于湖南乡村本土实际，真切自然地走入"乡村现场"；

（2）提升乡村小规模学校教师的专业水平，关键不是要作出一个临时性、短期性安排，而是要建立起一个长期的、长效的、可持续性的保障机制。

但目前针对湖南本土的研究明显不足，直接关注湖南乡村小规模学校教师专业发展的研究少之又少，本项目试图在这方面有所突破。

（二）文献综述的表述逻辑

对于初涉教育研究的研究者而言，文献综述的撰写是一个难点，尤其是面对搜集来的众多文献，不知道应该按照何种逻辑来呈现。

在通常情况下，撰写文献综述可以按照图 2-8 所示的逻辑进行：

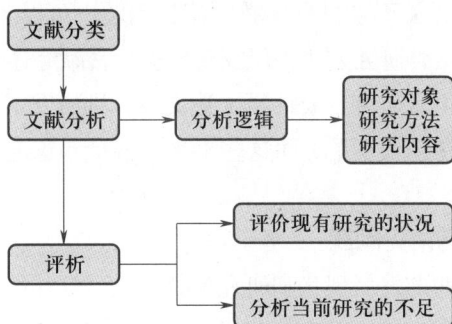

图 2-8　文献综述的表述逻辑

如有研究者为研究乡村（农村）青年教师的流失问题，搜集了一系列文献：

（1）《乡村中小学青年教师流失问题研究——以赣州市于都县为例》

（2）《农村小学青年骨干教师流失问题探析》

（3）《乡村青年教师的流动意愿与稳定政策研究——基于个人 - 环境匹配理论的分析视角》

（4）《乡村青年教师何以留任——基于全国 18 省 35 县调查数据的回归分析》

（5）《人本主义理论视角下农村中小学青年教师流失现状及对策分析》

（6）《农村小学青年教师流失的原因及对策研究——以河南省 × 县的农村小学为例》

（7）《农村青年教师流动意愿及其影响因素探究》

（8）《"我想调离农村"——一位农村小学青年女教师职业价值观的质性研究》

（9）《生命历程视域下农村小学青年教师的职业流动——基于鲁南沙沟镇 20 位教师的访谈》

（10）《乡村青年教师隐性流失之原因探析——基于长春市九台区的实证研究》

（11）《定陶县 ① 农村小学青年教师"隐性流失"问题调查及对策研究》

（12）《农村小学青年教师隐性流失问题研究——以山西省文水县为例》

（13）《飘飞的蒲公英——农村青年教师转行原因调查》

（14）《农村小学青年教师离职意向影响因素之质性研究——以安徽省泾县 F 学区为例》

根据上述文献，如何撰写文献综述？或者说从什么视角或者依据什么逻辑来呈现文献阅读与分析情况呢？分析文献的题目，可以帮助我们确定一个基本的分类思路。

以上述 14 条文献为例，从研究内容看，文献（3）（4）（5）（6）（7）是对乡村（农村）青年教师流动意愿及其影响因素与对策的研究，文献（10）（11）（12）涉及隐性流失问题，文献（13）（14）涉及转行、离职（即流出教育领域）的问题，文献（1）（2）并没有从题目上明晰研究乡村青年教师流失的哪一方面问题；从研究对象看，上述文献都以乡村青年教师为研究对象，只有文献（8）有所不同，是研究女教师的；从研究方法看，上述文献主要采用调查式实证研究，但（8）（9）（14）采用的是质性研究方法。所以，关于乡村青年教师流失问题，可以考虑以研究内容（视角）作为基本分类依据，并结合研究方法、研究对象进行文献综述。

在文献分析的基础上，研究者要评析上述文献分别研究了哪些问题，研究得怎么样，在现有研究中还存在什么不足。而这些不足，就是课题进一步研究的方向。

（三）文献综述中的常见问题

第一，混淆研究问题的发展现状和研究现状。文献综述的对象是与研究课题相关的文献，不是相关的研究问题。对文献综述对象的误解，导致将研究问题的发展现状和研究现状相混淆，即不是对研究课题当前相关研究成果的现状进行分析，而是对课题所涉及问题的发展现状进行分析。如：

研究课题：乡村青年教师的流失研究。

发展现状：乡村青年教师流失问题的现状，其分析对象是乡村青年教师的流失问题。

研究现状：乡村青年教师流失问题的研究现状，其分析对象是研究乡村青年教师流失问题的文献。

案例 2-2 的文献综述，就是对课题所涉及问题的发展现状进行分析，而不是对课题所涉及问题的国内外相关研究成果的现状进行分析，是一个错误案例。

———————

① 定陶县于 2016 年撤县设区，现为山东省菏泽市定陶县。

案例2-2

课题"小学生的写作现状及对策研究"的文献综述

国外现状：在西欧教育史上，"写""读""算"被称作三种最基础的知识和最基本的技能。美国《提高写作技能》一书第一章就开宗明义地提出"写，是为了有效地交流"。

国内现状：有人曾就小学生的写作能力发展进行研究——抽取好、中、差三类小学3—6年级学生进行团体测试，有效被试共563名；测试结果表明，小学生的写作能力发展校际差异极其显著，一般小学和较好小学学生的写作能力显著高于较低水平小学的学生，好小学与一般小学之间差异不显著；分项能力差异表现为审题能力、立意能力、组材能力、言语表达能力的校际差异和总体基本一样，但又有各自具体的差异形式，选材能力、修改能力在学校年级之间有交互作用。

第二，将研究文献中的内容进行简单罗列，缺少对研究现状的评价，也没有指明当前研究的不足。如案例2-3。

案例2-3

课题"农村小学生阅读现状及其影响因素分析"的文献综述

郝兆有在《农村小学生阅读现状和策略分析》中认为：阅读在教学中的作用相当重要，是提高教学质量的关键。但由于应试教育的桎梏，许多农村学校与教师忽视阅读或者只关注阅读的结果，导致农村小学生为了考试、做题才阅读，小学生的阅读能力相当薄弱，课外阅读量相当少。

高惠文在《农村小学生课外阅读能力的培养》一文中，认为课外阅读是提高语文素养的重要途径，并基于农村小学的实际情况及小学生的年龄特征，提出要从兴趣入手，创设良好的阅读环境，指导学生掌握一定的阅读方法、激发学生的阅读情感，让学生乐于阅读。……

这里的文献综述，只是简单罗列研究文献的基本观点或主要内容，缺乏评价，也没有指出当前研究的不足及要进一步解决的问题。这是初涉教育研究的研究者最容易出现的问题。更有甚者，直接将所查到的研究文献简单罗列就作为课题的研究现状内容。

第三，文献类型结构不合理。在撰写文献综述时，涉及相关研究问题的期刊文献、学位论文、专著、会议论文、资料汇编等，根据其相关度及重要性，都应该是文献综述的分析对象。但有的研究者在撰写文献综述时，基本只涉及两类文献——期刊文献和学位论文。如果对研究问题进行系统而深入分析的专著、进一步研究的基础资料汇编等重要文献都未纳入文献分析的范围，这样的文献综述很难体现当前的研究现状。

文献资料是小学教育研究的基础，了解文献检索的基本途径，熟悉文献检索的基本方法，并学会撰写文献综述，是研究者应该具有的基本能力。不仅在确定选题、撰写开题报告时需要进行文献检索与阅读，在撰写研究成果的过程中也需要。可以说，文献检索与阅读贯穿整个研究过程。

实践与体验

任务

请对课题"'双减'政策实施背景下教师工作压力及其消解研究"展开文献检索并进行阅读。

操作提示

（1）对所检索到的文献进行浏览。建议从文献标题、文献出处着眼，挑选出你认为最能提供相关信息的文献，然后开始跳读式浏览。

（2）集中阅读经过浏览后筛选出来的重点文献。记得用适当的方式记录下可能有用的信息。

他山之石

可以这样完成本项任务：

1. 对检索到的文献进行浏览

通过文献检索，我们查到一定数量的文献。我们首先看《"双减"政策下教师压力生成原因及化解策略》这篇文献。此文发表于《教书育人》杂志。可以先浏览此文摘要："随着'双减'政策的落地实施，学校、家长和社会对教师的要求进一步提高。本文主要从思想认识、提质增效、课后服务、学生托管、教师生活等五个方面分析'双减'政策下教师压力产生的原因；从核定学校总体工作量、推行教师的弹性工作制、提升教师工作保障能力、统筹利用社会资源、做好思想和认识的转变工作等五个方面提出学校层面的化解策略；从强化自身使命担当、轻装上阵顺势而为、助力教育回归正常、彰显自身帮扶价值等四个方面阐明教师层面的化解策略。"这一摘要使我们对小学"双减"政策实施背景下教师压力产生的原因及化解策略有一个大致的了解。然后，在此基础上，我们进一步阅读正文，了解详情。

2. 阅读重点文献

在检索到的文献中，有一篇《"双减"政策下教师的工作压力及其化解》。这篇文章发表于《教师发展研究》，对教师面临的工作压力进行了分析，并思考教师压力化解策略，我们可以重点阅读此文。

阅读重点文献，首先也是阅读摘要，然后再进一步阅读正文内容。在阅读正文时，我们要对文章中的重要资料或内容进行标记、眉批或者抄录。

《"双减"政策下教师压力生成原因及化解策略》

《"双减"政策下教师的工作压力及其化解》

第三章　课题研究方案的设计

问题导入

　　小王老师最近准备申报一个校级课题，并且已经确定了课题。申报课题需要撰写课题研究方案。那么，课题研究方案应该怎么写？在撰写过程中有哪些问题需要注意呢？

课题研究方案是在确立课题后，在正式开展研究之前制订的整个课题研究的总体谋划，它初步规定了课题研究各方面的具体内容和步骤，对于整个研究工作的顺利开展起着关键作用，是课题质量与研究者科研水平的重要反映，是科研管理部门是否批准课题立项的关键和进行课题中期检查、结题鉴定的重要依据。课题研究方案通常由三大部分构成：一是为什么研究，包括选题缘由与研究意义、核心概念界定、研究现状；二是研究什么，包括研究目标与研究内容、研究假设；三是怎么研究，包括研究方法与研究步骤、研究的前期基础与可行性分析。

第一节 为什么研究

撰写课题的研究方案，首先要说清楚的问题就是：你为什么要研究这个课题？要说清楚这个问题，可以从选题缘由与研究意义、核心概念界定、理论依据和研究现状这几个方面进行思考。

一、选题缘由与研究意义

（一）选题缘由

选题缘由即表述清楚研究此课题的原因，包含此课题与时代发展和社会变革之间的关系。一般包括：第一，时代背景。即所要研究问题所处的社会大背景。如果课题时代特征明显，一定要特别凸显大背景。第二，理论背景。如果课题的研究是受到某一个或几个理论的启发，进而思考这些理论对教育实践的影响或在教育实践中的应用，则这个或这些理论即为理论背景。当然，如果课题研究没有受到理论启发，是基于时代需要或实践需要而产生的，也可不写理论背景。第三，实践背景。主要是指所要研究的问题，实践背景问题既可以是教育实践中存在的问题，也可以是教育者在教育实践中感到困惑的问题。

案例3-1

《"双减"背景下城乡小学生课后服务现状的比较研究》的选题缘由[①]

1. 时代背景。为解决"学生放学早，家长下班晚"导致的家长按时接送困难问题，2017年教育部办公厅印发《关于做好中小学生课后服务工作的指导

---

① 出自湖南第一师范学院小学教育专业2018级夏明珠同学的毕业论文。

意见》，广大中小学在政府的主导下积极参与，各地课后服务如期开展起来。这在一定程度上缓解了家长按时接送难等问题，也取得了一些经验和成效。2021年国务院办公厅印发《关于进一步减轻义务教育阶段学生作业负担和校外培训负担的意见》（以下简称《意见》）。《意见》要求在有效减轻义务教育阶段学生过重作业负担和校外培训负担的前提下，切实提高学校课后服务水平，满足学生多样化发展需求。

2. 现实背景。在此背景下，由于基础设施、环境条件、家长观念及师资力量等差异，城乡小学出现了对课后服务的理解、认同、需求和态度不一，以及课后服务内容和质量不均衡等一系列问题。本研究通过对安化县城乡小学的比较研究，希望能够挖掘在课后服务实施过程中存在的主要问题、产生原因，并提出优化措施。

选题缘由部分容易出现的问题有：时代背景和理论背景容易区分不清，张冠李戴。比如，课题"中华优秀传统文化融入小学语文教学研究"[①]将理论背景阐述为：

《义务教育语文课程标准（2022版）》指出，要通过语文学习，让小学生"认识中华文化的丰厚博大，汲取智慧，弘扬社会主义先进文化、革命文化、中华优秀传统文化，建立文化自信"。

很明显，课程标准中的相关规定，并不是理论背景。研究者将课程标准及其相关规定误解为理论。

（二）研究意义

研究意义是指课题研究的价值所在。研究意义一般可以从理论意义、实践意义两个方面进行阐述。

理论意义方面，一般通过分析国内外研究的现状，指出课题与当前研究在理论方面的差异，从而凸显课题的理论价值。

案例3-2

《教育戏剧在小学语文教学中的应用研究》[②] 阐述的研究理论意义

教育戏剧发端于英美等国，面对中西方的文化背景差异，我们可以吸取西方优秀的教育理论及经验，结合我国的实际发展作出合理取舍与适当调整。本次研究将对教育戏剧的发展进行回顾，充分梳理相关理论，讨论其功能、内涵与外延，进而从学科教学视角出发进行相应的实践研究，从而对我国的教育戏剧与语文教学的融合提出有效路径，丰富我国的教育戏剧理论，促进国内外相关主题的交流与对话。

课题研究的实践意义部分，需要说清楚课题对教育实践的指导意义，如指导一线

---

① 本节未标注出处的案例，均来自湖南第一师范学院2019级学生的"教育研究方法基础"课程作业。
② 吴华蕾. 教育戏剧在小学语文教学中的应用研究［D］. 济南：山东师范大学，2022：3.

教师的教育教学实践，或者为政策制定者提供参考，等等。

案例3-3

《教育戏剧在小学语文教学中的应用研究》[①] **阐述的研究实践意义**

教育戏剧的理念回应了当前语文教学改革中提出的"培养学生的核心素养"和对学生"进行全人教育"的要求，面对传统教学的弊端，教育戏剧能够在提高教学效果的基础上，促进学生知识与综合能力的充分发展。本文旨在为教育戏剧的传播和小学语文教学改革提供新方法、新思路，从而帮助教师有效改变当前存在的问题，为语文教学注入新活力。

研究意义部分的常见问题有：有的研究者为了凸显所选课题的价值和意义，在选题意义部分过分强调，诸如填补空白、在国内独创之类的；也有的研究者阐述研究意义过于宏观或笼统，研究意义就显得模糊，不具体。

二、核心概念界定

核心概念，包括研究对象的总体概念、模糊概念和关键概念。对核心概念的界定，就是回答"是什么"的问题；具体可通过分析比较词典、相关经典著作的说法后自行厘定，也可直接选择已有说法中的一个。在界定概念后，研究者还有必要直接联系本课题，说明本课题的研究要求，概括地提出研究的范围、目标和操作变量等方面的大致轮廓，使问题清晰起来。概念界定有利于使研究目标、内容和活动等切题，防止研究目标和方向任意转移，或使研究范围任意扩大或缩小。

（一）需要界定的概念

1. 对研究对象总体范围的界定

如果研究对象的总体不同，那么同一个研究课题所得到的结论就可能不同。如研究青年教师的素质，是以城市青年教师还是以农村青年教师为研究对象，是以经济发达地区青年教师还是以欠发达地区青年教师为研究对象，得到的结论就可能不一样。再如，对小学校车安全问题的研究，城市和农村小学在校车安全问题上的现状、原因及建议等方面的回答都会有所不同。所以，课题研究应对研究对象的总体概念进行界定。

2. 对模糊概念的界定

模糊概念是指研究对象的概念模糊，外延不确定，如在"农村小学学困生教育转化的策略研究"这一课题中，"学困生"就是一个模糊概念。不同国家、不同学者对学困生的认识有所不同：

英国：学习困难的学生。

---

① 吴华蕾. 教育戏剧在小学语文教学中的应用研究［D］. 济南：山东师范大学，2022：3-4.

法国：智力正常但学习成绩差、学习有困难的学生。

日本：学习不良的学生。所谓学习不良，指尽管具备基本的学习能力和有关学科的基础知识，但是没有取得与之相应的学习成绩。

苏联：学业不良的学生。

美国：在学校有着严重的学习困难但无明显障碍的儿童。

中国：即后进生，是思想品德发展上距离教育目标的要求较远，在思想行为上存在较多的缺点，落后于一般同学的学生；学业不好的学生。

由上述内容可以看出，不同国家、不同学者对"学困生"的界定是不大相同的，因此，在课题中必须给予界定，以确定研究对象及研究内容。一般来说，对这些模糊概念下定义，应尽可能使用有参考依据的、比较权威的、被大多数人认可的说法。

3. 对关键概念的界定

如"成长记录袋在学生发展性评价中的实践研究"，此课题中的"成长记录袋"和"发展性评价"这两个概念，在我国是在基础教育课程改革中形成和发展起来的，需要进行界定。

当然，对关键概念的界定可能是课题组当前的认识和假设，是暂时的，随着研究的深入和实践经验的不断总结，它的内涵和范围可以不断调整。

在一般情况下，一个课题中可能既需要对研究对象的总体概念以及模糊概念进行界定，也需要对课题中的关键概念进行界定。值得注意的是，在界定课题的核心概念后，研究者在研究过程中一般要一以贯之，以使概念保持统一。

案例3-4

《城市小学校内课后服务的现状及实施建议》中核心概念的界定

1. 课后服务

课后服务属于学校教育的延伸，是为解决家长工作时间与孩子放学时间错位的问题而衍生的一种教育服务。2017年，教育部办公厅《关于做好中小学生课后服务工作的指导意见》明确指出："开展中小学生课后服务，是促进学生健康成长、帮助家长解决按时接送学生困难的重要举措，是进一步增强教育服务能力、使人民群众具有更多获得感和幸福感的民生工程。""要积极协调学校、社区、校外活动中心等资源，做好课后服务工作。"根据该指导意见，课后服务内容主要是安排学生做作业、自主阅读、体育、艺术、科普活动，以及娱乐游戏、拓展训练、开展社团及兴趣小组活动、观看适宜儿童的影片等，提倡对个别学习有困难的学生给予免费辅导帮助。

2. 校内课后服务

校内课后服务是指为回应社会关切、解决家长后顾之忧，政府及教育行政机构鼓励学校结合实际积极作为，充分利用学校在管理、人员、场地、资源等方面的优势，主动承担起学生课后服务责任，在放学后开展的课后服务工作。应当说，校内课后服务不是一项基本的教育公共服务，而是学校和教师在完成

《弹性离校背景下中小学生课后服务的内涵、价值与目标》

规定的教育教学任务后，根据家长需要提供的一种额外服务。家长和学生本着自愿原则，可以选择参加学校提供的课后服务活动，也可以选择不参加。

（二）概念界定的常见问题

1. 忽视对研究对象的范围进行界定

比如，在"城乡小学生课外阅读调查研究"这一课题中，研究者只是对课题中的"课外阅读"这一个核心概念进行了界定，但对研究对象的范围没有说明。该课题做的是城乡小学生课外阅读的对比研究，这里的城市小学和乡村小学最好要说明抽样范围是哪个省哪个市、县的小学，否则，我们就弄不清楚研究对象的范围。当然，为了确保课题评审的公正性，有时不允许出现抽样范围中的省、市名称，那在申报课题时可做模糊化处理，但并不是不要界定研究对象的范围。

2. 对课题中的所有词语及词语组合进行界定

比如，在"农村小学美术课程资源的开发与利用"这一课题中，依次对课题中的"农村小学""课程资源""课程资源的开发""课程资源的利用""美术课程资源的开发与利用"这些词语进行界定，就没有必要。

3. 对一些众所周知的概念进行界定

比如，在课题"大学生生活消费调查研究"中，研究者以"大学生"为核心概念进行界定："大学生是社会的一个特殊群体，是指接受过大学教育的人，作为社会新技术、新思想的前沿群体以及国家培养的高级专业人才，代表着最先进的流行文化。包括普通高等学校（含承担研究生教育的科研机构）、专门学院、职业技术学院、高等专科学校的在籍和已经毕业的各类型的学生。"在这里，"大学生"是一个众所周知的概念，不需要对其概念进行界定，倒是可以对课题中要研究的大学生的范围进行界定，交代清楚课题究竟是以什么类型、哪个地区的高校大学生作为研究对象的。

三、研究现状

研究现状即对课题所涉及问题的国内外相关研究成果所做的文献综述。"综"，就是要"综合性"地叙述课题在一定时期内的研究概况；"述"，除了"叙述"之外，更重要的是"评述"，即研究者自己对当前研究成果的观点和见解。具体参见本书第三章第三节的"文献综述的撰写"内容。

实践与体验

任务

在选定课题的基础上查阅足够丰富的文献，然后准备撰写课题的研究方案。撰写课题研究方案可以从三个方面构思：为什么研究、研究什么、怎么研究。请先尝试回答第一个问题——为什么研究。

操作提示

（1）说明选择某课题的原因。在课题研究方案中，首先说明你为什么选择这个课题，阐述清楚这个课题的选题缘由和研究意义。

（2）对核心概念进行界定。要在研究方案中对你所研究的对象范围进行说明，尤其要对研究的主题（核心概念）进行界定。因为核心概念的界定让人不仅可以明确你要研究什么问题，同时也可以了解你研究的具体内容。

（3）撰写研究现状（即文献综述）。在阐述"为什么研究"这个问题时，文献综述是重点。因为文献综述可以说明你所要研究的问题，有没有前人研究、前人研究到了什么程度、前人研究中的不足是什么。综述里说清楚了，问题才值得继续研究下去。这实际上也是对为什么选择这个课题进行研究的补充说明和呼应。

他山之石

请扫描二维码，阅读《"双减"背景下城乡小学生课后服务现状的比较研究——以湖南省 ×× 县为例》课题研究方案中的相关内容。

《"双减"背景下城乡小学生课后服务现状的比较研究——以湖南省 ×× 县为例》课题研究方案（节选）

第二节　研究什么

在课题研究方案中，说清楚为什么要研究这个课题后，接下来要说明的是在这个研究中将要研究什么，即课题研究的具体内容。

一、研究目标与研究内容

课题研究目标是指课题最后要达到的具体目的。课题研究目标要具体、明确、可操作。设计研究目标要注意：第一，统筹兼顾，既考虑课题本身的要求，又合乎课题组实际的工作条件、研究水平和时间。如果不统筹兼顾研究目标，课题可能最终会超出课题组的实际能力和条件而成为摆设，最终无法完成。第二，多个目标要在课题研究目标的统领之下形成体系。有一些综合性较强的课题，可按各子课题之间的关系，分解并理出一个多层次的目标系统，形成一个完整的有机结构。

研究内容是要明确本课题究竟研究什么问题，它是对研究目标的细化，比研究目标更明确、具体，更具有操作性。撰写研究内容，基本要求是把课题的研究主题展开为具有内在联系的问题结构，然后确定重点并提出解决这些重点问题的实施构想，从而把大问题细化为若干个具体而有关联的便于操作的子问题，用陈述句表述明白。有时，每个子问题还可以进一步展开。

案例3-5

课题"小学生数学阅读研究"的研究内容 ①

本课题的研究主题是数学阅读，此主题可以分解为如下小问题：

1. 小学生数学阅读现状的调查研究

　　a. 小学生对数学教材阅读的情况调查

　　b. 小学生对数学课外读物的阅读情况调查

　　c. 小学生在解决数学问题时的审题情况调查

　　d. 小学生数学阅读水平发展情况调查

2. 小学生阅读水平与数学学业成绩的关系研究

　　a. 小学低年级学生阅读水平与数学学业成绩的相关性研究

　　b. 小学中年级学生阅读水平与数学学业成绩的相关性研究

　　c. 小学高年级学生阅读水平与数学学业成绩的相关性研究

3. 影响小学生数学阅读的因素分析

　　a. 影响小学生数学阅读的内部行为研究（包括：数学符号理解水平对数学阅读的影响，逻辑思维水平对数学阅读的影响，空间能力对数学阅读的影响，学习兴趣与动机对数学阅读的影响等）

　　b. 影响小学生数学阅读的外部行为研究（包括：教材编写方式对数学阅读的影响，教师的教学方法对数学阅读的影响，数学阅读文本的不同形式对数学阅读的影响，家庭购书质量对数学阅读的影响等）

4. 小学生数学阅读能力的培养研究

　　a. 加强数学符号直观化教学，提高小学生数学阅读水平研究

　　b. 通过逻辑思维能力训练提高小学生数学阅读水平实验研究

　　c. 通过空间能力训练提高小学生数学阅读水平实验研究

　　d. 提高小学生审题阅读水平的教学策略研究

　　e. 提高小学生数学阅读醒悟的教学策略研究

由此可见，一项课题是由大大小小的子问题构成的，如果没有子问题，课题就是空洞的。对研究问题了解得越透彻，分解得越细致，研究起来就越有方向感。

确定研究内容主要受以下因素的影响：

第一，研究目标。研究内容是对研究目标的细化。

第二，文献的检索与阅读分析。在了解国内外关于该课题的研究现状的基础上，筛选出前人没有做过或没有做好的那些问题作为课题研究的具体内容，并进行逻辑呈现。研究内容的创新，主要以文献检索和阅读分析为基础。

第三，关键概念的界定。关键概念的界定，影响研究内容的具体选择。如在课题

_____

① 来自南京师范大学喻平的课题研究。

"小学英语课堂问题行为现状及策略研究"中，首先要对关键概念"课堂问题行为"进行界定。目前对"课堂问题行为"的界定有很多，如有研究者认为"课堂问题行为就是学生在课堂表现出的与课堂教学目的不一致，影响自己或干扰他人学习的行为"；还有研究者认为"课堂问题行为是指儿童不能遵守儿童公认的正常儿童行为规范和道德标准，不能正常与人交往和参与学习的行为"。这里，第一位研究者的界定，符合大多数人对"课堂问题行为"的常规认识；而第二位研究者的界定，则偏向非正常儿童的行为表现。所以，对于"课堂问题行为"如何界定，将直接影响研究内容的确定。

在基本确定研究内容后，表述要注意其逻辑关系。

研究目标与研究内容部分的常见问题有两个：

一是研究目标表述不清楚或不完整。比如，将课题"乡村小学编外教师职业生存状态研究"的研究目标确定为：

研究目标一：通过研究，了解编外教师的职业认同现状；

研究目标二：通过研究，梳理编外教师的职业生存现状；

该课题是要研究乡村小学编外教师的职业生存状态，不是研究其职业认同现状，故第一个目标的设计不合理，第二个目标的设计合理。但从研究课题来看，呈现乡村小学编外教师的生存现状显然并不是最终目的，我们希望通过对其现状的研究，能对其现状有所改善，故还应有一个研究目标：基于研究现状，提出改善编外教师职业生存状态的建议。

二是研究内容不完整或与研究课题没有密切关系。同样是"乡村小学编外教师职业生存状态研究"这一课题，研究内容为：

研究内容一：乡村小学编外教师的职业发展现状（包括职业晋升、职称评定、职业地位等）；

研究内容二：乡村小学编外教师职业生存状态的影响因素；

研究内容三：改善乡村小学编外教师职业生存状态的建议。

上述研究内容，如果单纯从逻辑（现状——影响因素——建议）上来看，没有什么问题。但研究内容的确定是一个较为复杂的问题，涉及文献综述、概念界定等。从概念界定的角度来看，如果认为职业生存状态包括职业发展和专业发展两个方面，则上述研究内容就不完整，无论是现状、影响因素还是建议，都应包括专业发展（包括参加专业培训、自我学习与反思等）的内容。

二、研究假设

研究假设是研究者在选定课题后，根据事实和已有资料对研究课题设想出的一种或几种可能的答案、结论，是对研究结果的预测以及对课题涉及的主要变量之间的相互关系的设想。研究假设在一定程度上确定了研究可能的路径、结果等。

研究假设在课题研究中具有定向、限定和参照的作用。研究的问题以假设的形式表述就会变得更加明确。对教育问题和现象所作的尚待证明的初步解释都具有假设性质。

研究假设通常由论题、关系陈述、推论三个要素构成。

（1）论题：研究所要回答或解释的问题。

（2）关系陈述：关于问题可能的答案或解释。

（3）推论：这种假定性答案或解释的理论依据。

比如，"小学中年级识字量与阅读成绩关系的研究"这一课题，在未得到事实结果之前，我们作出这样的研究假设：小学中年级识字量与阅读成绩呈正相关，即：识字量多，阅读成绩相对较好；识字量少，阅读成绩相对较差。

在这个假设里，论题是"小学中年级识字量与阅读成绩关系的问题"，关系陈述是：小学中年级识字量与阅读成绩呈正相关"，推论是"小学中年级识字量与阅读成绩的正相关的结论可以根据研究者的经验、常识产生，也可以由逻辑推理产生"。

"研究假设"这个部分存在的常见问题是研究假设的提出不严谨，随意性大，如案例3-6。

案例3-6

课题"小学生课外补习现状调查"的研究假设

假设1：参加培训班的学生占学生总体的平均比例在50%以上。

假设2：学生每周参加各项培训以及自行练习在10小时以上。

假设3：学生培训具体项目的选择受父母意识定位的影响。

假设4：学生参加培训的积极性受父母意志的影响。

这几个假设中出现的数据，事先并没有进行过调查或做过大致了解，属于自行编造，仅从经验上得出。

那么，是不是所有的课题都一定会有研究假设呢？这要根据研究的手段来决定。定量研究通常要求明确提出假设；而定性研究则不一定要预先提出假设，其假设往往酝酿于研究过程之中或在研究后形成。

实践与体验

任务

针对选定课题，如果前面已经将"为什么研究"说清楚了，就请阐述"研究什么"。

操作提示

（1）确定研究目标和研究内容。研究目标是研究所要取得的预期成果，会影响具体的研究内容。所以，研究者弄清楚课题研究目标非常重要。具体研究内容的确定，不仅受研究目标的影响，而且还受对关键概念的界定以及研究者所检索与阅读文献的影响。

（2）对研究内容的表述，要根据研究内容的逻辑关系，将研究内容的要点陈述出来，尽量不用目录或者框架的表达方式。

（3）撰写研究假设。一般而言，在自然科学研究中，在进行具体的研究之前，都会有研究假设。人文社科研究有时不涉及研究假设，但有时需要将研究观点呈现出来。

他山之石

课题"革命传统进小学课程的现状研究"的"研究什么"部分[①]

1. 研究目标

（1）通过问卷调查和深度访谈，以湖南省为中心，研究革命传统进小学课程的实施现状，以及实施过程中的经验和困难，为一线教师和小学铸魂育人提供参考和借鉴。

（2）研究湖南省革命传统进小学课程的实施现状，为教育行政部门进一步推进革命传统进小学课程提供决策参考。

（3）收集整理湖南省关于革命传统方面的地方资源（包括湖南省的革命史实、革命英雄人物，以及革命遗址、纪念馆、博物馆和重要的纪念日、仪式等），挖掘、吸纳社会实施革命传统教育的主体，为高质量推进革命传统进小学课程提供资源借鉴。

2. 研究内容

（1）革命传统进小学课程的实施现状。革命传统进湖南省小学课程的实施现状，主要包括四个方面：第一，革命传统进学科课程。研究革命传统在语文、道德与法治课程中的挖掘情况，在艺术（美术、音乐）课程中的融入以及其他学科中的有机渗透现状。第二，革命传统进校本课程。在学科课程之外，考察革命传统教育在小学校本课程中的实施状况。第三，革命传统进活动课程。在学科课程和校本课程之外，活动课程也是进行革命传统教育的重要途径，故小学活动课程中的革命传统教育也是研究的重点内容。第四，湖南省革命传统教育资源的开发和利用状况。包括湖南省各地革命资源的开发与利用现状和革命传统教育实施主体的多维拓展现状。

（2）革命传统进小学课程的现有经验及实施困境。湖南省在推进革命传统进小学课程的过程中，已经形成的具有推广价值的经验，如革命传统在学科课程中的挖掘、革命传统方面的校本课程开发、革命传统的课程资源拓展等；也明确了在实施过程中可能会面临的问题。

（3）对于高质量推进革命传统进小学课程的措施。基于湖南省革命传统进小学课程的经验教训和2022年新颁布的义务教育语文、艺术、道德与法治等各科课程标准，从课程教学、课程开发、课程资源、教育主体、实施路径和方法等方面，思考高质量推进革命传统进课程的措施。

[①] 来自湖南第一师范学院小学教育专业2020级苗佳丽等学生的课外研究项目。

第三节　怎么研究

　　课题研究方案在说明了"为什么研究"和"研究什么"两个问题后，接下来要阐述的是怎么研究的问题。怎么研究，实际上涉及具体研究方法和研究步骤等操作性问题。

一、研究方法

　　研究方法是对怎么研究的回答，是课题研究的必要手段。常用于收集研究数据资料的方法有文献法、调查法、访谈法、观察法、教育实验法、教育行动研究等，这些方法旨在获得研究对象的客观资料，而不给予研究对象人为的影响。有些研究方法旨在改变和影响变量，如实验法、教育行动研究等，它们通过施加某些干预而获得一些期望的结果。

　　研究者要熟悉和理解各种教育研究方法，再从完成研究的需要出发选择研究方法。如"小学生课外阅读及其指导研究"，若要考察研究现状和进展，可用文献法；若要验证一个假设，可用实验法；若要了解当前学生课外阅读现状和教师指导学生学习的现状，可用调查法。当然，教育现象丰富多彩，问题错综复杂，一项课题研究往往需要采用多种研究方法。

　　研究方法的阐述，不仅要将拟采用的研究方法列举出来，还要说明在课题研究中准备怎么运用这些方法，或这些方法将分别运用于课题研究的哪些方面。

案例3-7

课题"'双减'政策下上海市小学校内课后服务实施现状及对策研究"的研究方法 [①]

1. 文献研究法

　　文献研究法是一种传统、基础的研究方法，主要是对国内外前人关于某一研究课题所做的研究进行分析和整理，通过查找文献，了解国外关于课后服务的所做的研究，同时对国内的文献进行分析，了解目前我国对课后服务的研究程度、符合地方特色的指导意见以及存在的不足，寻找新的研究视角，为研究提供理论支撑。

---

① 龚凌琳. "双减"政策下上海市小学校内课后服务实施现状及对策研究［D］. 上海：上海师范大学，2021：15-16.

2. 问卷调查法

本次问卷是依据 2017 年教育部办公厅发布的《关于做好中小学生课后服务工作的指导意见》和 2021 年 8 月上海发布的有关《实施意见》编制的。调查所选取的对象是上海市 10 所学校的家长；最后对问卷结果进行分析整合，找出"双减"政策实施背景下上海市小学校内课后服务在实施过程中遇到的难题，并进行成因分析，提出解决方案。

3. 访谈法

访谈调查的目的是深入了解各校课后服务具体开展情况以及各主体对学校课后服务工作的态度与看法。本次研究的访谈对象是上海市 3 所小学的教师、学生及家长，通过与被访者的交谈来了解该校课后服务具体实施情况，找出目前存在的问题并进行分析，最终提出解决策略。具体操作如下：确定访谈目的，编写访谈提纲；与访谈对象进行访谈，用录音的方式记录访谈；整理访谈资料；根据资料进一步分析访谈结果。

"研究方法"这个部分存在的常见问题有两个：第一，只是将研究方法进行简单罗列，没有说明在课题研究中应如何运用这些研究方法；第二，有些研究方法是研究者自己杜撰出来的，如"理论联系实际法""归纳比较法"等。

二、研究步骤

研究步骤也称为研究阶段，是课题研究具体展开的活动安排，也可以说是课题研究任务在时间顺序上的计划安排。

研究步骤一般分为三个阶段：准备、实施和总结。

（一）准备阶段

准备阶段一般包括选择课题、确定研究对象和研究内容、撰写文献综述、制订研究方案、编写调查问卷等。

（二）实施阶段

实施阶段包括资料的收集与整理、研究方案的调整完善、阶段性研究结果的撰写等。

（三）总结阶段

总结阶段包括对材料进行统计分析和加工，寻找规律，提炼研究成果，设计出预期成果的形式，写出结题报告，发表学术论文等。

每个研究阶段最好注明起止年月，时间安排必须留有余地。另外，研究步骤要简明扼要，不必详细陈述，但必须把与本课题有关的重要活动讲清楚。重要活动包括举办专题讲座、组织专题理论学习与参观、进行教育调查、开展教育实验、组织现场观摩、听课与评课、开展专题研讨等。

研究步骤的撰写有两个常见问题：一是将三个阶段进行简单罗列。比如，只是简单注明分为准备阶段、实施阶段、总结阶段三个阶段完成，没有将每一个阶段的重要步骤、重大安排讲清楚，其研究过程就不清不楚，每个阶段要进行的研究安排更是一笔糊涂账。二是认为准备阶段即撰写课题研究方案。其实，选题、文献检索、事先的调查准备、研究方案设计等，这些都是需要在准备阶段完成的工作和任务。

三、研究的前期基础与可行性分析

课题研究的前期基础，主要是指围绕本课题所开展的前期准备工作，包括文献资料的收集工作、调研工作以及本课题组已取得的与本课题相关的研究成果等。可说明相关工作的开展情况及研究结果，体现课题研究的继承性、创新性、针对性和实效性。

课题研究的可行性分析主要是介绍人员构成和分工及课题研究的物质保证。人员构成和分工部分，主要介绍课题组核心成员的学术或学科背景、研究方向、相关研究成果以及根据各成员的专业特长进行的分工。物质保证部分，要求对资料、设备、经费来源等进行说明。

实践与体验

任务

针对前面的课题研究方案，在已完成"为什么研究""研究什么"部分的撰写后，撰写其中的"怎么研究"部分。

操作提示

（1）撰写研究方法。研究方法既要根据课题研究内容的需要，也要根据自己的擅长进行选择。在一般情况下，研究者如果性格内向，不善于社交，就尽量避免用访谈法。研究者如果文笔很好，思维严谨，就可以根据研究内容选择叙事研究法。

（2）撰写研究步骤。研究步骤实际上是课题研究开展的时间和活动安排，在呈现方式上，既可以分步骤直接陈述，也可以以图表的方式进行直观呈现。

（3）进行研究的前期基础和可行性分析。陈述研究的前期基础时，应尽量呈现前期的文献阅读基础和相关研究成果。研究的可行性分析则集中阐述人力、物力和财力的配备问题。

他山之石

课题"《汉语拼音方案》教学状况调研"的"怎么研究"部分①

（一）研究方法

1. 调查法

（1）问卷调查。拟制《汉语拼音教学基本状况调查问卷》作为调查工具，该问卷分教学目标定位、教学内容、教学方法、教学评价、完善建议等5个维度展开测评，使用测度项分类法进行问卷效度检测。以小学语文教师为调查对象，抽样总体主要来自全国各级各类小学语文"国培班"的往年或本年学员，具体被试采用分层整群抽样的方式确定，分层标准为工作省份和任教学校类型。拟调查人数为1 000位左右。

（2）问卷测查与随机访谈。以普通话水平测试员注音测试试卷为蓝本，调整部分字、语句以降低文化要求，并增加汉语拼音知识与能力的获取来源、评价及自身水平满意度等维度的问题，合并形成《〈汉语拼音方案〉教学效果及其影响因素》测查卷。

以小学低年级与中小学其他年级在校生、小学语文教师、相关行业从业人员为测查对象，学生、相关行业从业人员抽样总体主要来自湖南、河南、福建，小学语文教师抽样总体来自全国各级各类小学语文"国培班"学员，具体抽样方式为分层整群抽样。

拟调查小学低年级与中小学其他年级在校生、小学语文教师、相关行业从业人员分别为2 000、1 000、300位左右。在现场发放问卷、测查卷时，辅以随机访谈，一则考察被测的普通话标准程度，二则为影响因素分析收集一些后续深入分析材料。

2. 文本分析法

主要用于对《汉语拼音方案》教学目标、功能定位与语文教科书《汉语拼音方案》教学内容的调查。主要分析文本是：近六十年语文课程标准（教学大纲）、各级升学考试纲要中汉语拼音知识与能力部分，以及第八次课程改革以来各版本小学语文教科书的汉语拼音部分。

3. 文献研究法

在整个研究过程中都将利用到相关文献的已有成果。

（二）研究计划

1. 2017年8月—2018年2月

（1）文本分析，研究近六十年语文课程标准（教学大纲）、各级升学考试纲要中《汉语拼音方案》的目标定位，撰写论文。

（2）文本分析，比较研究第八次课程改革以来各版本小学语文教科书，撰写论文。

---

① 本案例由湖南第一师范学院曾晓洁老师提供。

（3）拟制《汉语拼音教学基本状况调查问卷》，进行信度、效度分析。

2. 2018 年 3 月—2018 年 8 月

（1）文本分析，比较研究内地与香港小学语文教科书，撰写论文。

（2）实施汉语拼音教学基本状况的调查。

3. 2018 年 9 月—2019 年 1 月

（1）整理、分析《汉语拼音教学基本状况调查问卷》的回收资料，撰写论文。

（2）拟制《〈汉语拼音方案〉教学效果及其影响因素》测查卷，进行信度、效度分析。

4. 2019 年 2 月—2019 年 12 月

（1）实施《〈汉语拼音方案〉教学效果及其影响因素》的测查并整理、分析回收资料，撰写论文。

（2）撰写专著、研究报告，准备结题。

（三）可行性

1. 研究思路清晰

从教学目标、教学内容、教学方法、教学评价、完善建议等维度全方位研究《汉语拼音方案》教学现状，每个维度下对应的研究点清晰且具有说服力。

2. 研究方法适切

研究课程标准（教学大纲）、考试纲要中的《汉语拼音方案》目标要求及中小学教科书中的相关教学内容，最适切的方法是文本分析法；通过大样本研究，了解语文教师所持教学目标定位情况及拼音课堂教学内容、教学方法。本研究选用的问卷调查法比课堂观察法更适用；使用注音测试卷与问卷结合的问卷测查法，并结合随机访谈，是大样本研究教学效果及其影响因素的最佳方法。同时，文本分析法、问卷调查法、问卷测查法也是本课题组娴熟的研究方法。

3. 工作计划可行

研究阶段与时长安排，符合研究内容与研究方法的内在要求。

第四章　教育调查法

问题导入

　　当填写别人送到手中的问卷时，你是否经常会发出"不知道究竟要调查什么""题目怎么这么多"等抱怨？当接到事先没有预约的电话访谈时，你是否很少认真回答甚至有时还会毫不犹豫地立即挂断电话？在教育见习与实习中，进入课堂进行教育教学观察，你是否曾经有过只会记下教师的上课流程而不知观察什么的恍惚感？当对某种现状准备进行深入了解时，你是否尚未认真选取对象就匆匆展开调查？面对通过各种调查方法获取的资料，你是否曾经茫然不知如何开始整理与分析？……本章致力于让我们站在研究者的立场来学习教育调查，以减少自身的迷茫，同时避免被调查者抱怨或拒绝。

　　调查研究就是采用一定的程序和手段，有目的、有计划地收集所研究对象的有关资料，通过整理、分析，从而了解实际情况，揭示事物的本质和规律，提出解决问题方案的一种研究方法。在教育研究中，这种方法多用于研究现实的教育现象。调查研究的具体方法有很多，在教育研究中常用到的有问卷调查法、访谈法、观察法三种。从宽泛意义上讲，本书前面所讲的文献法也可以归到调查研究法的范畴。本章主要讲述前三种。

第一节　问卷调查法

　　问卷调查是一种常用的研究方法，作为研究者，需要了解问卷调查法的基本程序及常用路径。

一、什么是问卷调查法

　　问卷调查法是研究者运用统一设计的问卷，向被选取的调查对象了解情况或征询意见的调查方法。

（一）优点

　　一般来说，问卷调查法具有以下优点：

　　（1）调查效率高。设计的问卷标准化程度高，无须被调查者署名（这使得被调查者顾虑少），而且在同一时间内可以调查大量的对象，所以获得一手资料的效率比较高。

　　（2）便于分析。只要调查问卷的设计是科学合理的，调查结果就能够便于统计，便于定量分析。

　　基于这两个优点，调查问卷被广泛地运用在教育研究过程中，问卷调查法也就成为一种运用得十分广泛的教育研究方法。

（二）缺点

　　问卷调查法也有缺点。比如，如果被调查者缺乏合作的诚意或为了迎合主流意识而不作实事求是的回答，调查的结果就不真实；如果问卷设计得不规范、不科学，调查者就算获得了大量的信息，也难以归纳、分析与整理；如果调查的样本不能代表整体，调查结果的可靠性就会打折扣。所以，在设计调查问卷的时候，调查者要尽量克服这些缺点。此外，问卷调查程序一旦启动，调查者很难根据实际情况调整问卷，调查者的主观能动性难以继续发挥，等等。

二、问卷调查法的实施过程

问卷调查是以统一设计的问卷为依托展开的有目的、有计划、有系统的研究活动，其实施过程一般包括：

（一）明确拟调查的主题

任何教育研究都是围绕一定教育问题展开的，通过对教育问题的前期分析确定调查主题。因此，基于对教育问题的分析，明确拟调查的主题是展开调查研究的前提。比如，小学教育领域的教育公平、小学教育资源配置、小学生家庭作业、小学教学效率等，都是可以调查的教育主题。

那么，到底什么样的教育问题才能成为拟调查的主题呢？一般来说，能成为调查主题的教育问题，通常需具备差距明显、足够重要、可以解决这三个特征。其中，"差距明显"，指当事人希望的状态与实际的状态之间有明显的差距；"足够重要"，指这个差距的解决对当事人来说足够重要；"可以解决"，指调查者相信，经过自己的努力研究，可以解决或缩小之前存在的差距。

（二）明确调查目的

在明确了拟调查的问题，并确定了要使用问卷调查法展开研究之后，调查者就必须明确调查目的。调查目的不明确，就不可能准确定位调查对象，拟订调查项目。比如，如果调查者对小学教学效率问题感兴趣，应如何就此展开调查研究呢？首先必须明确展开调查的目的何在。因为兴趣、积累状况等不同，不同调查者的调查目的就会有所不同。有的是了解小学教学效率的现状，有的是了解小学教学效率不高的原因，有的则具体到了解某门课程教学效率不高的原因，等等。

（三）确定调查对象

调查研究总是针对一定的对象展开的。在明确了调查目的之后，下一步就是确定调查对象。比如，对于"小学教学效率"这个问题，如果将调查目的定为"了解小学教学效率现状"，那么，下一步就要明确，究竟是研究农村小学的现状还是城市小学的现状，研究什么年段的现状，等等。由此可见，有相同的调查目的，并不意味着有相同的调查对象，而调查对象的不同必然影响到调查问卷的编制。

（四）设计调查问卷

在确定了拟调查的问题，明确了调查目的、调查对象之后，调查者就可以开始设计调查问卷了。

调查问卷是调查研究方法得以实施的必要工具。调查问卷如果设计得不当，就无法规避问卷调查法的缺点，不仅会浪费人力、物力，还会贻误研究时间等；如果设计得恰当，则可以在很大程度上克服问卷调查法的缺点，发挥问卷调查法的优点，收集到真实有效的一手资料。调查问卷的设计是十分讲究的精细工作，来不得半点马虎。

关于调查问卷的具体设计，详见下文"调查问卷的构成要素及常见问题"。

（五）试用和修订调查问卷

为了保证调查问卷的操作性、科学性和可统计性，在初步设计好调查问卷之后，调查者需要在小范围内试用调查问卷，如有问题，则需要进一步修正或者补充，直至没有问题为止。一般来说，试用调查问卷主要从以下三个方面加以考虑：

1. 操作性

调查问卷是否足以调动被调查者接受调查的意愿，调查问卷的"指导语"是否能被被调查者理解，调查问卷要求是否足够清晰、便于被调查者回答。

2. 科学性

所设计的问题是否科学，选项设计是否合理，所收集到的信息能否达到调查目的。

3. 可统计性

调查问卷的编排是否便于整理与分析信息。

（六）培训相关调查人员

如果调查需要其他人员的协助，那么，在发放调查问卷之前，要对参与调查的相关人员进行培训，并组织他们按照要求有序地实施调查。

（七）组织问卷调查

组织问卷调查即联系被调查者，发放和回收调查问卷。如何让调查问卷发放对象更具代表性，如何顺利地联系好被调查者，如何保证调查问卷的回收率和有效率，是组织问卷调查需重点考虑的几个问题。

（八）整理、分析调查资料

通过调查所收集到的原始资料一般都是分散而凌乱的，需要按照一定的逻辑整理成系统、有条理的信息。在将收集的资料整理完毕后，调查者就可以在此基础上展开定量分析了。比如，通过整理调查表格里的信息，调查者可以计算出相关研究项目所占的百分比、总和、平均值、方差等，以获得与之相关的比例、规模、平衡位置、离散程度等。以此为基础展开分析，会更有说服力。

三、调查问卷的构成要素及常见问题

（一）调查问卷的构成要素

调查问卷的构成要素包括标题、指导语、问卷题目（问题）三个主要部分。调查问卷的标题统领指导语和问题，即指导语和问题不能与标题冲突，并且必须为标题服务。

微视频：问卷组成部分的设计

案例4-1

小学生消费结构的调查问卷

亲爱的同学：

你好！为了进一步了解小学生的消费心理，熟悉小学生的消费结构，最终引导小学生健康消费，我们组织这项调查。请你抽出大约5分钟时间给我们提供宝贵的信息与意见。这项调查不记姓名，你在填表时不要有任何顾虑，请按照表中的说明，在横线上填写答案，或从备选答案中选出你认为准确的答案（没有特别注明的题目只选一个答案）。真诚谢谢你的合作！

小学生消费结构研究课题组

1. 你的性别是（ ）

① 男　　　　　② 女

2. 你就读的学校是（ ）。

① 公立学校　　② 私立学校

3. 你所在的年级是（ ）。

① 一年级　　② 二年级　　③ 三年级　　④ 四年级

⑤ 五年级　　⑥ 六年级

……

在案例4-1中，"小学生消费结构的调查问卷"是标题；从"亲爱的同学"到"小学生消费结构研究课题组"属于指导语；之后的内容是问卷题目。

1. 标题

调查问卷的标题和论文的标题一样，必须准确、简洁、规范。

"准确"指调查问卷的标题要将调查对象和内容表达出来。比如，案例4-1"小学生消费结构的调查问卷"这个标题，就将调查对象"小学生"和调查内容"消费结构"都表述得很清晰。如果不写明调查对象"小学生"，标题变成"消费结构的调查问卷"，对象就不明确；如果不写明调查内容"消费结构"，标题变成"小学生调查问卷"，被调查者看到标题时，不能一目了然地知道研究者究竟要调查什么。再如，对农村小学教学效率的现状展开调查研究，标题可以拟为"农村小学教学效率现状的调查问卷"；如果对其原因展开调查，则标题可以拟为"农村小学教学效率现状成因的调查问卷"；如果对城市和乡村小学教学效率现状差异展开调查，则可以拟为"城乡小学教学效率差异的调查问卷"。

"简洁"指标题的语言要精练，不出现多余的词。比如在"关于小学生消费结构如何的调查问卷"中，"关于""如何"两个词语可以删除。

"规范"指标题通常需用"……的调查问卷"的短语结构；疑问、祈使等语气不适用于调查问卷的标题命名。比如，作为调查问卷标题，疑问语气"小学生的消费结构怎样"和祈使语气"调查小学生的消费结构"，都不如陈述语气"小学生消费结构的调查问卷"合适。

2. 指导语

指导语是位于调查问卷标题和题目之间的内容。指导语既可向被调查者介绍问卷，又起着沟通调查者与被调查者思想、感情的作用，能帮助顺利实施调查。因此，指导语除了要清楚、扼要之外，还要注意要素全面。

一般来说，指导语包括 8 个要素：称呼、问好、说明调查目的、请求帮助、打消顾虑、指导答题方法（如果答题方法比较复杂，还可以举例说明）、致谢、调查人签名（以示真诚）。比如，案例 4-1 的指导语见表 4-1：

表 4-1　指导语分析

称呼	亲爱的同学：
问好	你好！
说明调查目的	为了进一步了解小学生的消费心理，熟悉小学生的消费结构，最终引导小学生健康消费，我们组织这项调查。
请求帮助	请你抽出大约 5 分钟时间给我们提供宝贵的信息与意见。
打消顾虑	这项调查不记姓名，你在填表时不要有任何顾虑。
指导答题方法	请按照表中的说明，在横线上填写答案，或从备选答案中选出你认为准确的答案（没有特别注明的题目只选一个答案）。
致谢	真诚谢谢你的合作！
调查人签名	小学生消费结构研究课题组

3. 问卷题目（问题）

问卷题目包括三种类型：结构型、非结构型和综合型。

（1）结构型

结构型题目包括不同的问题形式，如是否式（选择式的特殊形式）、选择式、编序式等。

第一，是否式。从"是"与"否"、"同意"与"不同意"等两种非此即彼的情况中选择一个。如：

你有自己的零花钱吗？（　　　）

①有　　　②没有

第二，选择式。从多个答案中挑选最适宜的一个或几个选项。如：

学校每天布置的家庭作业，你能在 1 小时内完成吗？（　　　）

①都能　　②大部分能　　③有时能　　④偶尔能　　⑤都不能

第三，编序式。编序式又称为评判式、排列式，每个问题后列有许多选项，要求被调查者按照某种标准评定等次，表示不同选项应该排列的顺序。如：

下列图书馆管理与建设项目，从你认为最重要的开始依次排列。（　　　）

①增加工作人员　　　②改善阅览条件　　　③升级查阅系统

④加强硬件设施　　　⑤提升工作人员素质　　⑥图书馆信息化

⑦优化借书还书制度　　⑧完善图书馆管理制度　　⑨优化环境

（2）非结构型

非结构型又称为"开放型"，答案不固定，由被调查者自由作答。题型可能是填空式，也可能是问答式。如：

对于送孩子单独到外地城市上小学，你有何想法和建议？

非结构型问题能够调查到丰富、具体的一手资料，但也存在答案不集中和难以进行统计处理的缺点。所以，非结构型问题通常仅用于以下两种情况：第一，对较深层次问题的研究。非结构型问题由被调查者按自己的理解回答问题，不受调查者设定的答案限制，能如实反映被调查者的态度、特征，以及对有关情况的了解程度和所持看法等，因此适用于探讨那些只能进行描述性分析的较复杂的问题。第二，在研究初期对所研究的问题或研究对象的有关情况还不十分清楚的状况下，通常采用这种非结构型的开放式问卷，目的在于帮助研究者设计封闭式问卷（即结构型问卷）。一般做法是：在小范围内进行非结构型问卷调查，搜集、整理并分析该调查问卷之后，设计结构型问卷，并运用结构型问卷进行较大规模的调查和分析。因此，从这个意义上来说，非结构型问卷可以作为设计结构型问卷的基础。

（3）综合型

综合型题目既包括封闭型答案，又包括开放型答案，所以又叫"半结构型题目"。它一般把调查者比较清楚、有把握的可能答案明确列出作为一些选择项，同时，给被调查者开放答题的空间。如：

你做兼职的时候，最大的收获是什么呢？（　　　　）

① 获取了经济来源

② 增加了社会经验

③ 锻炼了个人从业能力

④ 其他（须填写具体收获）

就一整张调查问卷而言，如果全部题目都是结构型的，这张调查问卷就是结构型问卷；如果全部题目都是非结构型的，这张问卷也就是非结构型问卷；如果既有结构型题目，又有非结构型题目，则该调查问卷就是综合型问卷或半结构型问卷。

（二）调查问卷设计需避免的常见问题

为了能让调查者获得更多的有用信息，同时也让被调查者更省时、更准确、更愿意答题，设计调查问卷需避免以下常见问题：

1. 标题的问题

标题没有体现调查对象与要研究的内容。

2. 指导语的问题

指导语的问题主要表现为 8 个要素不全或表述不够清晰。

3. 题干的问题

（1）设计的问题不能提供足够多的信息。在设计调查问卷题目之前，调查者一定要先将所要调查的问题具体化，具体化的几个研究细项就是调查问卷的维度。设计的调查问卷一定要使得每个维度都有足够的题目来收集信息。

（2）设计的问题和调查问卷维度无关。问卷题目除了要足以收集到问卷几个维度的相关信息外，还要紧密围绕维度展开。问卷的维度可以有多个层次，低层次的维度要紧紧围绕和服务于高层次的维度，且各维度都统领在问卷的标题之下。另外，除了背景信息（如性别、年龄、年级、任教科目、学历等）外，问卷中的所有问题都必须围绕预定的几个维度来设计。设计者如果没有浓厚的维度意识，就容易设计出与调查目的似乎有关、实则无关的问题，比如，在"小学生消费结构的调查问卷"中，"你上课时会想着吃零食吗？"这样的题目，显然就和"消费结构"无关，这种情况必须避免。

（3）表述含糊。表述含糊指问卷题目有歧义或者使用了专门术语、行话等。比如，在"小学生情感状态调查问卷"中，"你认为自己的心理素质好吗？"这种题目就不合适。因为，"心理素质"是术语，其界定本身就不是很清楚、明了，小学生在接受调查的时候，会因为不理解这个词而无法作答或者胡乱作答。

（4）一个题干中包含多个问题。在调查问卷中，一个题目应该只设计一个问题，两个问题就应该用两个题目表达，不能合二为一。比如，"你喜欢唱歌和跳舞吗？"这个题目包含了两个问题，如果被调查者喜欢唱歌，但是不喜欢跳舞，那么就无从作答。

（5）诱导被调查者作答。问卷题目不能隐含某种假设或期望，不能带有偏向性的暗示，否则，会影响被调查者作答的真实性，使调查信息受到"污染"。比如，"学生在考试前都会有焦虑症，你在考试前也焦虑吗？"这个题目，题干本身告诉了被调查者考试前都会有焦虑，被调查者是其中的一员，其答案当然是"焦虑"。如果所有被调查者都感受到了这一暗示，调查就失去了意义。

（6）给被调查者带来压力。问卷题目要尽量避免那些可能使被调查者产生心理顾虑或给被调查者带来某种压力的问题，更要避免刺激被调查者，使他们受窘或产生抵触情绪。如"你的家庭和睦吗？""你对课堂纪律的控制感到困难吗？"就属于这类题目。这类题目很难调查到真实可靠的信息，也违背了教育研究的伦理原则。

（7）没有避免"社会认可效应"。有些问题具备较强的社会认可效应，比如，被问及"你热爱自己的学校吗？""遇到有人偷东西会立即去抓捕吗？"这类问题，被调查者很可能会按照社会规范、社会期待进行回答，而不表达自己的真实想法。

（8）题干用否定句，甚至用多重否定。问卷题目要尽量避免用否定句，更不要用否定之否定，甚至是否定之否定之否定等。"下列看法你不同意哪一种？""你是否不认为练习量与学习成绩不成正比例关系？"等题目，就违背了这一原则。

（9）使用同一份题目调查不同类型的被调查者。在调查目的相同但被调查者类型不同的时候，调查者一般要设计不同的题目。假设要调查小学班级管理制度情况，如果是面对小学教师，问题可以是："你的班级是否设置有公正合理的管理机制？"这个问题由于有一些专业术语，不适合用来问小学生。当面对小学生时，这个问题可以换成："在班里，你是否能够公平地得到表扬或批评？"

4. 选项的问题

（1）没有遵循统一逻辑分类。题目的答案选项必须从统一逻辑角度划分；否则，其中的某个或者某几个答案项会和其他答案项重复或者交叉。比如：

你妈妈的职业是什么？（　　　）

① 知识分子　　② 教师　　③ 工人　　④ 农民　　⑤ 其他

选项不在同一个分类范畴，被调查者可能不知如何选择。

（2）没有穷尽所有可能选项。如果题目的答案选项加在一起没有在逻辑上穷尽所有，那么，就可能漏掉相关的信息，调查到的信息将不完整，不便于统计、分析。比如：

你妈妈的职业是什么？（　　　）

① 医生　　② 教师　　③ 工人　　④ 农民

这四个选项加在一起，没有穷尽所有的职业。如果妈妈是公务员，则无选项可选。所以，有必要在后面再加上一项"⑤ 其他_____"，这样，就从逻辑上容纳了所有的职业。

（3）相互交叉或者包含。题目的答案选项之间，必须是相互排斥的。否则，收集的信息将难以甚至无法整理和统计。比如：

你每天用于做课外作业的时间是？（　　　）

① 3 小时以上　　　　　　　② 2～4 小时（包括 4 小时）

③ 1～2 小时（包括 2 小时）　　④ 1 小时以下（包括 1 小时）

这个题的四个选项之间，①和②有交叉。如果是 3～4 小时，那么，被调查者可能选择①，也可能选择②，这样，最终的统计结果就无法反映真实情况。

（4）没有按照一定的逻辑顺序编排。题目的答案选项，如果可以按照一定逻辑顺序编排，就一定要按照一定逻辑顺序编排；否则，会给被调查者答题带来不便，影响调查结果。比如：

随手关灯，人走灯灭。你做得到吗？（　　　）

① 做不到　　② 一般做得到　　③ 偶尔做得到　　④ 总是做得到

这道题中的选项，②和③没有按照逻辑顺序编排。

（5）使用的量纲没有统一。题目答案选项的量纲需要统一，以免被调查者答题时还要进行换算。比如：

你每天用于做课外作业的时间是（　　　）

① 3 小时以上　　　　　　　② 2～3 小时（包括 3 小时）

③ 1～2 小时（包括 2 小时）　　④ 60 分钟以下（包括 60 分钟）

这道题的答案，既有以"小时"为量纲的，也有以"分钟"为量纲的，选项所使用的量纲不统一。

（6）当牵涉距离（间距）时，各选项距离不等。当题目的答案项牵涉距离时，除第一个和最后一个开放性选项可以无穷大和无穷小外，中间的选项应该是等距的。比如：

你每天用于做课外作业的时间是（　　　）

①4 小时以上　　　　　　②2～4 小时（包括 4 小时）

③1～2 小时（包括 2 小时）　　④1 小时以下（包括 1 小时）

在这个例子中，②的时间间距是 2 小时，而③的时间间距是 1 小时，没有做到等距。

5. 调查问卷整体编排的问题

调查问卷整体编排的最主要问题是题目的先后排列没有依据一定的逻辑顺序。

调查问卷中的题目，有的是用来获取被调查者的基本信息的，如性别、年龄等；有的是用来获取事实信息的，如"有"还是"没有"等；有的是为了获取情感、态度信息的，如"喜欢""不太喜欢""讨厌"等。获取同类信息的题目，应尽量归类放在一起。另外，问卷题目的编排还需要注意遵循由易到难，由大到小，由一般到特殊，由事实到态度，由结构型到非结构型等顺序。

四、调查对象的选择

虽然研究目的是要了解被研究事物的整体规律，但绝大多数研究课题的对象总体比较大，要将课题规定的所有对象都拿来进行调查往往难以做到，也无必要，这时便需要选择研究对象，即需要抽样。

（一）抽样的基本概念

1. 总体

总体指研究对象的全体。凡是在某一相同性质上结合起来的许多个别事物的集体，当它成为统计研究对象时，就叫作总体，是一定时空范围内研究对象的全部总和。

2. 样本

样本是从总体中抽取的、对总体而言有一定代表性的一部分个体，它是能够代表总体的一定数量的基本观测单位。样本所包含的个体的数量叫作样本容量。

3. 取样

取样是遵循一定的规则，从一个总体中抽取有代表性的一定数量的个体进行研究的过程。

（二）抽样的基本要求

1. 抽样的随机化

抽样要尽可能做到随机。随机指总体中的每个个体被选入样本的机会均等。抽签、摇奖就是根据抽样的随机化原理设计的。抽样必须是随机的，这样可避免调查者主观倾向或人为因素造成的抽样偏差。

2. 样本的代表性

样本的代表性指样本应具备总体的性质或特征，能在较大程度上代表总体。样本研究的关键在于抽样和推论，抽样是推论的先决条件，样本的代表性会影响研究结论的可靠性和研究结论的推断程度。样本的代表性越强，研究结论的普遍性就越强。反之，如果样本没有代表性，往往会导致研究失败。

3. 合适的样本容量

样本容量即"样本数"，指抽取样本的具体数量。一般来说，样本数越多，代表性越强，但是，增大样本数势必增加研究的人力、物力、财力，造成不必要的浪费；样本数太小，又会使得抽样误差较大，样本不能代表总体，不利于统计分析。所以，确定样本容量既要符合研究目的、内容，满足统计的要求，又要考虑抽样的可能性，并使误差降低到最低程度。确定样本容量是研究设计中比较困难而又必须慎重考虑的一个环节。

样本容量的大小不取决于总体的多少，而取决于以下一些因素：

（1）总体的同质性。如果总体的变异性比较大，变量的相关程度比较低，研究的条件控制不严格，那么，样本容量可适当增大；反之，如果总体的同质性比较强，变量的相关程度较高，研究条件控制严格，则样本容量可以小一些。

（2）允许误差的大小。当研究允许的误差值小，要求的可信程度高，则所需样本容量相应要大；反之，则可小些。

（3）统计分析的精确程度。当研究要求有较高的统计显著程度，具有较高的可信程度时，样本容量可大些；反之，则可小些。

此外，研究的类型、范围，测量工具的可靠程度，分析项目的多少等，也都是影响样本容量的重要因素。一般来说，定量研究比定性研究的样本容量要大，当测量工具可靠程度低时，样本容量要求较大；当分析的项目多时，样本容量也要稍大一些。当然，样本容量还需根据经费、时间、人力、取样难度等"量体裁衣"地加以确定。

一般认为，只有当样本容量 $n \geqslant 30$ 或者至少 $n \geqslant 3(k+1)$ 时，才能满足模型估计的基本要求。这里，k 指解释变量的数目。

（三）抽样方法

1. 简单随机抽样

前面谈到，抽样要做到随机，即所有抽样都应该是随机的。但是在运用复杂的抽样方法时，虽然总体中每个个体都有入选为样本的可能性，但可能性并不相等；而如果运用简单随机抽样，则总体中每个个体被选为样本的概率是相等的。[①]

可以说，简单随机抽样是最基本、运用得最广泛的一种抽样方法，是其他抽样方法的基础。简单随机抽样的具体方法，是将全体研究对象统一编号，再用抽签、随机数字表、计算机随机抽样等方法随机抽取部分个体组成样本。当个体总数不太多时，把全部个体编号后进行抽签，就是典型的简单随机抽样。当备有随机数字表（随机数发生器或随机函数 Randbetween 也可生成随机数），并懂得正确使用时，调查者可以

---

① 比如，如果运用多阶段随机抽样法，每个个体被抽中的概率就有很大差别。多阶段随机抽样指把整个抽样程序分为两个以上的阶段，第一阶段从总体中随机抽取出一些个体，第二阶段则以第一阶段所抽取出来的全部个体为总体，再随机抽取出一些个体，以后各阶段依此类推。这样，虽然在第一阶段，每个个体被抽中的可能性是相等的，但是，没有被抽中的个体却再没有机会进入第二阶段成为样本了。

用随机数字表来作简单随机抽样。有时研究对象数量很大，难以做到将所有对象统一编号，调查者可以考虑将简单随机抽样与接下来要讨论的分层抽样结合起来。

2. 分层抽样

分层抽样又称"分类抽样"。对于数量较大，构成较复杂，同质性程度不高，各层次标志较明显的总体，宜采用分层抽样。在教育研究中，许多研究总体中的个体可以很自然地分类，如城市学校与乡镇学校、重点学校与普通学校、不同的年级、不同的班级，等等。调查者可以很方便地按照研究目的进行分层抽样。

分层抽样经常与简单随机抽样结合使用，具体方法是：按照与研究目的明显有关的某种特征，将总体分为若干层，然后从每一层内按比例随机抽取一定数量的个体，组成该层的样本，各层样本之和代表总体。所以，分层抽样通常也叫作"分层随机抽样"。

3. 等距抽样

等距抽样，又称"机械抽样"，是把总体中的所有个体按某一顺序排列编号，然后依固定的间隔抽取样本。等距抽样使样本分配均衡，更具有代表性，抽样误差较简单随机抽样小，操作也较简单，实际应用较广。

等距抽样的一般过程是：先将总体的所有研究个体按某一特征顺序编号，并根据抽样比例（样本含量与总体含量之比）规定抽样间隔 H，再随机确定一个小于 H 的数字 k，以 k 为起点，每间隔 H 抽取一个研究个体组成样本。

等距抽样需要避免周期性偏差，比如，总体的男、女生编号分别为奇数和偶数，则无论隔几个抽样，都将抽到同一性别的人。

案例4-2

"某市公立小学青年教师生存状况调查"的抽样方式

某市共有公立小学 320 所，其中 A 区 56 所、B 区 74 所、C 区 82 所、D 区 35 所、E 区 53 所、F 区 20 所。拟每个区随机抽取 4 所小学进行调研。被抽中的小学，将其所有青年教师按照年龄从大到小依序排列，然后采用等距抽样的方式，根据各校青年教师总量的多少确定抽样距离，使每校所抽人数不少于 15 人。

案例 4-2 的抽样方法，综合运用了简单随机抽样、分层抽样、等距抽样三种方式：简单随机抽样，因每层的总量都不是太多，统一编号抽取即可；分层抽样以学校的层次与办学性质为分层标准；等距抽样，因被抽取每所小学的青年教师总数一般仍然会较多，故采用了按年龄排序的等距抽样法。按年龄为序，是因为研究假设年龄与青年教师生存状况有较大的相关。

4. 整群抽样

整群抽样是从总体中抽出一些自然的子总体（群）作为样本个体，由其中的个体合起来组成一个样本的抽样方法。整群抽样与其他抽样方法的区别，是它抽取样本的单位是群体，不是个体，是从较大的群总体中以自然群体（学校、班级等）为单位，随机抽取样本。

采用整群抽样比较方便，可以节省取样的人力、物力，最适合总体范围大、抽样数量多的研究。对于教育研究来说，整群抽样还不会因为研究而打乱原有的班级，能兼顾常规的教学秩序，不会影响师生之间的配合。但是通过整群抽样所获得的样本分布可能不均匀，群体间可能会存在差异，这在一定程度上会影响样本的代表性。因此，整群抽样要考虑群体和群体之间是否同质。一般来说，按常态编班的班级，彼此间有较高的同质性；按能力分班的班级，同质性较低。

五、调查问卷的发放

随着信息技术的发展，调查问卷的发放方式由原来单一的线下发放方式扩展为三种方式。除传统的线下发放外，还有线上发放和线上线下相结合发放的方式。

（一）线下发放

线下发放是一种传统的问卷发放方式，但今天仍然被广泛使用。具体来说有集中发放、委托他人送发、街头派发和邮寄发放等形式。为了能够收回更多且有效的问卷，调查者应尽可能采取集中发放或委托他人送发的方式，并最好能够获得有关行政部门或学校与教师的支持和配合。

（二）线上发放

线上发放方式有多种，大概可以归为两类：一类是把调查问卷以文档的方式通过聊天软件或邮箱在线发送给调查对象填写；另一类是通过问卷调查平台（如问卷星、问卷调查网、超星学习通等）发放给调查对象填写。下面以问卷星为例，介绍线上调查问卷的制作与发放。

1. 注册

打开问卷星网站后，首先进行注册，包括设定用户名、密码等操作。其中，在用户类型一项中一般选择免费版。由于问卷星提供了非常丰富的数据统计功能，如果需要用到一些复杂的功能，也可以根据自身需求选择需要支付一定费用的专业版和企业版。

2. 在线设计调查问卷

问卷星提供了所见即所得的调查问卷设计界面，支持多种题型以及信息栏和分页栏，并可以给选项设置分数（可用于量表题或者测试问卷），可以设置跳转逻辑，同时还提供了数十种专业问卷模板供调查者选择。

问卷星为免费用户提供了两种创建调查问卷的方式：一是利用模板创建调查问卷；二是利用文本创建调查问卷。

利用模板创建调查问卷：问卷星系统中内置了一些常用的调查问卷类型，如关于小学生网络依赖的调查问卷、教师满意度调查问卷等。如果某调查问卷内容和调查者的研究目标比较一致，调查者可以利用模板创建调查问卷并在此基础上进行编辑修改。

利用文本创建调查问卷：如果没有相似的调查问卷，可以选择"从空白创建"，填入调查问卷标题（如"小学生课外阅读情况调查问卷"）后点击"立即创建"，进入调查问卷编辑界面（见图4-1）。在该界面中，点击中间的"添加问卷说明"按钮，可以添加问卷的前言和指导语，并进行相应的字体字号等设置。利用文本创建调查问卷又可分为两种情况：一种是事先没有调查问卷的电子文稿，需要在问卷星中一个一个地设置问题。在图4-1界面的左边有各种题型的选择，包括选择题、填空题、矩阵题和包含排序题在内的多个高级题型等，用户可以依据调查的需要选择左边的各类题型一个一个地添加题目。初学者可以根据其间的提示一一尝试添加问卷题目。另一种是事先已有调查问卷的电子文稿，用户可以选择点击中间的"批量添加题目"，把问卷文稿内容按照说明要求，复制粘贴到文本框内（也可以在文本框内做修改），系统会自动形成与之相对应的排列比较规范的可视化调查问卷，最后点击"确定导入"按钮，即可生成一份调查问卷。无论是一个一个添加问卷题目还是批量添加问卷题目，调查问卷初步形成后，每一道题目的题目属性、题干内容和答案选项等仍然可以修改编辑。

图4-1 问卷星平台调查问卷设计的界面

设计调查问卷有以下一些注意事项：

第一，输入问题的答案选项，如果有多个答案选项，点击选项后的"+"。如果该选项允许参与者填空，请在选项后的"允许填空"一列画"√"。

第二，系统默认所增加的每道题都是"必答题"，可以取消"必答题"的设置，将该题改为"选答"。

第三，设计完成后，点击"完成编辑"按钮，完成该题编辑。如果还需要继续编辑，只需点击该题的"编辑"按钮即可。如果需要改变现有题目的顺序，也可以点击"上移"和"下移"按钮来改变，同时也可以点击"复制"和"删除"按钮执行相应的操作。

第四，在编辑过程中，问卷星每隔几分钟会自动保存问卷，如果需要手动保存，请点击左上角的"保存"按钮。还可以随时点击"预览"按钮预览设计效果。如果调查问卷设计完成，则应点击页面上方的"完成编辑"按钮，加以保存。

第五，调查问卷设计好后，可设置相关属性（如答题时间控制、提交后显示、作答次数限制、提交答卷控制等）和调查问卷外观（可以选择你喜欢的调查问卷背景与字体样式等）。

3. 发布调查问卷

在向其他人发送调查问卷之前，需要先进行调查问卷发布操作。发布调查问卷就是将已经编辑完成的调查问卷发布到网络上，使其有一个唯一的访问地址。点击"发布 - 发布此问卷"，出现"问卷链接与二维码"界面，问卷有多种方式可以发布（见图4-2），包括复制网址、制作海报、微信发送等。目前使用较多的是"制作海报"。点击"制作海报"后，可以在二维码海报界面进行相应的设置，保存并下载二维码海报。该海报以图片的方式保存在电脑上，这样就可以随时分享到各类社交群、发送至邮箱或转发至朋友圈等，而填答者只需要扫描二维码即可参与调查问卷的填写。

图 4-2 调查问卷发布界面

（三）线上线下相结合发放

在有些调查中，有些调查对象某一个组别的群体（如调查对象中年龄较大的群体上网少或对线上作答不熟悉等）难以参与线上答卷，而另一些组别（如上网较多的人）可以参与线上答卷。如果单纯用线上发放的方式，会影响样本的代表性。因此，为了能够收集到更多的数据并照顾到各个组别，让样本更具有代表性，应该采用线上线下相结合的方式。这种方式中线上发放与前面所述的步骤是完全相同的。与纯线上发放不同的是，数据的整理需要把两部分数据合并才能进行统计。数据合并将在后面的内容中进行介绍。通过对线上发放对象的初步统计，对于样本数量不够的组别，也可以通过发放线下调查问卷的方式进行补充调查。

特别说明的是，我们不仅可以在问卷星的官方网站进行调查问卷设计、编辑和发布等一系列操作，也可以通过微信小程序中的"问卷星"制作并发布调查问卷。

微视频：问卷发放与数据处理

它与问卷星官网是关联的，如果用同一账户登录，个体所有的信息和内容都是保持一致的。

六、问卷数据的统计分析

数据的统计分析是问卷调查中非常重要的一个环节。1918 年，桑代克（E. L. Thorndike）指出，凡客观存在的事物都有其数量。1939 年，麦柯尔（W. A. McCall）进一步指出，凡有其数量的事物都可以测量。[①] 所有的调查都可以转化为数字形式的数据，以进行相应的统计分析，解释结果，推及现象。

（一）剔除无效问卷

收集到的数据是否真实可靠和符合研究需要，还应进行审核。一般从准确性、完整性两个方面进行审核。

审核准确性是关键，主要是检查数据是否存在差错，有无异常值。检查的方法主要是逻辑检查。逻辑检查是通过数据间相关部分是不是存在违反常识常理或彼此矛盾的地方来判断数据的真实性，如答题时间太短，问卷中的答案所有选项均是同一个，或者答案具有某种规律性，或者答案前后矛盾等，就可能是被调查者敷衍作答。

审核数据的完整性，是检查答案是否填答完整，被调查者是否按问卷所指示的题项填答，答案类型是否与题目类型一致等。无法纠正错误，又不能补充完整，不符合调查要求的问卷数据应剔除，而符合调查要求且有效的问卷数据则要保留下来。如果全部是通过线下发放的问卷，需要计算问卷的回收率和有效率。其中，回收率 = 回收问卷数 / 发放问卷数；有效率 = 有效问卷数 / 回收问卷数。根据裴娣娜的观点，回收率和有效率在 70% 以上，所得资料才能作出研究结论；如果低于 70%，应该做小范围的深度调查，分析原因，重新发放调查问卷进行二次调查。[②] 如果是线上调查问卷的话，一般只需要统计有效率。

（二）数据录入与统计

1. 数据录入

通过线下发放调查问卷，调查者需要把问卷的数据录入 Excel 中进行统计（如果问卷数量比较少，也可以考虑手工统计）。统计前，先对纸质答卷进行编号，如 1 号、2 号……，1 份答案即为 1 个个案。在 Excel 中，个案为行，题目为列。为了便于统计，习惯上把单选题的选项 1 录为 "1"、选项 2 录为 "2"，以此类推，如图 4-3。如果是多选题，可以把每个选项设为一列，录入时选中该选项录为 "1"，未选中录为 "0"。如果是排序题，同样每个选项设为 1 列并事先进行赋值，每个个案该题的答案

---

① 戴海崎，张锋，陈雪枫. 心理与教育测量 [M]. 3 版. 广州：暨南大学出版社，2012：6-7.
② 裴娣娜. 教育科学研究方法 [M]. 沈阳：辽宁大学出版社，1999：135.

按排列顺序赋值，排在最前面的选项赋最高分，排在最后面的选项赋最低分（如1号问卷的答案是ABCD，录入时A列赋4分，B列赋3分，以此类推，具体详见案例4-3）。如果是填空题或问答题，直接录入填答的内容。

案例4-3

数据录入示例

1. 你喜欢阅读课外书吗？

A. 喜欢　　　　B. 不喜欢

2. 你家里的课外书数量（　　　）。

A. 非常多　　　B. 比较多　　　C. 一般　　　D. 比较少　　　E. 非常少

3. 你一般从哪里获得课外书？（多选题）（　　　）

A. 学校（班级）图书馆借阅　　　　　　B. 家长购买

C. 社区图书馆借阅　　　　　　　　　　D. 省（市）图书馆借阅

E. 其他

4. 按照你喜爱的程度给下列课外书籍类型排序。（　　　）

A. 文学小说类　　　　　　　　　　　　B. 卡通漫画类

C. 童话故事类　　　　　　　　　　　　D. 科幻天文类

序号	第1题	第2题	第3题-A	第3题-B	第3题-C	第3题-D	第3题-E	第4题-A	第4题-B	第4题-C	第4题-D
1号	1	1	1	0	1	0	0	4	3	2	1
2号	1	2	1	0	1	0	1	1	3	2	4
3号	1	2	1	1	1	0	0	2	1	3	4
4号	1	3	1	0	1	0	0	4	1	2	3
5号	2	5	1	0	1	0	1	3	4	1	2
6号	2	1	1	0	1	0	1	4	3	2	1
7号	1	2	1	1	0	0	1	4	3	1	2
8号	1	1	0	0	1	1	0	4	3	2	1
9号	2	4	1	1	1	0	1	4	3	2	1
10号	1	1	0	1	0	1	0	4	3	1	2

图4-3　数据录入后的表格样式示例

2. 数据统计

在数据统计中，最常见的统计是频次和百分比的统计。在Excel中，可以利用函数进行频次或百分数的统计。

第一，单选题的统计。首先，利用次数统计函数countif统计出每个选项被选中的次数n，然后用每个选项的次数除以有效问卷数（$n \div N$），得出每个选项所占的百分比。

第二，多选题的统计。由于多选题在录入时各选项都是单独成列的，选中录为"1"，不选中录为"0"，因此，统计时可以利用函数Sum统计每一列的和，得出每个选项被选中的次数n，然后用每个选项的次数除以有效问卷数（$n \div N$），得出每个选项所占的百分比。特别提出的是，各项所占百分比之和一定大于1，通过这种统计方式得出的百分比数据，不能用饼图或环形图来呈现。

第三，排序题的统计。排序题在录入的时候按照选项的排列顺序赋值计分，因此首先可以通过求和函数 Sum 统计每一列的得分（$\sum a_n$）；然后计算出所有项的总分（$N\sum a$）；最后用每一项的得分除以所有项的总分，得到每一项的排序指数（$W = \sum a_n / N\sum a$）。如案例 4-3 中的第 4 题，首先求出 A、B、C、D 各项的得分分别是 34、27、18、21；然后再计算总分 $10 \times (4 + 3 + 2 + 1)$，得出总分为 100 分；最后用各项得分除以总分 100 分，得到各项的排序指数分别为：0.34、0.27、0.18、0.21。

以上所述的统计是比较简单的统计分析方法，更多功能请参考 Excel 或统计软件 SPSS 相关统计分析图书和资料。

（三）数据下载与统计

如果通过问卷星等平台发放调查问卷，可以借助于平台自带的统计功能进行统计。

1. 数据下载

通过下载答卷数据，查看数据以剔除无效问卷。下载答卷数据的具体步骤如下：

第一，停止调查问卷的发布

第二，点击"分析 & 下载"（见图 4-4）中的"查看下载答卷"。

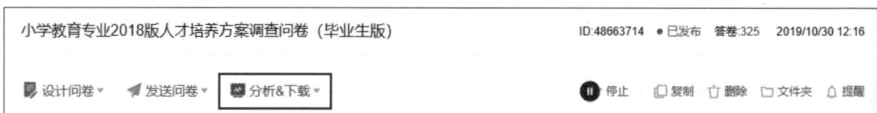

图 4-4　问卷星中的"分析与下载"界面

第三，选择"下载答卷数据"（见图 4-5）中的"按选项序号下载"，点击后会下载得到一个 excel 文件。根据前面所述的无效问卷剔除标准，仔细查看 Excel 文件中各份问卷的答案，对不符合要求的问卷可以在 Excel 中删除。如果直接使用问卷星的自动统计功能，则可根据在 Excel 文档中的筛选结果，把相应编号不符合要求的问卷在平台内删除，即点击图中"操作"中的垃圾桶删除该份问卷。

星标	操作	序号 ▲	提交答卷时间	所用时间	来源	来源详情	来自IP(?)
★	👁 🗑	1	2019/10/30 14:22:34	179秒	微信	N/A	湖南衡阳
★	👁 🗑	2	2019/10/30 14:30:30	155秒	手机提交	直接访问	湖南长沙
★	👁 🗑	3	2019/10/30 14:34:18	256秒	手机提交	直接访问	湖南长沙
★	👁 🗑	4	2019/10/30 14:35:57	424秒	手机提交	直接访问	湖南衡阳

图 4-5　问卷星中"下载答卷数据"界面

2. 数据统计

问卷星自带比较强大的统计功能，可以进行数据频次、百分比、交叉分析甚至更复杂的统计。具体操作如下：

首先，点击"分析＆下载"中的"统计＆分析"，可以得到每个问题的统计结果，常常默认以表格方式呈现（见图4-6）。研究者也可以选择饼图、环形图、柱状图和条形图等图形，并根据研究需要截取相应的图或表放入论文或研究报告中。由于复制后的图片看起来比较粗糙，如果想让图片或表格更精美一点，需要把统计数据下载后复制到 Excel 中来生成图表。问卷星的统计中还可以进行交叉分析（即在两个以上的题目之间进行关联分析）和分类统计（即设定条件分类统计，如统计年龄在20岁和30岁之间女性受访者的数据），感兴趣者可以去尝试操作，在此不一一介绍。

第2题：您认为本方案中的人才培养目标定位（　）[单选题]		
选项 ‡	小计 ‡	比例
非常准确	215	66.15%
基本准确	103	31.69%
不确定	6	1.85%
不准确 理由：[详细]	1	0.31%
本题有效填写人次	325	

囲表格　●饼状　○圆环　▲柱状　F 条形

图 4-6　问卷星自带统计功能（默认表格形式）界面

当然，也可以把所有有效问卷的数据下载下来，在 Excel 中或 SPSS 统计软件中进行相应的统计。

七、数据的呈现与解读

为更好地说明数据的分布规律，表现数据特点，需要呈现数据以方便使用者和公众阅读。数据表格和图形是其主要的表达方式。

（一）数据的呈现

1. 统计表

统计表能有条理地反映研究对象的数据特征、分布特点。经过合理科学地组织资料，统计表可以避免烦琐的文字叙述，具备信息容量大的特点。在编制统计表时，需注意以下几点：首先，表格要素要完整，包括表号、表题、表线和表注等。其次，表题一般用陈述句表达，要求简洁明了，表号和表题置于表的上面。表格中行列编排要合理，里面的内容要清晰规范，一般两端开放、中间各列之间不画线。再次，如果一份论文或者报告中统计表比较多，需要对表进行编号。最后，如果需要对表格中的数据做注释说明的话，可以在表格的下面以注的方式呈现。

微视频：问卷调查结果的呈现

2. 统计图

统计图能比较直观地反映研究对象的数据特征和分布特点。常用的统计图有条形图、柱状图、饼图、环形图、线图和雷达图。研究者可以根据需要选择相应的图形来呈现数据。要特别强调的是，多选题数据一般不能用饼图、环形图来呈现。在设计统计图时，也需要注意几点：首先，图的要素要完整，包括图号、图题、图注等。其次，图号和图题置于图的下面，图的纵、横轴应注明标目及对应单位，尺度应等距或具有规律性。再次，比较、说明不同事物时，可用不同颜色或线条表示，并附图例说明，但不宜过多。最后，如果需要对图中的数据做注释说明，可以在图的下面以注的方式呈现。

（二）数据的解读

解读数据不是简单地重复描述统计表格或图形的数据，而是围绕自己的调查目的对图表中的数据进行深入分析，从数量的变化中发现问题并揭示问题的本质属性，形成科学合理的研究结论。下面以案例的方式来介绍如何解读数据。

案例4-4

"小学班级开展项目化学习频次"调查数据解读

表4-2 每学期小学班级开展项目化学习的频次

一学期 0 次	一学期 1 次	一学期 2 次	一学期 3 次	一学期 4 次及以上
31%	49%	13%	5%	2%

有一位研究者这样解读表4-2，你觉得合理吗？——

调查发现，在小学中，31%的班级每学期开展项目化学习0次，49%的班级每学期开展项目化学习1次，13%的班级每学期开展项目化学习2次，5%的班级每学期开展项目化学习3次，还有2%的班级每学期开展项目化学习4次及以上。也就是说，小学中绝大多数班级的项目化学习次数是一学期1到2次，还有近1/3的班级从没有开展过项目化学习，只有少数班级每学期开展3次以上。

很明显，以上的数据解读是不合适的。因为这位研究者基本上只是对表格数据进行了一次重复描述，没有进行深入分析。我们可以这样修改：

2019年，中共中央、国务院发布了《关于深化教育教学改革全面提高义务教育质量的意见》，明确指出"开展研究型、项目化、合作式学习"。开展项目化学习已成为小学教育改革的重要推手。从表4-2可以发现，31%的班级每个学期没有开展过1次项目化学习，超过半数（62%）的班级一个学期会开展1～2次，开展4次及以上的班级很少。据进一步的调查发现，大部分班级的项目化学习局限于对一些传统节日（如端午节、中秋节）或固化的主题（如环保题材等）的探究，与学科单元主题融合的项目化学习非常少。由此可见，小学项目化学习还没有得到学校和教师的足够重视，开展次数比较少。如小学生

F2 说:"我们去年上半年做了端午节的项目化学习,今年老师又布置我们做端午节主题的项目化学习,我觉得没什么新意了。"极为有限的项目化学习次数和固化的项目主题很难以让孩子们真正深入、持续地探究和实践,不利于培养孩子们分析问题和解决问题的能力。

这样的解读,一方面对已有数据进行了适当整合,并根据调查目的选择其中最为重要的数据进行报告;另一方面基于已有数据进行了更深入的了解,掌握了小学班级项目化学习的内容和形式,为后面揭示小学班级项目化学习存在的问题奠定了良好的基础。

案例4-5

"科学教师从教情况"调查数据解读(节选)[①]

首先从职称和专、兼任来看,小学科学教师中超三成获得一级及以上职称,但是七成以上教师为兼任。我国中小学教师职称一般分为未定级、三级、二级、一级、高级和正高级共六个级别,其中达到高级及以上的小学科学教师占比为11.1%,主流群体为一级教师,占比超三成。整体看来,小学科学教师的专、兼任情况失衡,仅有不足三成为专任教师,即"只担任科学课教学任务,或者每周担任8节及以上科学课教学任务"。国际上小学教师通常是全科型培养,多为可以满足小学文化类课程和艺术类课程的两大类"通才教师",且近年来由于STEM教育的蓬勃发展,越来越多的国家重视在小学阶段配备专门的科学教师以加强科学教学改革,如美国专门针对中小学科学教师构建了从职前、入职到职后一体化的教师专业标准,以强化科学教师的专业化发展(段戴平、林长春,2011)。

在该案例中,研究者进行科学教师职称结构分析时,以我国当前中小学教师职称的级别构成作为分析背景,以利于读者理解科学教师职称结构的状态;进行科学教师专、兼任结构分析时,引用了其他学者关于国外小学科学师资队伍建设趋势的观点,以佐证我国小学科学专任教师配置优化的必要性和紧迫性。

概括起来,对数据进行解读可以从以下方面考虑:

第一,指出这些数据说明的问题或情况。

第二,说明这个问题或这种情况会造成什么影响。

第三,进一步推测导致这个问题或这种情况可能的原因,并引用其他资料进行佐证。

第四,与其他学者的研究成果或现行政策规定等进行比较,判断是否一致并进行解释论证。

第五,结合访谈或观察等材料进行分析等。

---

① 郑永和,杨宣洋,王晶莹,等. 我国小学科学教师队伍现状、影响与建议:基于31个省份的大规模调研[J]. 华东师范大学学报(教育科学版),2023,41(4):1-21.

八、问卷调查报告的写作

问卷调查法按照研究方式与手段归类，属于定量研究。定量研究强调研究的程序化、操作化及数理分析，希望借此获得精细、准确的研究结论。由于定量研究需使用一些特定的研究技术，如研究工具设计、样本选择、信度与效度检验、统计软件运用等，所以定量研究成果的表达也就相应地会表现出一些特色。问卷调查报告一般包括前言、研究设计、研究结果与分析、研究结论和附录五个部分。前言主要介绍研究背景、研究目的及意义和研究内容等，附录主要提供参考文献和研究工具等。下面主要介绍如何撰写研究设计、研究结果与分析、研究结论三个部分，它们是定量研究成果的特色部分和主体部分。

（一）研究设计

研究设计的主要内容包括调查内容与工具设计、研究对象和研究过程，以及数据的整理与分析。

1. 调查内容与工具设计

该部分介绍调查的主要内容，同时描述测量工具的编制、分类方式的确定和数据组成的框架。

> **案例4-6**
>
> #### 《全国中小学生欺凌现状调查与分析——基于对全国 11 万余名学生和 6 000 余名教师的问卷调查》的调查设计①
>
> 为全面了解我国中小学学生欺凌现状，项目组在多次修订和论证基础上形成了本次调查的问卷。项目组广泛收集并研究国内外相关文献，参考前期座谈会收集的相关信息，借鉴国内外较成熟的学生欺凌调查问卷的基本思路和结构，以 Olweus 儿童欺凌问卷为基础，同时考虑研究的目的、关注的问题、样本选择以及施测条件，对 Olweus 儿童欺凌问卷进行本土化的、符合本研究目的的修订，拟定了《全国中小学生欺凌和暴力现状调查问卷》初稿，并组织国内此领域的专家和中小学教育工作者对问卷进行论证。为保证信度和效度，项目组选取了北京市的 6 所中小学校进行预调查，基于预调查结果对问卷进行再次修改，最终形成了框架清晰合理、符合调查设计要求的调查问卷。
>
> 本次调查工具分为学生问卷和教师问卷。学生问卷除调查学生的基本信息、学生应对欺凌的态度与方式、被欺凌者遭受欺凌的具体情况等内容外，重点调查了中小学校欺凌的实际发生情况。教师问卷除调查教师基本信息外，主要旨在了解教师对教育部相关文件的了解程度、在防治欺凌和暴力事件中遇到的困难和得到的支持情况。

左侧边栏：《全国中小学生欺凌现状调查与分析——基于对全国 11 万余名学生和 6 000 余名教师的问卷调查》

---

① 赵福江，刘京翠，周镭. 全国中小学生欺凌现状调查与分析：基于对全国 11 万余名学生和 6 000 余名教师的问卷调查［J］. 教育科学研究，2022（5）：32-39. 原标题中"6 千"表述不规范，这里均改成规范表述。

此案例的研究设计部分不仅介绍了调查问卷编制的过程和理论来源，而且介绍了调查问卷的基本维度，如学生问卷中除个人基本信息外，还包含学生应对欺凌的态度与方式、中小学校欺凌的实际发生情况、被欺凌者遭受欺凌的具体情况三个维度；教师问卷包含教师在防治欺凌和暴力事件中遇到的困难和得到的支持等维度。

2. 研究对象和研究过程

该部分说明研究的群体、被试、事件、时间、地点或其他事项以及选择这些研究样本或事项的方法。同样以《全国中小学生欺凌现状调查与分析——基于对全国 11 万余名学生和 6 000 余名教师的问卷调查》为例，该调查报告对于研究对象与研究过程是这样叙述的：

项目组严格设计调查方案，根据我国南北方、东中西部的地域分布以及经济发展水平，从我国 34 个省、自治区、直辖市中抽取了北京、天津、上海、山东、福建、广东、吉林、安徽、江西、河南、湖北、山西、重庆、云南、陕西等 15 个省、直辖市于 2016 年 6 月至 9 月进行现状调查。调查要求各省、直辖市至少要从 3 个地级市中抽取学校；所抽取的学校要保证城市、乡镇和农村学校的比例均衡；小学需从五、六年级，初中需从七、八年级，高中需从高一、高二年级中各抽取 2 个班级（采取五四制的地区可从小学抽取五年级，初中抽取六、七、八年级）；所抽班级的所有学生及该班班主任和 2 位科任教师须参与调查。各省、直辖市需根据经济、教育发展状况并考虑城乡差异等因素，选取不同的县（市、区）不同的学校作为样本。在本次调查中，共有 114 290 名学生和 6 646 名教师参与。剔除无效问卷后，最终的有效学生问卷数是 110 347 份，有效教师问卷数是 6 634 份。

3. 数据的整理与分析

该部分说明运用了哪种统计分析方法，尽量详细地描述它们，以供经验丰富的数据分析者对其进行再分析。如果研究者使用的是比较简单的频次和百分比的统计，该部分也可以略写或不写。

（二）研究结果与分析

对于问卷调查报告来说，研究结果与分析是全文的重点。研究者要对调查数据进行必要的统计分析，将研究结果作为客观事实呈现给读者。一般来说，调查数据经过初步整理与分析后应该以统计图、统计表或文字的方式加以呈现。问卷数据的统计分析详见本节第六部分。

另外，需要特别指出的是，本部分的层次结构可以根据问卷中的调查维度来设计。同样以《全国中小学生欺凌现状调查与分析——基于对全国 11 万余名学生和 6 000 余名教师的问卷调查》为例，该报告的"研究结果与分析"部分细分成五个小部分：学生欺凌整体发生情况、欺凌者角色与常发欺凌地点、欺凌事件的不同主体面对欺凌的态度、不同类别学生的欺凌事件发生率比较、教师在处理学生欺凌事件中遇到的困难和得到的支持情况。与其研究设计部分的调查维度相对比可发现，研究结果与分析部分的结构正是按照调查维度来展开的。在每个部分的具体论述中，不仅用统计图或表或文字的方式呈现了统计数据，而且对数据进行了一定的解读，详见前面二维码中的报告具体内容。

（三）研究结论（讨论、建议）

该部分的撰写有多种形式，有的是研究结论与建议；有的是讨论与建议；也有的没有结论或讨论，直接提建议或展开反思；还有的是分成"结论与分析"和"思考与建议"两个部分。选择哪一种形式，应该根据研究的需要。比如，在《全国中小学生欺凌现状调查与分析——基于对全国 11 万余名学生和 6 000 余名教师的问卷调查》中，研究者表述为"基于数据调查中发现的结果，现提出如下建议"，后面列出了四条建议并一一进行论证。很显然，研究者没有撰写研究结论或展开讨论，而是直接撰写对策建议。

为了让大家对研究结论的写作有更多了解，下面再引用一篇既有结论又有建议的论文，供学习参考。

案例4-7

《新毕业师范生的职业发展及生存境况研究》的研究结论[①]

三、结论与建议

（一）结论

第一，新毕业师范生总体学历呈逐步提升趋势，但初始学历中专科学历仍占一定比例，这将不适应高中阶段课程改革及教师素质提升的需要。

第二，经济发达地区高学历就业状况及专业发展、生存境况好于欠发达地区，研究生学历者在中等及欠发达地区就业任教已显优势，有利于城乡教育优质均衡发展。

第三，新毕业师范生任教语文、数学、外语等主干学科数量高于其他学科，高学历在音乐、体育、美术、信息技术、心理健康等非主干学科任教比例逐年提高，这有助于促进高中生学业水平及综合素质的提升。

第四，新毕业师范生在职业成长中表现出鲜明的职业适应性，且职业适应具有阶段性特点和关键期特征，为新教师入职培训和专业化养成提供了客观依据。

第五，在新毕业师范生生存境况方面，工资收入和住房条件是影响其就业和工作稳定性不可忽视的因素。月工资在 3 000 元及以上的就业状况好于低于这一档次的。居住产权及居住面积也影响新毕业师范生就业及职业发展的稳定性。

（二）建议

1. 制定相关政策，鼓励高学历人才到农村县高中任教（略）

2. 搭建研训平台，促进新毕业师范生入职生涯阶段的专业成长（略）

---

① 郭黎岩，王冰，谢鹃，等. 新毕业师范生的职业发展及生存境况研究［J］. 现代教育管理，2017（5）：88-92.

3. 实施同一区域同一科目任课教师轮岗交流（略）

4. 改善生存境况，引导新毕业师范生在农村安心立教（略）

5. 强化职前技能训练，提高职业适应能力（略）

该案例中研究结论部分分为"结论"和"建议"两个部分，其中结论部分是对前面第二个部分调查结果的概括总结，是基于前面调查结果形成的概述性定论。

实践与体验

任务一

假设你所在的学习小组准备运用问卷调查法对小学生同伴关系状况进行调查研究，那么，设计一份科学合理的"小学生同伴关系状况的调查问卷"就成为调查成功的重要基础。请动脑、动手，设计这份调查问卷。

操作提示

上述任务中已明确给出了调查问卷标题——"小学生同伴关系状况的调查问卷"，该标题点明了拟调查的主要内容，且用了一个精练的短语加以表达。接下来，在该标题的统领之下，依次完成以下工作：

1. 确定调查对象

"小学生"是个很宽泛的范围，当真正调查时我们只能选取其中很小的一个范围进行问卷调查。在总范围中进一步确定具体调查对象的工作，有时可以在调查问卷已经拟订之后进行，但有时却必须在设计调查问卷内容之前就完成。比如本项调查，因为不同年级、不同地区的小学生，同伴关系上可能有不同偏向，对调查问卷语言的理解能力也有差别，提前确定好具体调查对象的年级与所在地区，对顺利获取有效数据很有帮助。

2. 设计指导语

（1）注意指导语的意义。

（2）注意指导语的8个要素，尽量一个都不缺。

3. 设计问卷正文

（1）先确定从哪些维度来设计。比如，可以从"小学生同伴交往现状""影响小学生同伴交往的因素"两个维度来设计。

（2）对调查维度进行细化。比如，可以从知心同伴数量、同伴作用以及与同伴相处方式等方面对"小学生同伴交往现状"进行细化。

（3）将细化后的维度设计成具体的问题。比如，"与同伴相处方式"可设计成如下问题：是否与同学发生矛盾，矛盾的表现形式、发生矛盾后的处理方式，是否愿意帮助同学，采取哪些方式帮助同学，等等。

（4）考虑到可能会影响"同伴关系"的人口学因素，比如，性别、年龄、是否为留守儿童、父母学历层次等，可设置几个简洁的题目来了解这些基本情况。

（5）为上面所有题目设置合理的题型，如果是结构型、半结构型题，则可

同时设置合适的答案选项。如:

遇到不懂的问题,你会主动请教同学吗?(　　)

①经常会　　②有时会　　③很少会　　④不会

4. 设计问卷的整体编排

请注意问题编排的逻辑性原则。

他山之石

有位学生以"四年级小学生同伴关系现状的调查问卷"为调查问卷标题,设计了以下调查问卷。你可以将该调查问卷与自己设计的调查问卷进行对比分析,也可以把自己设计的调查问卷放在一边,先对该同学的调查问卷进行分析与评价,判断其是否存在需要改进的地方,考虑如何完善。

四年级小学生同伴关系现状的调查问卷①

亲爱的同学们:

你们好! 为了解大家的同伴交往情况,为提高同伴交往水平提出参考建议,我们特意进行此项问卷调查。期待大家能根据自己的真实想法认真作答。

答题之前,请先阅读以下注意事项:

(1)答案无对错之分,我们将为你的答案保守秘密。

(2)独立完成,不要参看同学的答案,也不要给同学看自己的答案。

(3)"同伴"指经常在一起玩耍、学习、交谈的同学或朋友。

(4)打＊号的是多选题。

谢谢你们的配合!

调查人:×××

一、学生基本情况

1. 你的性别是(　　)

①男　　②女

2. 你已经满几岁了?(　　)

①六岁　　②七岁　　③八岁　　④九岁　　⑤十岁

⑥十一岁或以上

3. 你的父母,是否至少有一方长期在外地工作?(　　)

①是　　②否

4. 你父母的文化水平? 父亲:(　　),母亲:(　　)

①小学或小学以下　　②初中　　③高中

④大学或大学以上

二、同伴交往现状

5. 能在一起玩,还能互相讲讲心里话的朋友就是"知心好朋友"。你的知

---

① 康亚兰. 四年级小学生同伴关系现状研究:以永兴县先锋小学四年级小学生为例 [D]. 长沙:湖南第一师范学院,2014.

心好朋友有（　　　）。

①0个　　②1～2个　　③3～4个　　④5～6个　　⑤7个或以上

6. 下课后你一般干什么？（　　　）

①一个人学习　　　　　　②和同学一起学习　　　　　③和同学一起玩

④一个人玩　　　　⑤其他

7. 遇到不懂的问题，你会主动向同学请教吗？（　　　）

①经常会　②有时会　　③很少会　　④不会

8. 当你有烦恼时，一般你会告诉谁？（　　　）

①好朋友　②家长　　③老师　　④埋在心里　⑤其他

9. 你和同学经常争吵或打架吗？（　　　）

①总是会　②很多时候会　　　　③偶尔　　④从不

10. 当和同学争吵或打架时，你会（　　　）。

①主动道歉　　　　　　②和他冷战　　　　　③告诉老师

④暗示自己要冷静，然后心平气和地向他解释　　　⑤其他

11. 同学忘了带笔，你有多余的笔，你乐意借给他吗？（　　　）

①乐意　　　　　　　　②看他与我的关系

③不乐意，就说没有多余的　　　　④其他

12. 如果不小心弄掉了同学的书，你（　　　）马上帮他捡起来，并说"对不起"。

①总是会　②很多时候会　　　　③偶尔会　　④不会

13. 上课时你（　　　）认真听同学的发言。

①总是会　②很多时候会　　　　③偶尔会　　④不会

三、影响同伴交往的因素

*14. 你所交往的朋友，大多（　　　）。（可多选）

①害羞胆小，不爱说话　②乐于助人　③调皮捣蛋，爱打打闹闹

④说话幽默搞笑　　⑤爱发脾气　⑥其他

*15. 你所交往的朋友，大多长相（　　　）。（可多选）

①很平凡，一般　　　　②很有特色，给人印象深刻

③漂亮，惹人喜爱　　④其他

16. 你的好朋友的学习成绩，大多是（　　　）。

①优良　　②中等　　③较差

17. 你的父母之间的关系，是（　　　）。

①相亲相爱②经常吵架　③偶尔吵架　④离异　　⑤其他

18. 父母对于你与同学的相处持什么态度？（　　　）

①支持我与班上任意一个同学共同学习和玩耍

②不关注我与同学的交往情况

③反对我与学习成绩比较差的同学相处

④ 其他

*19. 当你们班发生吵架或打架的事件时，老师一般如何处理？（　　　　）（可多选）

① 问明原因，讲道理　　　　　② 问明原因再惩罚
③ 情况严重的打电话请家长　　④ 不闻不问
⑤ 其他

20. 对老师处理你们班吵架或打架事件的方式，你（　　　）。

① 非常认同　　　　　　　　　② 比较认同
③ 不怎么认同　　　　　　　　④ 不认同

21. 父母与邻居、朋友或同事的相处，对你与同学的相处（　　　）。

① 没有影响　　　　　　　　　② 基本没有影响
③ 有一点影响　　　　　　　　④ 影响比较大
⑤ 影响非常大

*22. 你觉得老师更喜欢哪种类型的学生？（　　　　）（可多选）

① 成绩优秀　　　　　　　　　② 乖巧听话，对人有礼貌
③ 活泼好动，机灵可爱　　　　④ 没有这种情况，一视同仁
⑤ 其他

请同学们仔细核对内容是否填写完整。再次感谢你们的高度配合！

任务二

在设计好调查问卷之后，你一定想体验发放调查问卷、回收调查问卷及整理调查问卷的全过程吧。下面就以"任务一"中已经设计好的"四年级小学生同伴关系现状的调查问卷"为调查工具，一起出发，全程感受调查研究过程。

操作提示

（1）联系相关小学的班主任、任课教师，或者教导主任、校长，请他们帮忙介绍。

（2）按照程序，发放调查问卷。

（3）按照程序，回收调查问卷。

（4）回收后，根据统计要求，统计数据。

（5）统计后分析数据，得出调查结论。

他山之石

1. 问卷调查过程

在联系相关教师后，进入班级，先向学生说明调查目的，提出填写注意事项，分发问卷，督促学生认真完成问卷，收集调查问卷，致谢。

2. 调查结果（节选）

通过对数据进行统计分析，得出结论。

（1）调查对象基本情况

（整个四年级）总共 16 个班。从每个班随机抽取 33 人，实发 272 份问卷，回收 252 份，回收率约为 92.7%；有效问卷 243 份，有效率约为 96.4%。男生 114 人，女生 129 人；年龄为 9 岁、10 岁、11 岁的人数各 34、163、46，各自比例分别约为 14.0%、67.1%、18.9%，年龄集中在 10 岁，约占 67.1%，超过一半。留守儿童 54 人（其中男生 28 人，女生 26 人），约占总人数的 22.2%；非留守儿童 189 人（其中男生 86 人，女生 103 人），约占总人数的 77.8%。非留守儿童占大部分，远远超过调查总人数的一半。在被调查学生中留守儿童与非留守儿童的父母文化水平及比例如表 4-3 和表 4-4 所示：

表 4-3 留守儿童的父母文化水平及比例（约数）

留守儿童的父母文化水平	父亲人数（比例）	母亲人数（比例）
小学及小学以下	11（20.4%）	12（22.2%）
初中	22（40.7%）	23（42.6%）
高中	16（29.6%）	10（18.5%）
大学及大学以上	5（9.3%）	9（16.7%）

在留守儿童中，父母文化水平为初中学历的比例均最高，在留守儿童父亲和母亲中占比分别约为 40.7% 和 42.6%；比例最低的是"大学及大学以上"学历，所占比例分别约为 9.3% 和 16.7%。

表 4-4 非留守儿童的父母文化水平及比例（约数）

非留守儿童的父母文化水平	父亲人数（比例）	母亲人数（比例）
小学及小学以下	19（10.1%）	29（15.3%）
初中	55（29.1%）	67（35.5%）
高中	70（37.0%）	58（30.7%）
大学及大学以上	45（23.8%）	35（18.5%）

在非留守儿童中，父亲是高中学历的比例最高，约占 37.0%。母亲是初中学历的比例最高，约占 35.5%。父母文化水平最低的均是小学及小学以下，各自占比约为 10.1% 和 15.3%。

（2）四年级小学生存在同伴关系不良现象

调查"知心好朋友个数及比例"，结果如表 4-5 所示：

表 4-5 知心好朋友个数及比例（约数）

知心好友数量	总计	所占比例
0 个	4	1.6%
1～2 个	65	26.7%
3～4 个	56	23.1%
5～6 个	34	14.0%
7 个及以上	84	34.6%

约 34.6% 的学生有"7 个及以上"知心好朋友，这些学生相对来说是同伴关系好的学生；拥有"3～4 个"知心好朋友与拥有"5～6 个"知心好朋友的学生，共约占 37.1%，这些学生同伴关系一般；约 26.7% 的学生有"1～2 个"知心好朋友，约 1.6% 的学生没有一个知心好朋友，即有约 28.3% 的学生知心朋友不足 3 个。相对于同伴关系好和同伴关系一般的学生，本研究将知心朋友不足 3 个的学生定义为同伴关系不良的学生。

对于"同伴关系好、一般及不良的学生课后一般干什么，是否与同学玩或学习"，调查结果如表 4-6 所示：

表 4-6　课后一般干什么，是否与同学玩或学习的比例（约数）

课后一般干什么？	同伴关系好的小学生的选择及所占比例	同伴关系一般的小学生的选择及所占比例	同伴关系不良的小学生的选择及所占比例
和同学一起玩	40（47.6%）	30（33.3%）	19（27.5%）
一个人玩	4（4.8%）	25（27.8%）	35（50.7%）
一个人学习	8（9.5%）	15（16.7%）	5（7.2%）
和同学一起学习	32（38.1%）	20（22.2%）	10（14.5%）
其他	0（0）	0（0）	0（0）

同伴关系好的 84 名小学生中"和同学一起玩"和"和同学一起学习"的比例最高，约占这类学生的 85.7%；"一个人玩"和"一个人学习"的比例最低，约占这类学生的 14.3%。同伴关系一般的 90 名小学生中"和同学一起玩或学习"的比例和"一个人玩""一个人学习"的比例分别约为 55.5%、44.5%。同伴关系不良的 69 名小学生中"一个人玩"的占这类学生的比例最高，约占 50.7%；而"一个人学习"的比例仅占约 7.2%。总的来说，同伴关系不良的小学生课后"一个人玩"和"一个人学习"的占这类学生的比例约占 57.9%，超过一半。同伴关系好的小学生课后倾向于和同学进行交往，同伴关系不良的学生倾向于独处——一个人玩或学习。

第二节　访谈法

我们经常能从电视中看到访谈节目，"访谈"成为大家熟悉的一个概念。不过，作为一种教育研究方法，访谈法中的访谈跟我们从电视中所看到的访谈不完全一样：电视中的访谈节目以直接访谈、个别访谈为主，而且大量使用各种剪辑技术加以艺术

化，从而保证收视率；教育研究中的访谈则重在追求真实性与深入性，访谈方式也比节目性质的访谈更为多样化。

一、什么是访谈法

访谈法是研究者通过"寻访""访问"被访谈者（访谈对象）并且与其进行"交谈"和"询问"来收集相关资料的一种研究方法。[①] 在访谈过程中，访谈者通过面对面、电话或网络交流的方式，按访谈提纲与被访谈者逐一问答并做好记录；在访谈结束后，通过整理分析访谈记录，得出调查结论。

与问卷调查法相比，访谈法有如下优缺点：

（一）优点

（1）访谈法可以灵活、深入地获取所需信息。在访谈过程中，访谈者可根据被访谈者的具体情况，有选择地灵活使用事先准备好的访谈提纲，还可根据从访谈中获得的语言信息和非语言信息（如表情、情绪、行为等）进行深入探讨，从而获得丰富、生动的材料。

（2）通过访谈法收集到的信息直接、可靠。在面对面访谈过程中，访谈者可以观察被访谈者，同时还可以实时分析被访谈者提供的信息，确定被访谈者回答内容的真实性，从而获得直接、可靠的信息。

（3）访谈法的信息回收率高。访谈，尤其是面对面的交谈，无论被访谈者文化程度如何，也无论被访谈者接受访谈的意愿如何，只要展开，一般都能获取一定的相关信息。

（二）缺点

（1）与问卷调查法比较，访谈法一次可访谈的人数十分有限，所以效率较低。

（2）由于访谈法更多地深入到价值观、心理活动和心理特征层面等，很难有标准化的答案，所以标准化程度较低。

（3）访谈实际上是访谈者和被访谈者之间相互影响、相互作用的过程。如果访谈者没有很好地掌握访谈的主动权，不能积极地影响被访谈者，那么，访谈过程易出现偏差，从而导致某些本应该获取的信息没有收集到。

（4）尽管被访谈者在正式访谈开始前已被告知访谈中的信息是保密的，但仍然比较容易有思想顾虑。

因为以上优缺点，访谈法通常和问卷调查法、观察法等结合使用，以便相互取长补短。

---

① 党登峰，王嘉毅. 浅析教育研究中的访谈法［J］. 教育评论，2002（2）：31-33.

二、教育访谈法的类型

（一）直接访谈和间接访谈

按访谈者和被访谈者的接触方式是面对面还是借助媒介，访谈法可以分为直接访谈和间接访谈。

直接访谈，是指访谈者和被访谈者面对面地交谈。直接访谈的突出特点是访谈双方直接相互影响、相互作用。在访谈过程中，访谈者不但能广泛、深入地了解被访谈者的思想、情感、态度和其他各种情况，而且还能在访谈过程中亲自获取被访谈者的非语言信息，并进行适时的追问，从而加深对谈话内容的理解，判断访谈结果的真实性和可靠性。

间接访谈，是指访谈者通过一定的中介物，如电话、QQ、微信等通信工具，和被访谈者进行非面对面的交谈。间接访谈不需与被访谈者见面，访谈中牵扯的问题较少，方法较简单，但成功率和应用率也比直接访谈法要低。电话访谈是比较常用的间接访谈方式，其优点是收集数据资料的速度快，节省研究费用，对访谈者的要求不高，保密性较强。QQ、微信等软件也已经成为当前进行间接访谈的常用工具。

（二）个别访谈和集体访谈

按照访谈过程中的被访谈者人数，访谈法可以分为个别访谈和集体访谈。

个别访谈是指访谈者对访谈对象进行逐一、单独的访谈。这是访谈法最基本和最常用的类型。个别访谈形式使得访谈双方之间易于沟通，访谈双方也便于根据具体情况灵活处理在访谈过程中可能遇到的问题。个别访谈形式常用于个案研究及对一些敏感问题的调查。个别访谈既可以是访谈者与访谈对象面对面的直接访谈，也可以是通过电话或网络进行的间接访谈。

集体访谈也称为焦点团体访谈，是指一名或者多名访谈者同时对一组访谈对象进行访谈。面对面的集体访谈，座位安排以圆形或椭圆形为佳，访谈对象的背景以相近为好。

集体访谈实际上是个别访谈的一种扩展形式，同个别访谈一样，都属于双向传导的互动式调查。它既可以按统一提纲回答问题，也可以自由访谈；既可以是访谈者与访谈对象面对面直接访谈，也可以以电话会议、网络会议的形式间接进行。在教育研究中最常用的还是面对面口头的集体访谈。

除上述两种分类之外，访谈还可按正式与否分为正式访谈和非正式访谈；按访谈的次数分为一次性访谈和多次访谈；等等。总之，各种访谈法都有优缺点，我们在使用的过程中，要根据实际情况来选择适合的方法。

三、教育访谈的准备与实施

（一）准备访谈

1. 确定访谈目的

访谈法中的访谈，尽管和日常的交谈一样，是人与人之间的交流，但却和日常交流有本质的区别，因为它是有目的、有计划地进行的一系列研究工作中的一部分。漫无目的的交流不是访谈。进行访谈首先要确定访谈目的。只有确定了访谈目的，才可能选定访谈对象，设计恰当的访谈提纲。

比如，某毕业生在做毕业论文《小学生同伴关系现状研究》的时候，想通过访谈法展开部分研究。那么，她首先要确定访谈目的。经过讨论之后，她把访谈目的确定为"了解教师对小学生同伴关系的认识及对改善小学生同伴关系的措施及建议"。

2. 选定并了解访谈对象，与其商定相关访谈事项

在确定访谈目的后，访谈者就需要根据访谈目的选择恰当的访谈对象。比如，从该毕业生确定的访谈目的中，我们可以知道涉及的访谈对象是教师。确定应该对哪些教师进行访谈，就是对访谈对象的选择。

在一般情况下访谈对象的数量比较少，所选择的对象应具有代表性。访谈对象通常采用目的性抽样的方式选取，即根据研究目的和研究内容，选择研究者认为能够方便地提供最大信息量的样本。比如，案例4-8就是按照目的性抽样方法确定调查对象的：

案例4-8

是什么阻碍了小学教师对在线教学的持续使用？（节选）[①]

本研究在选取访谈样本时采用目的性抽样方法，即根据研究问题和目的抽取可为本研究提供最大信息量的研究样本。研究者共选取了来自湖北省、辽宁省、重庆市、江苏省、浙江省等地的34位小学教师作为访谈对象。这34位教师的共同特征为：在2020年"停课不停教"期间开展过在线教学活动，在全面复课后的教学中又彻底放弃了在线教学手段。这些教师所处地域涵盖了城市、城镇和乡村地区，他们任教学科包括语文、数学、英语、科学、道德与法治等。

在选定访谈对象后，为了在和访谈对象接触时创造更融洽的环境，也为了访谈能更深入地展开，访谈者需要对访谈对象的背景进行了解，比如访谈对象的身份、职业、兴趣爱好、性格特点等。

此外，在访谈前，访谈者需要和访谈对象联系，进行自我介绍并说明访谈目的。在访谈对象原则上同意接受访谈后，访谈者需要就访谈中的相关事项同访谈对象进行协商，确保有效完成访谈。比如，在访谈时间与地点安排上，访谈者要尽可能考虑访谈对象的需要与习惯。一般来说，访谈时间不要太长，1小时左右比较合适。如果一

---

① 万力勇，代晓慧，杨琼娇，等. 是什么阻碍了小学教师对在线教学的持续使用：基于34位小学教师访谈文本的质性分析［J］. 教师教育研究，2023，35（1）：109-115.

次无法完成，可以考虑多访谈几次。访谈的地点，不宜选在吵闹、嘈杂的地方，最好选择比较安静的地方。

在访谈的记录工具方面，如果采用录音、录像等方式，事先要征得访谈对象的同意。如果打算带随同人员，同样要事先征得访谈对象的同意。

3. 拟订访谈标题和确定访谈问题

与调查问卷的标题一样，访谈标题同样要求准确、简洁、规范。

比如，研究者（访谈者）在确定要访谈四年级的主科教师，了解学生同伴关系方面的信息后，就可以按照准确、简洁、规范的原则，将访谈标题拟订为"教师对小学生同伴关系认知的访谈提纲"。假设标题为"针对四年级主科任教教师有关小学生同伴关系的访谈"，就有失简洁。

在拟好访谈标题后，研究者（访谈者）还要设定访谈问题或者说访谈提纲。访谈问题是访谈设计中的核心内容，其首要原则是所有问题必须与访谈目的一致，否则研究者（访谈者）将无法调查到需要的信息。

访谈问题分为开放式问题和封闭式问题。开放式问题类似问卷调查中的非结构型问题，是一种非限定性回答的问题。访谈者提出问题，访谈对象则根据自己的实际情况给予回答。

案例4-9

教师对小学生同伴关系认知的访谈提纲 ①

1. 您认为小学生的同伴关系可以分为哪几种类型？
2. 同伴关系不良主要有哪些具体表现？
3. 小学生同伴关系不良会给小学生本人、班集体带来什么负面影响？
4. 您觉得造成小学生同伴关系不良的原因有哪些？
5. 改善小学生同伴关系，您有什么措施？还可提出哪些建议？

封闭式问题的备选答案，是访谈者事先设定的一些标准化的答题选项。这些选项和调查问卷中的问题选项一样，要相互排斥，不能相互包含或者交叉；要穷尽访谈目的涉及的各种现象；要意义明确，不能似是而非；等等。

访谈问题的设计也和调查问卷问题的设计一样，不能引导访谈对象作答，要避免设置访谈对象难以回答的问题；问题的表述要清楚、明白，尽量不使用专门术语；等等。

问题的编排顺序，也和调查问卷一样，要有一定的逻辑性。

在设计好访谈问题之后，访谈者要进行试谈，以检验所设计的问题及其编排顺序的合理性、可行性。如果存在问题，则需要修正后再试谈，直到没有问题后才能将访谈问题确定下来，进入正式的访谈。

---

① 康亚兰. 四年级小学生同伴关系现状研究：以永兴县先锋小学四年级小学生为例［D］. 长沙：湖南第一师范学院，2014.

4. 准备访谈材料，培训相关人员

在以上工作都做好以后，访谈者就要准备访谈所需的各种材料。这里说的材料，主要包括访谈问题的正式稿，做记录的纸、笔以及录音、录像等设备，还有身份证等相关证件材料，等等。

如果在访谈过程中需要其他人帮忙，那么，在正式访谈前，研究者（访谈者）还需要对相关人员进行培训。

（二）实施访谈

在准备工作全部做好后，访谈者就可以在约定的时间、地点，根据与访谈对象确定的主题、记录方式等实施访谈。为了保证访谈有效进行，访谈者在访谈过程中需要注意以下细节：

1. 访谈时的合作关系

在整个访谈过程中，访谈者要充分尊重访谈对象，以建立一种良好的合作关系，表现在以下方面：

（1）注意服饰。在访谈中，访谈者服饰要大方、得体。如果衣服太过暴露或很不整洁，访谈对象的注意力就很容易集中到访谈者的形体方面，这会影响访谈效果。

（2）在即将到达访谈地点之前，再一次联系访谈对象，以便给访谈对象足够的心理准备时间。

（3）见面后先进行简要的自我介绍。如果之前和访谈对象的联系是通过电话或者网络进行的，那么，见面的时候，访谈者要自我介绍，如有必要还需出示相关证件等。如果访谈的内容无法一次完成，那么，在结束的时候，除了表示感谢之外，访谈者还需要跟访谈对象约定下一次访谈的相关事宜。

2. 访谈时的语言信息和非语言信息

（1）在访谈中使用的语言，应该是访谈对象的母语，这样做一是便于交流，二是让人感觉亲切。比如，一个英语专业的中国学生做毕业论文，在访谈中国某所学校的某个母语为汉语的英语教师，使用汉语就比使用英语更合适。

（2）访谈语气要委婉从容，不要咄咄逼人，更不要不顾访谈对象的不快而一味追问。对需要掌握细节的问题，要给对方留有思考与回旋的余地。"对不起，您可以说得更详细一些吗？""啊！我对此很感兴趣，请继续。"等等，这些是访谈者为使谈话更深入而经常使用的话语。

（3）要注意捕捉访谈对象的非语言行为，因为非语言行为往往透露出访谈对象真实的信息。这里，非语言行为指体态语，即通过肢体动作表达出来的信息。比如，在访谈时，访谈对象不断地看表，这说明他希望尽快结束本次访谈。又比如，当访谈某个学生时，访谈者谈到他的班主任，他表现出了不屑的神情，这说明，这个学生对他的班主任有看法。此时，访谈者有必要追问，以获取更多的有效信息。

3. 提问的方式

（1）从能够让访谈对象放松的问题开始。一般来说，访谈对象在回答问题时，需

要做好心理准备，在根据事先拟好的访谈问题一步步进行访谈之前，访谈者可以先聊聊天气、家常等生活化的问题，以营造融洽的谈话气氛，更好地展开访谈。

（2）要恰当地处理敏感问题。一般来说，在访谈中，要尽量回避访谈对象的隐私。但是，如果在研究中有必要了解，那么，访谈者可以迂回、谨慎、委婉地问。在回答和不回答之间，访谈者应给访谈对象足够的选择空间，要让他知道，不回答也是可以的。

（3）多用开放式问题，少用封闭式问题。访谈是为了获取更多有价值的信息。如果提问总是用"您认为现在的学生好吗？"这一类封闭式问题，那么，调查到的信息要么是"是"，要么是"否"，访谈者无法了解访谈对象对目前学生的具体评价。因此，访谈者应该换一种提问的方式，比如："您怎样看待现在的学生？""您认为跟前些年的学生比，现在的学生有什么不一样？"

（4）把自己的前见悬置起来，留待追问。比如，访谈者在访谈某位家长对"双减"政策实施的看法时，问"现在推行的'双减'政策能很好地减轻学生负担，您对此怎么看？"就不太合适。因为这个问题中包含了访谈者自己的"前见"，不便于访谈对象回答。建议改为："您认为现在推行的'双减'政策对减轻学生负担有用吗？"如果访谈对象说"有"，那么访谈者可以追问："有什么样的作用？"如果访谈对象说没有，可请他说明理由。

4. 回应的方式

（1）以耐心倾听的方式回应。耐心倾听，是用体态语回应的一种方式。从这种方式中，访谈对象可以感受到访谈者的善意和诚恳。在访谈中，访谈者不要轻视访谈对象的回答或随意打断他的回答。比如，"是的，我知道这个，但……"或"我明白，我们有过同样的问题，你不会相信……"之类的话，这些话说明访谈者已没有耐心听下去，会影响访谈对象的情绪。

（2）组织具体语言回应。访谈者应尽量采用重复、重组、总结、自我暴露、鼓励对方作答等方式给予回应，避免论说和评价等方式。具体来说，重复、重组和总结是指访谈者在耐心听了访谈对象的观点后，重复他的观点，或者以精练的语言重组、总结他的观点。自我暴露指访谈者在倾听了对方的观点之后，发现自己在这方面的不足，然后用语言给予回应，比如，"对此，我还真的是第一次听说"等。鼓励对方作答，指访谈者在耐心倾听了访谈对象的观点后，以鼓励他继续谈下去的方式作出回应，比如，访谈对象说"现在学生之间的同伴关系很复杂"，面对这一观点，访谈者可以鼓励说："是啊，您能否更详细地谈谈这种复杂的关系？"如果访谈者的回应是"我可不认为现在学生之间的同伴关系很复杂"，那么，这就是评价型的回应方式了。这种评价型回应，用得不当，会将访谈者推到访谈对象的对立面，不利于访谈的顺利进行。

5. 控制访谈过程

访谈是访谈者和访谈对象的交流过程，如果访谈者没能有效控制整个访谈过程，那么，访谈对象所谈的问题，就不一定是访谈者所要研究的问题。要做到掌控访谈过程，访谈者需要注意以下几个方面：

（1）访谈时，提问要明确具体、通俗易懂。访谈者应尽量用口头语言简明扼要地提出问题，使访谈对象一听就明白问题的实质，避免访谈对象因理解不当而偏离访谈主题。

（2）适时插问，适当运用表情和动作等控制话题方向。访谈对象在回答问题时，很可能在谈话过程中就慢慢偏离了访谈主题。比如，在关于学生同伴关系的访谈中，访谈对象开始确实在谈论学生同伴关系的复杂性问题，可是，慢慢地就转到学生学习问题上来了。这时候，访谈者需要适时插话，用"您能谈谈学生学习问题是怎样影响学生同伴关系的吗？"这类问题，将话题重新引回到同伴关系上来。适当的表情与动作也可起到打断谈话或引起注意的效果，从而帮助访谈对象重新将话题转回到访谈主题上来。

6. 访谈记录方法

无论采用哪种访谈方法，都需要做好访谈记录。访谈记录大体上分访谈者本人当场记录、第三者当场记录、事后追记、音像记录四种方法，每种记录各有其优缺点，如表4-7所示。究竟选用哪种，研究者需要根据具体情况加以选用。

表4-7 四种访谈记录方法的优缺点

方法	优点	缺点
访谈者本人当场记录	1. 极少遗漏信息 2. 可当场向访谈对象核对	1. 容易使正常的谈话停顿 2. 访谈对象容易受抑制 3. 记录的详略程度可能影响访谈的走向
第三者当场记录	1. 极少遗漏信息 2. 可当场向访谈对象核对 3. 访谈者可集中注意力提问和关注访谈对象的非语言反应	1. 两个调查人员在场，使访谈对象受抑制程度提高 2. 不利于为访谈对象保密
事后追记	1. 谈话自然 2. 访谈对象无受抑制感	1. 容易遗漏信息 2. 可能会与实际情况有所偏差
音像记录	1. 可以对所记录的材料反复核对 2. 他人也可以利用记录材料 3. 录像可提供访谈对象的体态语	1. 若发生故障，则丢失所有记录 2. 录音、录像尤其是录像使访谈对象受抑制（秘密录音或录像违背伦理原则，且可能引起法律问题）

四、访谈资料的整理与分析

在访谈结束后，访谈者需要对所获取的访谈资料进行整理和分析。访谈资料的整理与分析，指的是对所收集的原始资料进行加工，使其逐步趋于条理化和系统化的过程，可以分为整理与分析两个环节。其中，整理是指将资料打散和重组，分析是指寻找不同资料间的联系并以聚焦的方式将其连接在一起。虽然整理、分析环节常常交叉进行，但一般而言，整理原始资料、反复阅读原始资料、登录是整理环节的几个常见

微视频：访谈资料的整理与结果呈现

步骤，将资料予以条理化；分析环节需要做的则是将资料系统化。

整理与分析的过程，既可以由研究者一步一步手工操作完成，也可以借助计算机软件协助完成。随着信息技术的发展，目前出现了一些能够分析包括图片、文字、视频、音频等各类质性资料的分析软件，如 ATLAS.ti、Nvivo、MAXQDA 等。在访谈对象较多、访谈资料量大的情况下，运用这种软件可以大大地减少研究者的工作量。特别需要指出的是，质性资料分析软件并不能完全替代人工进行分析。恰恰相反，它的分析必须依赖研究者的研究思路和研究理论指导。为了便于大家理解访谈资料的整理与分析方法，下面介绍人工分析方法。

（一）整理原始资料 [①]

整理原始资料时（或之前），先注明资料编号、访谈对象、访谈时间、访谈地点、研究者信息（采访者、录音整理者）等。如：

资料编号：×××

访谈对象：×××

访谈时间：××××年××月××日

访谈地点：×××

采访者：×××

录音整理者：×××

原始资料通常量很大，所以每次访谈结束后，研究者（访谈者）应立即进行原始资料的整理。另外，访谈对象的非语言行为（如大笑、沉默、尴尬、哭等）及访谈者的当场感受，最好也能立即记入原始资料中，这些有可能会成为重要的研究细节或分析提示。[②]

案例4-10

城市小学生家庭作业的校长访谈记录（节选） [③]

针对城市小学生家庭作业情况，我们设计了4个访谈问题，访谈了6位城市小学校长。访谈资料初步整理如下：

问题一：在学生家庭作业方面，您学校目前的规定是怎样的？

校长A：学校制度有规定，尽可能少，但是落实比较难，学校有行动，但是家长不放心。一、二年级每天都有1小时体育课；三至六年级如果没有体育课，都会开展阳光体育锻炼。

---

① 该步骤及后面三个步骤的描述，主要参考了下面两本著作：（1）陈向明. 教师如何作质的研究［M］. 北京：教育科学出版社，2001：160-174.（2）巴里特，比克曼，布利克，等. 教育的现象学研究手册［M］. 刘洁. 译. 北京：教育科学出版社，2010：53-74.

② 有的访谈采用了书面的方式，要求访谈对象用书面形式回答采访者所要了解的内容。这样，访谈对象所提交的书面回答就相当于整理后的原始资料。

③ 采访者为湖南第一师范学院尹铁军、蒋飞、阳恬、罗睿韬4位同学，访谈资料整理与分析者为指导老师曾晓洁。

校长 B：一、二、三年级没有书面作业，只有口头作业，四、五、六年级作业量在 1 小时以内。

校长 C：学校正在进行学生减负，通过教研室点评，指导老师丰富作业、计时作业，通过计时作业控制作业的量；学校查看每天的信息平台（不定时抽查年级）；通过家长反馈进行调查；低年级的主要作业是口头作业、实践作业，强调进行阅读和体育锻炼。

校长 D：从 2011 年开始给孩子们减负，假期作业改革，节假日不给孩子们布置书面作业，只布置实践作业。对家长进行电话采访，建议家长带孩子出去旅游，不要背着沉重的书包，提倡培养学生的动手能力，多了解中华传统文化、传统节日的由来，快乐学习，先思想教育，再做健康的人，最后是学习知识。

校长 E：严格按照教育局要求，一、二年级无书面作业，三、四年级 40 分钟以内，五、六年级 1 小时以内。

校长 F：按上级要求，不多于 1 小时的作业量。

问题二：学校的家庭作业规定是否真的给孩子们减负了？

校长 A：减负的目的是增效，倡导高效课堂、作业分层，但是孩子们不太重视实践性，这也与家庭情况有关。有一部分孩子参加了培训班，不多，大概 20%。

校长 B：基本上有减负，不能百分之百。家长送去补习班，自己在家给孩子布置作业，学校可以给学生减负，但是家长做不到。

校长 C：不一定减负了，因为家长送孩子去培训班，自己买教辅资料，大都受现在环境影响。改革应该从上往下改，而不是从下往上改。

校长 D：学校里 1—4 年级没有文化补习班，以器乐、话剧等特长为主，免费培训，凭自愿。我校的校训是"做向上、向善、求真、求美的阳光少年"，我们现在致力于以下几项工作：第一，提高教师技能；第二，做家长工作，成绩不是唯一认可孩子的关键；第三，与家长沟通，发现孩子的特长。

校长 E：其实减负只是学校的做法，还要家长、社会共同努力。学生家长对孩子要求也高，不仅仅是有作文、奥数培训班，报特长培训班的很多。

校长 F：家庭作业不是负担，学生需要巩固知识。我们学校参加培训班的学生不太多，这个跟学生的家庭经济情况以及家长意识有关。

（二）反复阅读

"通读每一个描述，并从中找出该事件中对于受访对象来说的关键时刻。这些时刻'像飞溅的火花'从描述中迸发而出。不必担心你会找得太多。用'新奇的眼光'认真阅读每一个描述，一次又一次地，让事件自己说话。"[①] 这一段话阐释了什么是反复阅读及反复阅读的关注重点。反复阅读原始资料这一环节的主要工作，是在熟悉原

---

① 巴里特，比克曼，布利克，等. 教育的现象学研究手册［M］. 刘洁. 译. 北京：教育科学出版社，2010：61.

始资料的过程中，从语言、内容、主题等层面寻找资料中的重要词句、文本结构、主要事件、核心思想等。

案例4-11

反复阅读"城市小学生家庭作业的校长访谈记录"问题一形成的摘录

问题一：在学生家庭作业方面，您学校目前的规定是怎样的？

1-A-1. 学校制度有规定，尽可能少。

1-A-2. 落实比较难。

1-A-3. 家长不放心。

1-A-4. 一、二年级每天都有1小时体育课；三至六年级如果没有体育课，都会开展阳光体育锻炼。

1-B-1. 一、二、三年级只有口头作业。

1-B-2. 四、五、六年级作业量在1小时以内。

1-C-1. 正在进行学生减负。

1-C-2. 通过计时作业控制作业的量。

1-C-3. 不定时抽查信息平台，通过家长反馈进行调查。

1-C-4. 低年级主要是口头作业、实践作业。

1-C-5. 强调进行阅读和体育锻炼。

1-D-1. 从2011年开始给孩子们减负，假期作业改革，节假日不给孩子们布置书面作业，只布置实践作业。

1-D-2. 对家长进行电话采访，建议家长带孩子出去旅游，不要背着沉重的书包。

1-D-3. 提倡培养学生的动手能力。

1-D-4. 多了解中华传统文化、传统节日的由来。

1-D-5. 提倡快乐学习。

1-D-6. 先接受思想教育，再做健康的人，最后是学习知识。

1-E-1. 严格按照教育局的要求，一、二年级无书面作业，三、四年级40分钟以内，五、六年级1小时以内。

1-F-1. 按上级要求，不多于1小时的作业量。

在人工分析的过程中，为了分析方便，一般按研究问题分类整理访谈内容，反复阅读每一个访谈对象对该问题的看法与观点并进行提炼。

（三）登录

在反复阅读、揣摩的过程中，我们已经将那些有意义（通常与出现频率有关）的词、短语、句子或段落标示出来了。那么，在接下来的这个登录环节中，我们至少要做两件事：

（1）编码。给阅读过程中已经标出的重要词、短语、句子或段落进行编码，分别标出相应的编号，并将编号写在相应片段的最前面。上面的案例事实上已经做了这一步工作，如"1-A-1""1-B-1"等。

（2）归类。将相同编号的片段粘贴在一起，并对它们进行比较，找出共同的主题（参见案例4-12）。

案例4-12

"城市小学对家庭作业的规定"登录后的片段

一、"规定"的共同（普遍）主题

（1）正在减负。

（2）按上级规定。

（3）控制作业量。

（4）作业形式多样，重视口头作业、实践作业和体育锻炼。

（5）家长的态度和学校的管理。

二、将重要词句归入相关主题

人工登录形成的主题表，如表4-8所示。

表4-8 人工登录的主题表

共同主题	主题表述	变体（备注）
正在减负	1-C-1.正在进行学生减负 1-D-1.从2011年开始给孩子们减负	虽然只有两所学校领导谈到正在减负，但从后面的访谈中看出所有学校都在减负
按上级规定	1-E-1.严格按照教育局的要求 1-F-1.按上级要求	有两所学校领导强调按上级要求，其他学校的减负是根据什么来的呢？这个问题值得思考
控制作业量	1-A-1.学校制度有规定，尽可能少 1-B-2.四、五、六年级作业量在1小时以内 1-C-2.通过计时作业控制作业的量 1-E-1.一、二年级无书面作业，三、四年级40分钟以内，五、六年级1小时以内 1-F-1.不多于1小时的作业量	虽然每一所学校都对作业时间量进行了规定，但是它们之间存在差异，这种差异是什么原因导致的？
作业形式多样，重视口头作业、实践作业和体育锻炼	1-A-4.一、二年级每天都有1小时的体育课；三至六年级如果没有体育课，都会开展阳光体育锻炼 1-B-1.一、二、三年级只有口头作业 1-C-4.低年级主要是口头作业、实践作业 1-C-4.强调进行阅读和体育锻炼 1-D-1.节假日不给孩子们布置书面作业，只布置实践作业 1-D-3.提倡培养学生的动手能力 1-D-4.多了解中华传统文化、传统节日的由来 1-D-6.先接受思想教育，再做健康的人，最后是学习知识	每个学校的作业形式也有差异，这种差异是合理的吗？这种差异是什么原因导致的？

续表

共同主题	主题表述	变体（备注）
家长的态度和学校的管理	1-A-2. 落实比较难 1-A-3. 家长不放心 1-C-3. 不定时抽查信息平台，通过家长反馈进行调查 1-D-5. 提倡快乐学习	家长的态度是学校减负的保障和支持体系

表 4-8 是人工登录形成的主题表，当访谈人数较少时，这不失为一种方便直观的方式。但当访谈对象较多，访谈资料容量较大时，这种方式就变得麻烦起来，这时可以借助质性分析软件（如 Nvivo）进行整理分析。

无论采用人工登录方式还是采用计算机软件编码登录方式，在登录过程中都要注意两点：

（1）着意寻找本土概念。由于访谈原始资料的量通常都较大，对每个词句都进行登录几乎不太可能，此时，就需要寻找"本土概念"。"本土概念"是访谈对象使用频率高、使用时带着强烈感情色彩以及能引起研究者注意的词句。由于使用了访谈对象的语言，本土概念能够原汁原味地反映访谈对象看世界的方式，能够为回答所研究的问题提供最重要的答案。

（2）关注共同形式的同时，还要关心其变体和悖论形式，因为它们对于分析共同形式的意义具有辅助作用。如"控制作业量"是城市小学给小学生减负的一个共同行为，但原始资料中又有"严格按照教育局要求，一、二年级无书面作业，三、四年级40分钟以内，五、六年级1小时以内""按上级要求，不多于1小时的作业量"以及"四、五、六年级作业量在1小时以内"三种变体形式，其中存在一些相悖的观点，如四年级的作业时间按上级要求到底是1小时还是40分钟以内？这些变体和悖论形式表明，各所学校在理解与执行上是有差异的。

因此，这些变体和悖论形式，以及研究者的思考与困惑，在登录资料时往往需要以备注或备忘录的方式予以注明。

（四）资料系统化

在登录阶段将同一个编号的资料片段集合在一起之后，接下来就可以进入资料的系统化阶段了。这一阶段的主要工作是寻找资料片段之间的联系，并对其进行进一步的浓缩与聚焦，从而得出精炼的访谈结论。

在资料系统化的过程中，有两件事情需特别关注：

（1）有意把某种相关变体引入描述中，从而找到一幅更为清晰的相关画面。以"城市小学生家庭作业"为例，可以介绍不同文化背景（农村、县镇或欧洲、北美等）中的家庭作业情况，或者不同时代背景（如新中国成立后的某个时期）中的家庭作业情况。这些新变体的引入，可能会使一些主题得到加强，也可能会帮助研究者发现导致城市小学生家庭作业现状的变体原因。

（2）用来自学生作业、教师博客、学校主页、教育小说、历史故事、家庭教育故事、教学视频等载体中的新材料填补描述。选取新材料的重点在于观察它是否能够提供一个相关画面。

下面的案例4-13，通过浓缩与聚焦"城市小学对家庭作业的规定"的访谈资料，给出了一小段报告。通过报告可以发现，充分利用访谈者的话语、观点来进行阐释，是访谈研究报告的重要表述特色。

案例4-13

关于"城市小学对家庭作业的规定"的报告（片段）

我们所采访的6位城市小学校长，每一位都对本校家庭作业的相关规定做了简要描述。从他们的描述中，我们可以得出有关城市小学家庭作业规定的5个共同主题：（1）正在减负；（2）按上级规定；（3）控制作业时量；（4）重视口头作业、实践作业和体育锻炼；（5）家长的态度和学校的管理。下面分别进行分析。

"正在进行学生减负""从2011年开始给孩子们减负"，在校长的眼里，减负似乎还在路上。减到多少为好？"尽可能少"这个答案合不合适？评价减负是否成功的标准又是什么？校长们可能还没有思考这一个问题。

校长们减负的第一动力可能来自"教育局要求"。教育局是怎样要求的呢？"严格按照教育局要求，一、二年级无书面作业，三、四年级40分钟以内，五、六年级1小时以内""按上级要求，不多于1小时的作业量""四、五、六年级作业量在1小时以内"，这些都有量化的数据，都源自对教育局要求的理解，中间却有一些差异。查阅该市教育局相关文件，第1种表述与之完全吻合，第2种有些笼统，第3种提高了四年级的要求。是不是各个学校都按自己所理解的要求在办？这要以面向小学生进行的调查数据为参照来回答，但这些变体和部分悖论形式的表述，说明各个学校对"上级要求"在理解与执行上存在差异。

......

《如何整理分析访谈叙事材料——我的叙事分析经验》

五、访谈调查报告的撰写

访谈调查报告，指通过访谈法获得研究材料后写作形成的研究报告。访谈调研报告要以访谈资料或记录作为主要依据，但绝不等于对访谈资料的简单呈现。

（一）访谈调查报告的基本结构

访谈调查报告的基本结构主要包括问题提出、研究设计、研究结果与分析、研究结论和附录等（不一定完全对应，视研究实际情况定）。其中问题提出部分主要介绍研究背景、调查目的及意义和概念界定等，如果概念比较复杂或者研究依托的理论让人感觉比较陌生，往往还需要单独安排一个概念框架或研究理论基础部分进行深入阐述。研究设计部分一般包括研究工具（访谈提纲）的设计、调查对象（样本）的抽取和数据处理（数据收集与分析）等，即要交代清楚用什么来进行访谈，如何以及为何选择这些访谈对象，以及访谈的过程和资料分析方式等；有时还要对访谈提纲的维度作出清晰的介绍。

案例4-14

《小学生计算思维培养的过程和策略研究 ——基于对武汉市从事机器人教育的26位教师的深度访谈》[①] 的问题提出与研究设计

一、问题的提出

21世纪可以是计算的世纪，大数据、云计算、语音和面部识别、物联网、人工智能等已经悄悄地进入我们的工作、生活、学习和娱乐中，并逐渐改变我们的工作方式、生活方式、学习方式和娱乐方式。计算也影响着各个学科、行业的创新，成为推动创新工作方式与思考方式整合的工具之一。正因如此，计算思维被视为21世纪学生所必须具备的基本素养和基础能力，在中小学课程学习和实践中开展培养学生计算思维的时代已经到来。机器人教育，作为整合了计算机科学、机械和工程等学科内容的一类综合课程，尤为关注学生在设计、组装、编程和运行机器人的过程中所发展的任务分析能力、问题解决能力、设计能力、抽象能力和计算思维等。机器人教育成为许多中小学帮助学生发展计算思维的重要方式之一。我国政府及相关教育部门高度重视机器人教育，例如，国务院于2017年颁布的《新一代人工智能发展规划》明确指出，中小学阶段设置人工智能相关课程，逐步推广编程教育；教育部发布的《普通高中通用技术课程标准（2017年版2020年修订）》中，增加了"机器人设计与制作"模块。

机器人教育在培养学生计算思维方面具有无法比拟的优势和价值。尽管目前在理论上就如何通过机器人教育培养学生的计算思维取得了一定的理论成果（如实践活动模式等），但在实践中，机器人教育主要以校本选修课或社团活动的形式开展，以竞赛为主，并未走进常规课堂，实践推进相对缓慢。同时，能够胜任机器人教育的师资比较匮乏。因而，在实际教学过程中，不同的教师使用了哪些可能有效的策略帮助学生发展计算思维，其教学展开过程是怎样的等关键问题的研究非常必要，但当前鲜有实证研究对其进行深入研究。本研究通过对武汉市从事机器人教育的26位一线小学教师的深度访谈，尝试对通过机器人教育发展学生计算思维的教学过程和策略进行深入研究，以揭示计算思维培养实践的现状以及可能存在的问题，进而为培养小学生计算思维的理论研究和实践发展提供一些有益的借鉴。

二、概念框架

（一）计算思维的概念（略）

（二）计算思维培养的教学实践与机器人教育（部分）

[①] 杨玉芹，龙彦文，孙钰峰. 小学生计算思维培养的过程和策略研究：基于对武汉市从事机器人教育的26位教师的深度访谈［J］. 电化教育研究，2019，40（12）：115–121. 有修改。

借助教育机器人发展学生计算思维的理论研究和实践引起了研究者和一线教师的极大关注，但无论是机器人教育的理论研究还是实践都处于起步阶段。本研究基于对武汉市从事机器人教育的 26 位教师的深度访谈，探讨机器人教育中计算思维培养的过程与具体教学策略，以深入了解机器人教育的现状和可能存在的问题，从而为机器人教育在常规课堂的有效和高效实施奠定基础。本研究主要解决以下两个问题：(1) 机器人教育的教学过程具体是如何展开的；(2) 在实施机器人教育的不同阶段，教师采用哪些策略，使学生投入学习过程，以发展计算思维。

三、研究方法

（一）研究对象

本研究的参与者是 26 位进行机器人教育的一线小学教师（校本选修课和社团活动课）；这些教师由武汉市教育局推荐（在武汉市机器人教育方面做得比较好的教师），并征得这些教师参与同意。对于参与教师的逐个深入访谈，通过实地走访学校，历时 5 个月完成。参与访谈的 26 位教师，绝大多数是男教师（占 70.8%）；大部分教师拥有本科学历，部分教师拥有研究生学历和专科学历；他们所学专业种类繁多，涉及计算机教育、教育技术学、自动化、管理（如工商管理、行政管理、建筑管理、信息管理等）、对外贸易、电子商务、机械工程、药剂学、科学教育等；教师教学时间 1～20 年不等，1～6 年教龄的教师占绝大部分。

（二）数据收集

1. 访谈法

本研究采用半结构化访谈，利用下文中的访谈提纲，对参与教师逐一进行了深度访谈，每次访谈持续 1～1.5 小时，使用录音笔进行录音，访谈地点为被访谈教师的工作单位。访谈主要关注机器人教育中培养学生计算思维的具体教学过程和策略、关键步骤、教学事件及处理方法等。对于访谈录音，我们进行了逐字全文转录。

访谈提纲：

Q1. 请您描述下，您这个学期的课程教学目标和教学内容是什么？

Q2. 请描述下，您平时上课一般进行哪几个步骤或者阶段？每个步骤或阶段分别用了哪些教学方法与策略？可不可以举例说明一下？

Q3. 当学生在拼装或编程环节遇到困难无法继续操作时，您会怎么做？可不可以举例说明一下？

Q4. 在您的课堂中学生的合作情况如何？您一般怎样做来帮助学生开展合作？

Q5. 在您看来，机器人教育能够从哪些方面帮助学生提升创造性解决问题的意识和能力？

Q6. 在课程中您怎样对学生进行评价？评价的形式和标准有哪些？可不可以举例说明一下？

2. 观察法（略）

（三）数据分析

本研究首先对被访谈的 26 位教师进行统一编码，从 T1 至 T26，然后采用共识质性研究方法，对访谈数据进行分析，以确保数据分析过程与结果的客观性。共识质性研究方法，即对数据进行分析时，采取团队共识而非个人意见的做法。在数据分析过程中，除了本项目团队的三位研究人员共同分析所有访谈转录数据外，还另外邀请学习科学领域的一位专家共同参与数据的编码与分析。在对访谈数据进行具体编码的过程中，采用持续比较研究方法。具体操作如下：首先，对访谈内容进行梳理，提取出与教学过程和策略相关的内容；其次，对抽取出的内容作进一步整理与分析，整合出几个核心主题；再次，将归属于同一个核心主题的信息进行概括，梳理成几个主要的核心观点；最后，将所有归属于同一个核心主题、来自不同被试的核心观点聚合到一起进行整理与分析，整合成不同的类别，进而揭示最后的研究结果。

该案例的"问题的提出"部分在分析时代背景和现有研究不足（如"当前鲜有实证研究对机器人教育进行深入研究"）的基础上，提出研究的目的（如"揭示计算思维培养实践的现状以及可能存在的问题，进而为培养小学生计算思维的理论研究和实践发展提供一些有益的借鉴"）。由于计算思维、计算思维培养的实践、机器人教育等是一些相对比较陌生的概念和理论，因此该案例以一个独立的部分单独论述了"概念框架"，论述了已有的典型研究成果与观点。"概念框架"的论述，一方面帮助读者认知和理解研究的基本概念，另一方面也为论文建立了良好的理论基础。在概念和相关理论介绍的基础上，该案例最后提出研究的两个问题。

案例中"研究方法"部分包括了研究对象（选了哪些人访谈和为什么选这些人）、数据收集和数据分析。其中数据收集部分涉及访谈法和观察法，重点介绍了访谈法，不仅阐明了访谈的基本操作过程和主要访谈维度，还列出了具体的访谈问题；而数据分析部分则主要介绍访谈资料的编码与分析过程。

（二）访谈研究结果的论证特色

访谈研究结果的论证特色，指以访谈对象的观点与态度作为主要论据。本章中的"访谈资料的整理与分析"部分已对此做了详细阐述。下面，再摘引《小学生计算思维培养的过程和策略研究——基于对武汉市从事机器人教育的 26 位教师的深度访谈》正文部分的两段，以说明访谈研究结果的论证特色。

首先，需要特别指出的是，研究结果部分不仅需要有层级结构，而且需要研究者根据对访谈资料的整体分析，构建出一个富有内在逻辑的层级结构。如案例中介绍了"基于 26 位被访谈教师对教学过程的描述，我们发现在机器人教育中，培养学生计算思维的教学过程涉及四个阶段（激发动机、模式构建、创意实践、交流反思）、八个环节，且在不同环节，教师使用的策略也不尽相同"。很显然，"四个阶段、八个环节"的教学过程构成了研究结果部分的基本逻辑结构，后面的论述都是紧紧围绕这一结构展开的。

案例4-15

《小学生计算思维培养的过程和策略研究——基于对武汉市从事机器人教育的26位教师的深度访谈》的研究结果（节选）

（一）激发动机阶段

1. 环节一：创设情境

计算思维的培养强调学生在特定问题情境下的分析思维，因而，教师如何创设适切的问题情境，进而激发学生的学习动机尤为重要。在该环节，教师使用的策略主要有两个：一是提供丰富、个性化的教学材料；二是创设真实的问题情境。在提供丰富、个性化教学材料过程中，教师会结合学生的性格特征和爱好（T14、T18、T3），通过生动形象的语言（T19）、图片（T23）以及播放与教学主题相关的视频（T17、T24）来激发学生的学习动机。在创设真实的问题情境过程中，教师创设贴近生活的问题情境（T15、T23、T1、T9），激发学生去思考解决方案。也有一部分教师激发学生思考生活中的实例，思考如何利用机器人模型来解决生活中的实际问题。例如T15在访谈中说："电梯的那个门防夹的功能也是通过红外线传感器去实现的，有的小朋友还可以举出像扫地机器人，它不会去撞墙或者撞人（碰到障碍物），其实也是通过红外线传感器。我只布置任务，在实际生活中遇到什么问题，你知道要拿这个红外线来解决这个问题就行了。"

2. 环节二：讲授新知

在讲授新知环节，教师使用的策略主要包括启发性提问（T1）、实验探究（T18）以及实物演示（T15）。例如T15在访谈中说："……因为他对这个对称不太熟悉，那么我就对他说，如果（用）这一张纸的话，就可以把这个纸对折一下，然后这个螺丝从这里穿过来，透过另外一个点，再把它展开。"通过实物演示和动手操作，学生对知识点的理解可以更加具象化。在访谈过程中，近1/3的教师并未提到讲授新知这个环节。一些被访谈的教师认为"知识点本身很难"（T17）、"理论讲解十分枯燥"（T15）、"难以选择与知识点相关的合适的教学场景"（T13）等。

案例中的内容主要包括论点、论证和论据三个部分。以环节一为例，在该环节，教师使用的策略主要有两个：一是提供丰富而个性化的教学材料；二是创设真实的问题情境。论据主要有直接引用的访谈对象T15的话语，以及对其他多位访谈对象的观点和态度的总结（如教师会结合学生的性格特征和爱好，通过生动形象的语言、图片等）。由此可见，访谈报告的研究结果部分需要大量引用访谈对象的话语或总结访谈对象的观点与态度。

实践与体验

任务

如果你认为学校在小学生同伴关系建设中有重要的引领作用，那么，针对此问题对校长进行访谈就很有必要。请你以"有关小学生同伴关系对校长的访谈"为题，设计一份访谈提纲并模拟访谈。

操作提示

（1）查阅资料，了解校长在小学生同伴关系建设中可能会起到的作用。

（2）确定访谈对象，初步联系，并通过多种途径了解该校校长在小学生同伴关系建设方面的态度。

（3）考虑访谈内容的几个方面，如学校在小学生同伴关系建设方面采取的措施、取得的成就、存在的不足、以后的建设方向等。

（4）考虑记录方式，并做好相关人员、材料的准备。

（5）实施访谈（注意本节教材正文中已提示的各种细节问题），并做好访谈记录。

（6）整理访谈记录，根据整个课题的研究内容，对通过访谈所获得的信息进行筛选与归类。

他山之石

访谈前的资料查找、访谈对象的确定等准备工作及模拟访谈过程从略，此处仅提供一份供参考的"校长对小学生同伴关系认知的访谈提纲"：

（1）作为校长，您是如何看待小学生同伴关系的？

（2）您认为咱们学校的小学生同伴关系怎样？

（3）学校在促进良好同伴关系建设方面，有过哪些举措？作用怎样？

（4）小学生同伴之间发生矛盾冲突，教师一般是怎么处理的？效果如何？

（5）您认为哪些方式可以提升教师尤其是班主任对小学生同伴关系的处理能力？

（6）在促进小学生良好同伴关系建设方面，您认为还有可以加强的地方吗？学校打算如何进一步加强小学生同伴关系建设呢？

第三节 观察法

观察是教师开展教育教学活动的常用方法，但在多数情况下，教师所运用的仅仅是经验式观察法，而非研究方法角度的观察法。作为一种最基本、最常用的研究方法，观察法能帮助研究者获得重要的一手资料，并以事实材料支持研究者形成理论观点。

微视频：教育观察法的定义、类型与适用性

一、什么是观察法

观察是人类认识世界的一个最基本的方法，也是从事科学研究的一个重要的手段。作为一种研究方法，观察法指根据一定的研究目的，有计划地运用感官或借助仪器设备等，对处于自然状态下的研究对象进行系统的感知、描述、判断，从而获得研究所需的资料。

连续的科学观察对于教育理论的提出具有重要意义，大量事例证明了这一点。比如，达尔文在对其儿子的行为发展进行了较系统的观察记录后，整理写成了儿童心理研究的重要著作《一个婴儿的传略》；陈鹤琴撰写《儿童心理之研究》的基本材料来自对大儿子陈一鸣出生后 800 多天的连续观察；苏霍姆林斯基的著作，如《把整个心灵献给孩子》《帕夫雷什中学》《学生的精神世界》等中的大部分资料也都靠长期观察得来。

跟其他研究方法一样，观察法也有它的优点与局限性。优点主要表现为：操作相对简单，不太需要特殊的设施，所获取的资料鲜活真实，能收集到言语之外的一些材料。局限性主要表现为：不太适合大面积调查，所获取的资料比较琐碎、难以整理。

二、观察法的类型

（一）按观察环境划分：自然观察与实验观察

自然观察法重在环境的自然，强调对处于自然环境中的观察对象进行观察。"处于自然环境中"，意指对环境不加以人为的控制与调整。

实验观察法，也叫设计观察法，即事先要设计一种接近自然的场景，目的是能对研究中的某个或某几个变量进行控制。要注意的是，"控制"指改变场景，而非改变观察对象的自然状态。如"表扬或斥责与小学生课堂互动积极性的相关研究"，观察者控制的不是儿童的反应，而只是"表扬"与"斥责"这两个变量，是通过控制变量来观察"课堂互动积极性"这一结果变量的变化情况。

自然观察法对环境中的相关变量不加控制，所以只能观测到观察对象的一些外部表现。实验观察法则可以通过对环境中相关变量进行控制，发现这些变量与观察对象的行为表现之间的关系。

（二）按观察方式划分：直接观察与间接观察

直接观察法指观察者通过感官参与，如听课、参观、参加活动等，直接对观察对象进行感知与描述、判断的方法。

间接观察法指观察者借助照相机、录音笔、录像机、单向观察屏等仪器设备或技术手段，对观察对象进行观察与记录的一种方法。

与直接观察法相比，间接观察法借助仪器设备等来突破以感官认识事物的局限性，拓展了观察的深度和广度，也克服了直接观察中现象稍纵即逝、不可重复观察的缺陷。

（三）按是否直接参与观察对象的活动划分：参与式观察和非参与式观察

参与式观察指观察者直接参与观察对象所从事的活动，通过与观察对象共同进行活动，从内部对观察对象进行观察。在参与式观察的过程中，观察者成了观察对象所接纳的成员，观察对象不会因为观察者在场而改变其典型的行为表现，从而能够获得较深层结构和关系的材料。

非参与式观察指观察者不参加观察对象的任何活动，完全以旁观者身份进行观察。由于不参加观察对象的活动，非参与式观察者做记录更方便。非参与式观察的缺点，是无法深入了解观察对象行为的深层内因。

如果可能，研究者应尽量采用参与式观察而不是非参与式观察。例如，对于某校师生关系的观察，如果观察者以新教师身份作参与式观察，而不是以上级行政部门代表的身份进行非参与式观察，那么往往能获得更为真实的信息。

（四）按观察时间划分：阶段观察法与追踪观察法

阶段观察法指观察者只选择某一段时间进行观察。如课题"任务驱动法对小学英语课堂学生参与度提升的观察研究"，观察者可选择教师开始采用任务驱动法教学这一时间段进行集中观察。

追踪观察法指对观察对象进行连续的、多次的、反复的长期观察。如果打算运用观察法获得较系统、全面的研究资料，观察者通常需要进行跟踪观察。一个典型的案例是，苏霍姆林斯基为了研究道德教育，对1 000多名学生进行了长达20多年的长期追踪观察，以至于能准确地说出众多被认为"最难教育"的学生这些年的曲折成长过程。

（五）按观察实施程序划分：结构式观察与非结构式观察

实施观察法要考虑的两个关键问题是"观察什么"和"如何记录"。根据观察实施程序对这两个问题的规定性，观察法可以划分为结构式观察、非结构式观察。

1. 结构式观察

结构式观察有明确、详细的观察目标、观察范围、观察步骤、记录要求等，所获得的资料确定而翔实，方便进行定量分析、对比研究。不过结构式观察缺乏弹性，对观察人员的素质要求也较高，通常只适用于那些对观察对象非常了解的情况。

结构式观察往往需要取样，根据取样对象，又可分为事件取样观察、时间取样观察两种。其中，事件取样观察法是指观察者从观察对象多种多样的行为中选取那些有代表性的行为，然后在自然状态下，等待所要观察的行为出现并记录这一行为的全貌（包括行为发生的背景、发生的原因、行为的变化、行为的终止与结果等）。事件取样观察法着重于行为的特点、性质，不需要遵守时间。比如，小学低年级学生间经常会发生争执事件，观察者可以从事件的参与者以及发生的时间、地点、起因和发展、结果等事件各要素出发，设计观察记录表（如表4-9、表4-10），表4-9适合记录一次争执事件，表4-10适合记录多次争执事件，但如果一个表格限定在一张A4纸内的话，表 4-10 记录得可以相对更详细一些。

表 4-9 小学低年级学生争执事件观察表（一）

学校：　　　　　　　　班级：　　　　　　　　记录者：　　　　　　　　日期：

攻击者[1]	姓名：　　　　年龄：　　　　性别：
卷入者[2]	姓名：　　　　年龄：　　　　性别：
争执时间	
争执地点	
争执起因[3]	
争执行为[4]	
争执结果[5]	
争执后果[6]	
争执持续时间	

注：[1]"攻击者"指争执引发者、主要侵犯者；[2]"卷入者"指报复者（反抗者、被动接受者）；[3]"争执起因"一般是争夺物品、维护或破坏规则与声誉等；[4]"争执行为"表现为争执的语言、动作、表情；[5]"争执结果"包括被迫让步、自愿让步、和解、旁观同学或教师干预解决等；[6]"争执后果"指高兴、愤恨、无所谓等。

表 4-10 小学低年级学生争执事件观察表（二）①

学校：　　　　　　　　班级：　　　　　　　　记录者：　　　　　　　　日期：

次序	攻击者	卷入者	争执地点	争执起因	争执行为	争执结果	争执后果	争执持续时间
1								
2								
3								
…								

　　跟事件取样观察法不同，时间取样观察法专门用来观察、记录特定时间内所发生的特定行为，如在一节课内教师提问和学生举手回答问题的次数等。它以一段时间为标准，从中选取若干时段作为观察时间，在观察时间内主要记录行为发生与否、发生的频率、持续的时间等。如对小学高年级教师课堂秩序管理行为进行观察，可以按时间取样，以一节课作为整体观察时间段，观察在整节课中教师运用了哪些方式来进行秩序管理。观察表如表 4-11 所示。

────────────

① 该表的表注同表 4-9。

表 4-11 小学高年级课堂秩序管理的时间取样观察记录表

学校: 班级: 教师: 科目: 记录者: 日期:

方式		时间段（分钟）								
		0—5 [3]	6—10	11—15	16—20	21—25	26—30	31—35	36—40	合计
当场表扬	全班									
	小组									
	个人（语言）									
	个人（动作）[1]									
当场批评	全班									
	小组									
	个人（语言）									
	个人（动作）[2]									
宣布奖惩	讲道理									
	留校									
	请父母									
	罚背诵									
	罚抄写									
	其他									

注：[1] 表扬中的"个人（动作）"有摸摸脑袋、竖起大拇指等；[2] 批评中的"个人（动作）"有严厉地盯着、拿走学生手中不当出现的物品等；[3]"0—5"指上课开始至第 5 分钟，以此类推。

从表 4-9、表 4-10 可以看出，在进行事件取样观察之前，观察者需明确界定行为事件的性质、特征，给出操作性定义；表 4-11 则告诉我们，在进行时间取样观察之前，观察者首先要界定拟观察的时间整体及其划段间隔，同时也要确定好需观察的对象及其具体行动。

2. 非结构式观察

相对于结构式观察，非结构式观察要有弹性得多，它只有一个总的观察目标和方向，研究问题的范围和目标是弹性的，观察点与观察步骤都不预先确定，也无具体记录要求，是典型的非控制性的观察。非结构式观察简单、灵活、适应性强，但所获取的材料比较零碎，通常适用于观察不太了解的对象。

案例4-16

一节小学六年级美术课的非结构式观察记录 ①

（这节课由代课教师上。）

上课预备铃响，班主任还在教室里，美术代课教师站在讲台前，学生都趴在桌上休息。

---

① 记录者为湖南第一师范学院第一附属小学周余。

上课铃响，班主任出去了。在行了上课礼后，美术教师问："谁带了苹果？"同学们一下子热闹起来。

"我只要你举手，不要你说。"但教师的话似乎不起作用，学生继续吵。教师不再说话，板着脸站着，学生继续各种吵闹。这样一两分钟后，教师开始猛拍桌子，学生安静下来。

"我只是问一下谁带了苹果，你们班就像要去买苹果一样。"停顿两三秒以后，教师接着说："如果你不喜欢上美术课，可以在上课前告诉我。"教师虽然板着脸，但语气比较平和。学生中有人又开始小声说话。

教师似乎不太在意，开始讲素描的"五大调子三大面"。全班只有五分之一的学生在听课。

在讲了三四分钟后，教师突然停下来："八组三号到后面去站着！"

大部分同学望向八组三号，是个男生。他摇摇晃晃地走到教室后面，靠墙壁站着。教师接着讲素描的受光点、背光点。

教室里依旧热闹。教师拿出一张白纸，放在投影仪下，开始示范讲授什么是受光点、背光点。

教师才讲了两三句，又停住，说："六组四号！"然后走到六组四号身边以示警告，接着要求六组四号站到教室后面去。

六组四号也站到后面去了。教师走向讲台。但是，马上又听到她接连（每讲一句就停顿几秒钟）说："谁的帽子？""等下站到后面的，我要告诉你们班主任。""我看全班共有多少人站在后面？"之后，她走到扔帽子的那一拨学生面前，一个学生抗议说："不是我扔的。"教师这时已经很生气了，说："不想上课的举一下手。""你，站后面去。"（被她指着的那个男生满不在乎地一边扔红领巾一边走到后面去。）"第七组第三个女孩子！""那这节课就不上了！"

此时，有些学生停下来了，有的学生仍旧在相互寻开心。

……

三、课堂观察的准备与实施

课堂是教育观察法运用得最多的一个场所，课堂观察能非常便利地为教师进行教育研究提供宝贵的材料，是促进有效教学和教师专业发展的重要途径，也能为教学评价、教育决策提供较为客观的依据。

微视频：怎样
设计观察记录
表

（一）确定课堂观察目的与角度

课堂中发生的及可观察的事情都较多，对于观察者来说，带着清晰的目的和观察角度（观察维度和观察点）去进行课堂观察，容易得出结论。课堂观察有课堂现场观察和录像课观察两种主要形式。无论是课堂现场观察还是录像课观察，都要求观察者

提前拟好观察与分析的角度，然后根据这一角度选择或设计合适的观察记录工具。下面以"观察教师课堂语言回应行为"为例进行阐释。

1. 确定观察目的

观察者要根据课题研究的任务和研究对象的特点，确定该观察的目的，对于在观察中要了解什么情况，搜集哪方面的事实材料，都要作出明确的规定，在此基础上，确定观察内容。案例"观察教师课堂语言回应行为"中确定的观察目的是：通过观察教师对学生在课堂上的当众表达所做的现场语言回应的方式和对象，了解教师课堂语言回应行为现状。

2. 确立观察维度和观察点

即确立观察维度和观察点的过程，也是对整体观察内容进行分解、细化的过程。观察维度是观察视角或角度，是指经由观察来判断、说明、评价和确定某一事物的多个方位、多个角度或多种层次。在上述案例中，观察者需要进一步根据观察目的思考应该从哪些方面来观察教师课堂语言回应行为。如观察回应对象、观察回应方式等。观察者在思考的同时，还应该参阅一些相关文献资料，如通过查阅资料，发现有学者提出了比较完整的教师课堂语言回应方式分类。[①] 观察者通过分析发现，该研究观点符合自己研究的需要，因此可借鉴这一研究观点，确定具体的观察维度和细化观察点（表4-12）。

一般说来，选择什么观察维度和观察点，主要需思考以下几个问题：是否符合观察目的？这些观察维度和观察点是否能够全面反映所观察的主题？是否适应所观察课堂的年段、学科特征？观察者是否能够完成既定的任务？等等。

表4-12　教师课堂语言回应行为的观察维度和观察点

观察维度	观察点	
回应对象	性别	男 / 女
	人数	单个 / 多个
回应方式	肯定型	简单肯定
		肯定并重述
		肯定并解释深化
	否定型	简单否定
		否定并解释
	不做评判型	不判断，直接纠正
		不回答，转邀学生评价
		学生未回答，直接告知
	引导型	通过陈述引导学生回答
		通过追问引导

[①] 曾晓洁，王秀秀. 小学教师课堂回应行为的类型、特征与优化：基于一项量化观察 [J]. 中小学教师培训，2017（2）：45-48.

概括起来，确定观察维度的一般程序是：在明确观察目的（明晰"我想解决什么问题"）的基础上，分解该问题所涉及的核心概念，确立观察维度；进而细化观察维度，寻找符合该观察维度的具体行为，以确立观察点；形成最终的教育观察维度和观察点表。以表 4-12 教师课堂语言回应行为的观察为例，为确定其观察维度，首先要确定观察目的，在此基础上将对教师课堂语言回应的观察分为回应对象和回应方式两个维度；进而对回应对象和回应方式进一步细化，找出回应对象的具体类别和回应方式的具体类型，以确定好观察点。衡量观察点的标准是可观察、可测量和可解释。

为确保观察维度和观察点全面丰富，观察者在确定观察维度的过程中，既要有个体的思考和与集体的交流，还要与观察对象进行交流和实施预观察，更需查阅相关的文献资料，以准确确定观察维度和观察点，为研究内容的确定奠定良好的基础。

（二）课堂观察记录方法

观察者在设计观察记录表前，首先需要明确用什么方式进行观察，是采用参与式观察还是非参与式观察，观察时是否使用摄录设备，是否需要进行现场记录等，这些问题涉及观察类型及相应工具的选择。选择了相应的观察类型，就需要设计观察记录的方法。常用的记录方法有两类：一类是文字描述记录法，另一类是表格式记录法。

1. 文字描述记录法

文字描述记录法是运用文字对观察到的事件或观察对象的行为表现作客观、全面描述的记录方法。如案例 4-17。

案例4-17

教师课堂回应行为的观察记录

教师以介绍自己的住址导入课题……

师问：这片废墟就叫——？

生（齐答）：圆明园。

师：对，就叫圆明园。（教师面向集体回应，肯定并重述学生的回答。）

教师安排学生看书并提出第一个问题让学生思考。

生 1 回答：圆明园以前肯定是十分美丽的。

师：那现在呢？（教师未做评价，但很善于抓住学生回答中的话外之意，追问生 1。）

生 1 再次站起来说：现在变成了一片废墟，毫无用处了。

师再追问：那对你来说，你觉得呢？（再次追问生 1。）

生 1 再次站起来说：这对我们的祖国来说是一个很大的损失……

师：真好！（直接肯定。）

教师又提问了另一位学生。

生 2 答：圆明园是世界上很有名的公园，现在却成了一片废墟。

师：在你眼里，你觉得非常——？（教师陈述，引导学生补齐信息。）

生2：可惜。

师：真好！（直接肯定。）

文字描述记录法一般要求尊重观察对象的原生态，力求用纪实的态度和生动的文字完整地记述观察的情境和过程。其中需要把对事实的客观描述与观察者的主观解释区别开来。如案例中括号内的内容都是观察者按照观察维度和观察点对观察内容的主观解释。由于文字描述记录法需要对内容记述完整，因此一般只适用于个别的、小规模的观察，而且在记录过程中常常需要借助录音、录像设备对观察现场进行摄录，或者使用一些数字编码与符号等手法来提高记录效率。

2. 表格式记录法

案例：窦桂梅老师的《圆明园的毁灭》教学视频（0—5分钟）片段记录

在确定了观察与分析的角度之后，就需要制作一份观察记录表。一般而言，一份好的观察记录表至少要具有实施功能和记录功能。实施功能，指观察记录表可帮助观察者合理分配注意力，不至于遗漏重要内容或注意那些与研究课题无关的内容。记录功能，指观察记录表能方便观察者系统地记录下观察资料，便于进一步分析与整理。请仔细阅读表4-13，分析这份观察记录表好在哪。

表4-13 教师课堂语言回应行为观察记录表

学校： 班级： 时间： 地点： 场景： 观察对象：

观察维度	观察点		频次	典型行为
回应对象	性别	男		
		女		
	人数	单个		
		多人		
回应方式	肯定型	简单肯定		
		肯定并重述		
		肯定并解释深化		
	否定型	简单否定		
		否定并解释		
	不做评判型	不判断，直接纠正		
		不回答，转邀学生评价		
		学生未回答，直接告知		
	引导型	通过陈述引导学生回答		
		通过追问引导		

设计观察记录表一般需要经过以下几个步骤：

（1）确定观察维度和观察点。如上述研究的观察主题是"教师课堂语言回应行为"。怎样了解教师课堂语言回应行为呢？观察者选择观看一堂课，通过看课确定了

观察的两个维度：回应对象和回应方式；通过查阅相关文献资料分解回应方式，确定回应方式可以分为肯定型、否定型、不做评判型、引导型；进一步对四种回应方式进行细化，形成了 10 类回应方式，构建了比较全面的观察点。在这一步中，观察点很重要，只有明确了究竟想要观察什么，才能在观察中具体实施。当然，也有人先通过观看课堂和同伴交流，明确具体的观察点，再进一步对观察点进行抽象概括，形成具有一定逻辑的观察维度。

（2）根据观察维度的质、量特征，确定表格的具体形式。比如，在表 4-13 中，第一步已经确定将两个大的维度细化为 14 个观察点。由于观察点较多，适合处理为横行来分别记录，那么，纵列要记录哪些内容呢？因为该观察记录表拟记录的是一堂课中教师的所有语言回应行为，所以，纵列部分就可以记录每一类情况的频次以及相应的典型行为。

经过上面两个步骤，一个观察记录表就大致完成了。但是，这个观察记录表并不完整，因为它缺少一些基本信息，如观察对象的班级、观察对象的身份、记录时间等。这些信息通常被置于表题之下。

做好以上工作之后，需要实行预观察，一方面是为了改进观察记录表，另一方面也有助于熟悉观察现场和观察内容。如果有多位观察人员的话，还需要进行观察人员的培训，确保每一位观察人员对观察内容的理解保持一致，这样才能保证不同观察人员在观察中记录的统一。

（三）课堂现场观察的注意事项

课堂现场观察是与录像课观察相对的一个概念，指观察者亲身进入课堂，对课堂现场情况进行观察与记录。跟录像课观察相比较，进入课堂现场观察需要注意以下问题。

1. 进入现场的时间

观察者最好提前 5 分钟左右进入现场，同时，必须明确进入现场的观察任务，并带上合理、适用的观察工具，以方便观察结束后对所观察的问题作出基于数据或文字实录的深入分析。

2. 最适当的观察位置选择

选择适当的观察位置很重要，观察者要保证所要观察的现象清晰地落在自己的视野之内，同时尽量不要影响观察对象的常态。

3. 观察者行为

在观察过程中，观察者不应着奇装异服，表情不能过于丰富，不应进行不必要的走动，观察者之间不应相互讨论等。总之，观察者的行为表现，以不影响观察对象的正常活动为基本标准。

4. 按计划进行

如果是结构式观察，一定要严格按计划进行，做到观察目的明确，观察内容不超出原定范围。当然，如果原定计划确有不当之处，或观察对象有所变更，观察者则应随机应变，务求妥善地完成预定任务。

5. 观察与记录的重点

观察者观察的重点要始终放在观察对象的活动及其引起的反应上；观察者在观察过程中要保持思想和注意力的高度集中，对每一种新出现的现象，都尽量找出引起它的原因。另外，观察者应着重注意一贯性的东西，但也不忽略偶然性的或例外的东西，后者有时对全面、正确地了解观察对象起着相当重要的作用。观察者要时刻辨别重要的和无关紧要的因素，懂得资料的重要程度与其对完成研究任务的作用大小成正比。

6. 根据情况确定是否分组与反复观察

范围较广或较复杂的观察，建议分小组进行。小组间应有明确的分工要求，有统一的操作规范与标准。必要时，可在类似情境或不同情境下进行反复的细致的观察。

四、课堂观察资料的分析

微视频：如何
处理观察结果

通过课堂观察所获得的资料，可能是数据资料，也可能是文字资料。在分析的时候，研究者（观察者）要根据资料本身的性质来确定分析的方法。

（一）量化数据的分析

所有课堂观察的量化数据，几乎都来自取样观察。研究者（观察者）进行课堂观察并记录，以一定的时间间隔（如5分钟）对观察的内容进行采样，以相应的符号计入规定的表格中。研究者（观察者）通过观察可以获得每节课的基本数据；接下来，再利用不同的分析软件，对数据进行分析与判断。通过量化观察获得的数据与通过问卷获得的数据一样都是量化数据，因此具体分析可参看本章前面的"问卷数据的统计分析"内容。下面以观看窦桂梅老师的《圆明园的毁灭》教学视频（第0—5分钟）片段所记录的教师课堂语言回应行为为例（案例4-18中的表4-14），展示量化数据的统计。

案例4-18

表4-14 教师课堂语言回应行为数据统计表

观察维度	观察点		频次	比例	
回应对象	性别	男	1	25%	
		女	3	75%	
	针对的人数	单个	4	66%	
		多人	2	34%	
回应方式	肯定型	简单肯定	4	18.2%	36.2%
		肯定并重述	1	4.5%	
		肯定并解释深化	3	13.5%	

续表

观察维度	观察点		频次	比例	
回应方式	否定型	简单否定	1	4.5%	4.5%
		否定并解释	0	0	
	不做评判型	不判断，直接纠正	0	0	18.2%
		不回答，转邀学生评价	4	18.2%	
		学生未回答，直接告知	0	0	
	引导型	通过陈述引导学生回答	3	13.5%	40.5%
		通过追问引导	6	27%	

通过对记录的频次的统计，可以形成相应的量化数据。进一步分析量化数据，可以发现该教师课堂回应对象集中于哪些对象，课堂回应方式主要以哪些类型为主，从而可以进一步论证该教师的课堂语言回应风格。

（二）定性观察资料的分析

定性观察资料，是指通过课堂观察所获取的文字、图片、音像等非数字形式的资料。定性观察资料的分析，主要有两种手段：一种是写作，另一种是画图表。"画图表"是对文字资料的一种立体化表达，比较集中、直观。当画图表时，研究者要思考以下问题：这个图表是否可以表现我所找到的资料内容？资料的各个部分之间是什么关系？这部分资料是否可以归到上一层次的类属之中？这部分资料除了可以归到这个类属之中，是否还可以归到其他类属之中？流程图、曲线图、知识图等是课堂观察定性资料分析的常用形式。[①]

备忘录、实地日记、总结、内容摘要是"写作"的具体形式。其中，备忘录是记录研究者的发现、想法和初步结论的方式，包括：用描述的语言将所发生的事情以及被研究者所说的事情表现出来；对一些重要的现象、概念，尤其是被研究者的"本土概念"进行分析；研究者对自己从事研究的方法进行反省，讨论自己的研究方法可能给研究结果带来的效度问题和伦理道德问题等；对资料分析中开始出现的初步理论进行探讨，随着研究的深入逐步建立假设和理论。实地日记主要写观察的感受、想法及反思，是在观察结束之后当天写下的文字。总结则以原始资料为基础，对其进行简化与浓缩，内容一般与观察目的紧密相关。内容摘要不是对资料内容进行汇总或概括，而是将资料中的一部分内容原封不动地提取出来，这些被提取的内容通常来自信息集中的部分，能够对所研究的问题作出较有说服力的回答。[②] 以下案例是针对案例 4-17 的文字描述性资料进行分析后形成的结果。

---

① 如果是记录被观察者语言的观察资料，可参照阅读本章第二节访谈法中的"访谈资料的整理与分析"。

② 陈向明. 教师如何作质的研究［M］. 北京：教育科学出版社，2001：188-192.

案例4-19

教师课堂语言回应行为定性资料的分析结果

从观察结果来看，该教师在课堂教学中以肯定和引导追问的方式回应学生的行为。如教学中有这样一个片段：

生1：圆明园以前肯定是十分美丽的。

师：那现在呢？

当生1用"圆明园以前肯定是十分美丽的"回应教师的问题时，该教师此时没有对学生的回答进行评价，而是抓住学生回答中的关键词"以前"进行追问"那现在呢？"，以了解学生更多的话外之意和对该问题的更深的理解。从中可见，该教师善于通过引导和追问来引发学生对问题进一步的思考和文本的解读。

五、教育观察报告的写作

教育观察报告主要包括前言、研究设计、研究结果与分析和研究结论等。其中，前言、研究结论的写作要求与方式跟前面所述的问卷调查报告和访谈调查对应部分基本一致，此处不再赘述。而研究设计、研究结果与分析部分则有自身的特色。在研究设计中，需要详细说明观察对象、观察内容（维度/分析框架）、观察的具体方法与工具等。在研究结果与分析部分，往往以观察所获得的资料为主要论据，一般会引用一些观察片段来佐证论点。通过观察所获得的资料，有可能是方便统计的量化数据，如果这种数字较多，人们常选择用统计图和统计表来表达数据之间的关系；也有可能是其他类型的资料，则一般通过文字描述表达。

实践与体验

任务

小学生同伴之间难免会起一些冲突，对于这些冲突，教师通常会采用什么方式进行处理？这是一个令人很感兴趣的话题。下面，请针对这个话题，做一个观察记录表。

操作提示

（1）确定观察记录表的名称（表题）。

观察记录表的名称是观察记录表设计的首要因素，而任务中没有给出观察记录表的名称，所以确定观察记录表的名称是第一步工作。

（2）确定表格中准备填写的观察对象是一人还是多人。

（3）按本节所讲的设计观察记录表的步骤，依次确定观察维度、观察点、表格具体形式。

（4）在表题之下设计可能成为自变量的各项信息填写点。

他山之石

　　对于所设计的观察记录表，研究者打算在 1 张表中只记录 1 名教师对小学生同伴冲突事件的处理方法，但要记录该教师一天内对所有同类事件的处理情况。根据预观察情况，研究者认为教师的处理大致有倾听、质问、讲道理、罚站、罚抄写、警告将告知家长、告知家长 7 种方法。至于能记录的项目，研究者认为主要是各种处理方式的出现频次、持续时间以及一些重要的表情与对话。综合以上情况，研究者设计了以下观察记录表（表 4-15）：

表 4-15　教师对学生同伴冲突事件的处理方法观察记录表

学校：　　　　　　　班级：　　　　　　　教师姓名：
性别：　　　　　　　记录时间：　　　　　观察记录者：

处理方法	出现频次	持续时间	其他情况（表情、对话）
倾听			
质问			
讲道理			
罚站			
罚抄写			
警告将告知家长			
告知家长			

第五章　教育实验法

问题导入

　　张老师为提升小学五年级学生的学习主动性和自觉性，设想采用自学辅导法进行语文课教学。为验证其设想，张老师在五年级两个平行班中，一个采用自学辅导法，另一个采用传统讲授法。这两个班都由张老师授课，使用相同的教材，上课时间都被安排在上午，学生学习能力也差不多。期末到了，张老师对两个班的学生进行了相关测试，再用统计法进行分析比较，最终对自学辅导与学习主动性、自觉性培养之间的关系作出了一个结论。请问：在这个过程中，张老师主要采用了什么研究方法？他在研究过程中需要注意什么事项呢？

教育实验是一种严格控制下的干预研究，其目的是解释事物之间的因果关系。教育实验研究的结论具有客观性，并且可重复、可证伪。任何一项教育教学改革的推行都必须建立在教育实验的基础上。教育实验所揭示的教育实践活动中的因果关系也是各级各类教育决策、教育管理、课程教学的重要依据。开展教育实验研究首先应明确实验假设，对各类变量进行设定与控制，之后进行教育实验设计，实施实验研究，最后分析实验结果并形成研究结论。

第一节　教育实验法概述

教育实验法是研究者根据某种设想，控制一些变量，施加一定的实验因素，有计划地进行教育实践活动，利用测量和统计的方法以权衡实验所得的结果，从而得出可靠结论的教育研究方法。教育实验法具有鲜明的特点，在教育研究中占有重要地位，教师能够通过教育实验改进个人或学校的教育教学，地区性乃至全国性的教育改革更加需要经过实验检验，才能进一步加以推行。

一、教育实验研究的特点

（一）能够揭示教育现象之间的因果关系

教育调查研究能够反映教育现状，解释现状之间的相互关系，但这只是对教育现象的表面描述。要想真正揭示教育现象的原因，形成有效的教育方法和教育理论，并能在实践中进行广泛推广，教育实验研究更具有天然优势。教育实验研究直接对被试施加旨在引起其变化的实验处理，着眼于揭示事物间的因果关系。

（二）是在有控制的条件下主动实施的研究

教育实验研究以假设为核心，对教育实践活动进行有计划的干预和操作，解释假设中的因果关系，并最终检验假设。为了揭示教育现象之间的因果关系，研究者就必须先提出有意义的假设。例如，顾泠沅指导的上海市青浦县[①]教育实验为了提高教学质量而提出"采用'尝试指导'和'效果回授'的教学方法，可以有效提高教学质量"的实验假设。这个假设是研究者在长期积累观察的基础上提出的。为了检验该假设是否成立，研究者就需要借助教育实验。在实验过程中，研究者需要通过各种方法

---

① 现为上海市青浦区。

消除其他因素对被试学习成绩的影响，凸显实验的作用。这种消除需要研究者有目的、有计划地主动干预，与重在了解现实情况的教育调查法完全不同。

（三）具有教育性

教育实践活动的目的是对人进行有目的、有计划、有系统的教育影响，促进人的正向发展。开展教育实验研究，旨在通过精心设计的实验开展更有成效的教育实践活动，所以教育实验必然具有教育性。它是一种通过精心设计，旨在追求更好教育效果的教育实践活动。

教育实验内容的选择必须具有正向价值。自然科学实验的关注点是现象的真实性，而教育实验必须首先考虑实验内容是否服务于教育目的，是否有利于被试的身心发展，不能选择有损学生身心健康的内容。例如，研究者只能选择在实践中对学生发展比较有利的做法作为研究内容，而不能选择不成功的做法研究其负面影响。

在考虑研究内容价值性的基础上，教育实验必然要提出正面假设。例如，上海市青浦县的教育实验者提出"采用'尝试指导'和'效果回授'的教学方法，可以有效提高教学质量"，不能提出其对应的反面假设"采用机械灌输式教学方法可以阻碍学生的思维发展"。自然科学实验则可以从正、反两方面提出假设。教育内容的正向价值还决定了教育实验研究的不可失败性。因为教育实验研究关系到研究对象的成长和发展，一旦失败，将导致不可逆转的损失。教育实验研究的不可失败性并不是指所有提出的假设都必须被证明是正确的，而是指无论实验假设被证明是否正确，都必须保证被试得到正常发展。

（四）具有复杂性

教育实验研究的被试是非常复杂的人，教育实验研究虽然在具有一定控制性的条件下进行，但是却无法像自然科学实验一样创建一个绝对纯粹的环境并进行精确的控制。这就导致教育实验研究的设计和实施需要考虑众多因素，以保证实验的客观性和准确性。

二、变量

教育实验研究必然涉及对变量的操控。变量是在质量或数量上可以发生变化的事物或现象。变量分为三类，即自变量、因变量和无关变量。

（一）自变量

自变量是由研究者主动选择或操纵的变量，例如被试的性别、年龄、学历等因素是研究者能够选择的自变量，而不同的教材、教学方法、学习方法则是研究者能够操纵的自变量。自变量的变化引起被试的反应，与因变量之间存在因果关系。自变量要根据研究课题来确定。例如，在"自学辅导教材促进小学高年级学生数学自学能力提高"的实验研究中，研究者希望看到引起被试变化的因素是自学辅导教材，因此，"自学辅导教材"就是该课题研究的一种自变量。

确定自变量应避免以下情况：

1. 自变量不够明确、具体

如果自变量过于抽象、模糊，研究者就难以操纵，也难以确定其与因变量的因果关系。例如，当以"及时复习"作为英语教学实验的自变量时，如果没有明确"及时复习"的具体标准，这个自变量就太模糊，难以操纵。

2. 自变量缺乏科学性

应通过科学的方法选择或创设自变量。没有经过科学程序和方法确定的自变量缺乏权威性，不会产生有价值的成果。例如，如果将学生按学习能力分组，不能简单按照个人印象分组，而应综合考虑学生多次考试成绩或在应用统计学原理对学生考试成绩做统计分析后分组。再如，编制实验教材，应把编写理念建立在课程论、教学论、心理学的基础上，不能随意拼凑。

3. 自变量数量太多

自变量数量增多会导致实验设计复杂，统计分析变得困难，实验效果难以进行归因分析。例如，某小学开展了整体改革实验，实验过程涉及教学方法、教材、考试方式、教师教学能力等多种自变量，导致实验设计、统计分析、结果解释都很困难。面对这种情况，研究者可以针对某一两种自变量开展小型实验研究，后续实验再将已经研究过的两种自变量合二为一。

4. 自变量的水平过多或过少

自变量的水平就是在实验中对自变量的选择，如教材改革实验，可以选择两种、三种、四种教材，所选择教材的数量就是自变量的水平。自变量水平过多，会导致实验过于复杂；而自变量水平过少，又会影响实验质量和实验效果。因此，研究者需要根据实际情况，给自变量确定适当的水平。

在确立了自变量之后，研究者需要确定如何具体操纵自变量。在自然科学实验中，自变量大多可以用数据进行描述，而教育实验的自变量则多需要用语言表述。例如，在"采用自学辅导教材可以提高学生的学习成绩"这一实验假设中，"采用自学辅导教材"是自变量；在"学习主动性可以采用小组合作学习的教学方式进行培养"这一实验假设中，"采用小组合作学习的教学方式"是自变量。

（二）因变量

因变量又称"反应变量"，指自变量作用于被试后出现的实验效应，是假定的结果变量。在教育实验中，研究者往往希望通过实验促进学生素质的提升，所以因变量一般是学生的学习成绩、学习品质、思维能力等，有时学校整体或某方面的发展、教师素质的提升等也常作为因变量。因变量可以是定量的，也可以是定性的。

因变量一般在研究假设中就明确给出。例如，在"采用自学辅导教材可以提高学生的学习成绩"这一实验假设中,因变量是"学生的学习成绩"。在"小学生写作能力可以通过兴趣作文教学模式培养"这一实验假设中,因变量是"小学生写作能力"。

在确定了因变量之后,研究者面临的下一个问题是如何观测因变量。前面两个例子,"学生的学习成绩"这一因变量比较具体、明确,易于观测、计量,而"小学生写作能力"这种比较抽象的因变量则难以观测。对于这类比较抽象的因变量,研究者要对其内涵和外延进行具体分析。例如,"小学生写作能力培养的实验研究",就对因变量"小学生写作能力"的指标体系进行了构建,见表5-1。

表5-1 "小学生写作能力指标体系"的主要项目 [①]

观察、思维能力	命题、立意能力	选材、组织能力	遣词、造句能力
观察能力:明白事情的来龙去脉、事物的特点与性质、人们的思想感情	创新能力:首先立意要正确,还要有点新意	选材组织:每篇作文都要有一个中心,要把与中心有关的话写进去,而且要排列妥帖,使中心凸显	用词:用词要准确,要符合规范,不能生造词语;遣词还要恰当,要选择和运用表达意思最准确的词
想象能力:能够把自己观察到的事情在头脑里多回忆、多联想,并多问几个为什么	自拟题目的能力:内容要切合题目,不要"文不对题";要具体,不要空洞;要精炼,不要累赘;要醒目,不要一般化	作文提纲:选择材料,把材料排好队	造句:句子要通顺,要符合语言习惯
记录能力:能够把看到的、听到的、想到的及时记录下来	审题能力:能弄清楚命题的含义,然后再在这个范围内选择材料,确定中心		

对于分解后的因变量各项目,研究者应继续进行具体描述。教育实验研究当中的某些指标比较容易进行定量描述,比如小学语文识字教学的目标可描述为小学生毕业时认识常用汉字3 000个左右。而教育研究涉及的精神素质和学习能力等项目难以进行定量描述。这就一方面需要定性描述,另一方面也需要研究者通过查阅资料、征询专家意见、开展同行讨论等方式制订相关评价标准。表5-2是对"小学生自我控制能力"这一因变量具体化后的行为表现指标及评价标准。

表5-2 小学生自我控制能力表现指标及评价标准

自控能力	行为表现指标	评价标准	
自制力	·能抑制自己直接的、短期的欲望 ·能自我抑制违反社会规范的行为 ·能自我抑制由外界刺激引起的行为 ·能自我抑制靠激情推动的行为 ·能自我抑制本能所驱动的行为 ·当发现自己的认识、情绪、行为与社会规范发生矛盾时,个体主动调节自己,以符合社会规范	优	达到指标中的五条及以上
		良	达到指标中的三至四条
		中	达到指标中的一至两条
		差	不能到达指标中的任何要求

① 张其志,王剑兰. 教育科学研究法[M]. 北京:北京师范大学出版社,2015:206.

自控能力	行为表现指标	评价标准	
自觉性	·明确行为的目的和动机 ·做事不受外界事物干扰 ·能抗拒禁止或禁忌行为的诱惑 ·认识规则并按照规则行事 ·在无人监督的情况下也能行动，达到既定目的 ·接受社会规范的调节支配	优	达到指标中的五条及以上
		良	达到指标中的三至四条
		中	达到指标中的一至两条
		差	不能到达指标中的任何要求
坚持性	·能明确为达到目的必须坚持不懈 ·为达到目的排除外在阻力 ·在困难情境中为达到目的不断克服困难 ·在达到目的的过程中表现出持续的行为倾向 ·在达到目的的过程中保持积极的心态	优	达到指标中的五条
		良	达到指标中的三至四条
		中	达到指标中的一至两条
		差	不能到达指标中的任何要求
延迟满足	·能认识到延迟满足可以获得更大利益 ·能为了更有价值的长远结果放弃即时满足 ·在等待满足的过程中体现自控能力	优	能达到指标中的三条
		良	能达到指标中的两条
		中	能达到指标中的一条
		差	不能到达指标中的任何要求

因变量常用的测评指标主要有以下几种:(1)被试做出正确行为的数量。例如，学生听写的正确率。(2)被试完成任务的速度。(3)被试完成任务的难度。研究者可在具体项目中单独或综合使用上述测评指标，并可通过制订表 5-2，对小学生的自我控制能力进行具体测评，准确把握实验效果。不过，教育研究的特殊性使得某些因素难以用指标描述，研究者还需要经过长期训练去体验和感悟。

（三）无关变量

无关变量又称"额外变量"或"控制变量"，是指除了自变量以外，会对因变量变化产生影响的变量。例如，在课题"作业量的增多对小学生学习积极性的影响"中，自变量是研究者操控的两种作业量，因变量是学生的学习积极性。但在教育实验研究中，除了自变量两种作业量以外，还可能有其他因素影响因变量的变化，如教师的教学水平、教学时间长短、学生学习能力、课外辅导、家长重视程度、学习环境等。这些变量都是无关变量。为了凸显自变量的影响，研究者首先要借助自身经验，通过参考文献或者尝试实验的方式，确定实验的无关变量有哪些。在确定了无关变量后，研究者需要对无关变量进行控制。对无关变量的控制，可以通过下述方法来进行。

1. 消除法

该法是将影响实验结果的无关变量消除，这样做直接而有效，但是也可能会带来一些问题，比如可能使实验情境与现实严重不符，造成被试出现紧张、怀疑等不自然状态，从而影响实验效果。

2. 恒定法

无法消除的无关变量，可以采用恒定法。该法是使无法消除的无关变量在接受不同实验处理的被试组中保持不变，这样，不同的被试组都会得到无关变量相同的影响。

3. 随机化法

为了消除被试差异对因变量造成的影响，研究者可以采用随机化法，用随机的方法从总体当中抽出被试，再对被试进行随机分组，由此可以得到状况相等的被试组，从而控制无关变量的影响。随机化法用于安排实验处理的顺序，也可降低某些无关变量的影响。

4. 匹配法

匹配法指通过匹配来控制无关变异源，即对被试在某个与因变量有关的变量上进行匹配，使各被试在额外变量上相等。其缺点是增加了被试选择的难度，如果在两个以上变量上匹配，那么难度将进一步增大。

5. 纳入法

当无法消除某些无关变量时，研究者可以考虑将该无关变量作为自变量纳入实验研究。例如要在两个班开展数学线上线下混合式教学实验，两个班的学生学习能力差异较大，两个班的学生又无法打乱进行随机分班。此时，研究者就可以将学习能力作为一项自变量纳入实验，形成一个具有两个自变量的实验。研究者可以将原来两个班的学生按照学习能力水平进行分组，形成表 5-3 的实验设计。

表 5-3　数学混合式教学的实验设计

组别	自变量的操纵	因变量的检测
第一组	线上线下混合式教学，学习能力较强	学习能力测验、数学成绩测验
第二组	线上线下混合式教学，学习能力较弱	
第三组	传统线下教学，学习能力较强	
第四组	传统线下教学，学习能力较弱	

这样可以通过对比第一组和第二组、第三组和第四组，分析学生学习能力水平对数学学习的影响；也可以对比第一组和第三组、第二组和第四组，分析混合式教学对学生数学学习成绩的影响。纳入法虽然会使实验设计、实施更加复杂，但是能更好地体现自变量对因变量的影响。

6. 双盲法 [①]

参与研究的研究者和被试的心理反应在实验过程中可能会产生"霍桑效应" [②] 或者说是"皮格马利翁效应"，从而影响实验结果。因此，研究者可以采用双盲法，使

[①] 也有人认为双盲法是消除法的一个例子。

[②] 1924 年，研究者在美国芝加哥西方电力公司霍桑工厂进行了一项有关最佳照明条件的实验研究。实验组不论在何种照明条件下产值都明显提高。这一奇怪的结果致使研究者进行深入调查。结果发现，产值增加是由于实验组工人得知自己参加了实验，得到了厂方的关心，所以加强了劳动纪律，因此劳动生产率提高。这种被试由于感到受重视而更加努力的心理效应被称为"霍桑效应"。

研究者和被试不知道实验的意图，甚至不知道自己参与了实验；也可以由不相干的第三方随机分配实验处理，杜绝主试可能对被试产生的暗示。这样做，可以消除实验参与者的心理反应对实验结果产生的影响。使用双盲法要以不违背教育研究的伦理原则为前提。

7. 抵消平衡法

抵消平衡法即通过设置控制组和实验组，使所有无关变量都以同一水平同时作用于这两个组，使之对两个组的教育效果的影响相同，以此来平衡无关变量的影响，之后再比较控制组与实验组教育效果的差异，从而确定自变量与因变量之间是否存在因果关系。

8. 统计控制法

对于在实验过程中无法消除和控制的无关变量，研究者还可以在实验结束后采用协方差分析①的方法，将明显影响实验结果的因素分离出去。

大多数教育实验研究需要综合运用多种方法和策略，以消除或控制无关变量的影响，上述对无关变量进行控制的方法，需要研究者在具体的课题研究中灵活运用。还应注意的是，一种无关变量可以采用多种不同的控制方法，而一种控制方法也可以应对多种不同的无关变量。研究者需要经过教育实验实践，提高对各种方法的综合运用能力。

三、实验效度及其干扰因素

实验效度指实验结果的准确性和可靠性程度，也就是实验方法能够回答所要研究问题的程度。实验效度包括内部效度、外部效度。

（一）内部效度

内部效度又称"内在效度"，指因变量的变化在多大程度上取决于自变量的变化，二者之间是否真实存在因果关系。例如，通过实验研究一项新的阅读教学方法是否有利于被试学习成绩的提高，内部效度就是指被试的学习成绩的提高是否真的是由新的阅读教学方法引起的。要提高内部效度，就必须对无关变量进行控制。此外，影响实验内部效度的因素还有如下一些：

1. 历史效应

历史效应也叫"历程效应"。教育实验往往需要持续较长时间，在此时间段内发生的各种事件都有可能对因变量的变化产生影响。例如在阅读教学改革实验过程中，教师对被试进行的其他指导可能对被试的阅读水平产生影响。这种影响会与自变量带来的影响混淆，干扰研究者的归因判断。

---

① 协方差分析：建立在方差分析与回归分析基础之上的一种统计分析方法。

2. 成熟效应

在实验过程中，随着时间的推移，被试的生理和心理会发生变化。比如，被试的知识、经验、能力会增长，心理成熟度会提高，被试也可能对实验产生厌烦情绪，感到疲惫等。这些变化都可能影响实验结果。特别是当被试是未成年学生时，在实验期内，其身心发展变化较快，对实验结果的影响也较大。

3. 测验效应

在进行实验处理之前，研究者对被试进行的测验或测量称为前测；在进行实验处理之后，对被试进行的测验或测量称为后测。

在进行实验处理前对被试进行前测，在实验结束时对被试进行后测，而前测和后测的题型比较接近，如果时间间隔不长，被试在前测中熟悉了测验的题型和内容，可能会有助于提高后测的成绩。后测结果就可能不是来自实验处理的影响，而是由被试更加精于考试所致。

4. 统计回归

如果使用前测—后测程序测量实验效果，在前测中得分较高和得分较低的被试，在后测中的得分常常更接近后测的平均分，这就是统计回归。测验中总会存在一些偶然因素，被试在前测中可能由于身体不适或猜错了某些题目而得分较低，也可能由于猜对了某些题目而得分较高，在后测中这些偶然因素不太可能再次出现，因此他们的分数会向平均分回归。这种现象并非自变量导致的影响。

5. 工具效应

如果后测试卷与前测难度不相当，或测量仪器的性能前后发生改变，就可能出现测量结果与实际情况的差异，这就不能反映真实的实验结果。

6. 被试流失

由于各种原因，最初确定好的被试可能会中途退出实验，导致实验结果难以体现全部被试的情况。比如，退出实验的被试恰好是成绩较低的，就可能导致实验效果的提升。

7. 选择效应

被试选择和分组未能随机进行，导致实验组和控制组本身就存在差异，以至于影响实验结果。例如，实验组选择了班主任具有较强的创新意识、组织能力的一个班，控制组是一个随便挑选的班，后来实验组因变量变化优于控制组，就可能是因为班主任的组织而不是实验处理。因此，随机安排实验被试是真实验的基本条件。

（二）外部效度

外部效度又称"外在效度"，指实验结果的可推广程度，即实验结果在多大程度上能够适用于其他个体、情景和时期。如果一个教育实验仅适用于实验中的被试，不能推广到总体中，其外部效度就很低；反之则高。

影响实验外部效度的因素主要有以下方面：

1. 样本代表性

要使实验结果能够有效推广到总体中去，就必须从总体中选择有代表性的被试作为样本。随机抽样和等距抽样是确保样本具有代表性的方法。

2. 实验情景控制

实验情景受人为控制影响越大，与现实情景的差异就越大，实验结论就越难以推广到现实情景当中去，外部效度也就越低。

3. 测验影响

在具有前测—后测程序的教育实验中，前测可能会影响被试对实验处理的关注度和参与度，或者使被试熟悉测验题目和形式。这些都会对后测成绩产生影响。这种实验结论，推广到没有经过前测的群体中就存在风险。

教育实验的内部效度和外部效度关系密切。内部效度是外部效度的必要条件，即一个教育实验的内部效度低，其外部效度必然不高，因为内部效度低的实验本身价值就不大，没有必要进行推广。然而，内部效度高的实验，外部效度不一定就高，因为其实验结论可能只适用于特定的群体和特定的情景，未必能够推广到总体或实验情景以外。这就需要研究者采取折中的办法，并不断丰富实践经验，尽量提供可以接受的内部效度和外部效度。

实践与体验

任务

请分析"小学高年级英语合作式课外阅读教学策略实验研究"的自变量、因变量和无关变量。

操作提示

（1）明确自变量、因变量、无关变量的含义。自变量是由研究者主动选择或操纵的变量，自变量的变化引起被试的反应，与因变量之间存在因果关系。因变量又称"反应变量"，指自变量作用于被试后出现的实验效应，是假定的结果变量。无关变量又称"额外变量"或"控制变量"，指除了自变量以外，会对因变量变化产生影响的变量。

（2）确定本研究的自变量、因变量和无关变量。

他山之石

"小学高年级英语合作式课外阅读教学策略实验研究"的变量情况如下：

（1）自变量：合作式课外阅读教学策略

（2）因变量：小学高年级学生英语阅读水平

（3）无关变量：教师的教学风格；学生的成熟因素；测量工具；家长、教师的期待效应。

《数学文化教学对小学生数学观影响的实验研究》

《教师课堂情绪对教学效果影响的实验研究》

教育实验设计是对教育实验的一个总体构思。教育实验设计可以增强实验过程的控制性和计划性，提高工作效率。一个完整的教育实验设计包括确定研究课题、提出研究假设、确定研究变量、安排实验处理方式、确定抽样方法等一系列活动。下面介绍教育实验研究的几个核心概念及几种常见的教育实验设计。

一、真实验研究与准实验研究

根据对影响因变量的因素是否有充分的控制，教育实验研究可以分为真实验研究和准实验研究。[①] 真实验研究严格按照实验方法的要求，完全具备实验研究假设、控制和验证三个要素；准实验研究则对上述要素缺乏严格的控制。[②]

（一）真实验研究

1. 假设

所有科学实验的第一步都是先提出假设。例如，亚里士多德提出"重物下落速度比轻物快"；但是意大利物理学家伽利略对此持怀疑态度，提出"物体下落中如果没有空气阻力，无论轻重都应该同时到达地面"的假设，并从高塔上做抛物实验来验证这一假设，最终推翻了亚里士多德的观点。与科学实验一样，教育实验研究的起点同样要确定研究假设，即假定某种自变量（如新的教学方法）能够引起因变量的变化（如学生的学习成绩）。教育研究者可以跟伽利略一样，提出自己的假设并进行检验，也可以通过实验检验别人提出的假设。

提出实验假设是一项具有高难度的创造性工作。研究者个人的理论水平、工作经历、研究经验、思维能力等，都是其能否提出有价值的教育假设的重要影响因素。对于小学教师而言，自身的教育教学实践是提出假设的重要基础。

2. 控制

为了严格操纵实验变量并排除无关变量的影响，研究者必须采取一定的措施对教育实验的被试、情景等加以控制，比如，选择对总体有较强代表性并具有稳定性的

---

① 有的教材将实验研究分为前实验研究、真实验研究、准实验研究三种。其中的"前实验研究"相当于本教材的准实验研究（仅后测设计），而"准实验研究"则指不等控制组和重复测量设计的实验研究。未经前测、不等控制组、重复测量都未对影响因变量的因素进行充分控制，故本教材采用二分法的观点，将它们全部归为准实验研究。

② 有学者认为由于教育研究的特殊性，很难做到绝对严格的控制，一切教育研究都应该称为准实验研究。

被试，设置实验组、控制组，确保它们的同质性，等等。当然，要使实验组和控制组完全同质是不可能的，因此可以采用"随机指派"的方式分配被试，比如，将所有被试随机编号，将奇数号码学生与偶数号码学生分别分入实验组和控制组；也可以根据实验研究的需要，按照某一个标准对被试进行分组，比如，在新教材实验中，将被试按照期末考试成绩编号，然后将奇数号码学生与偶数号码学生分别分入实验组和控制组，以保证两组学生原有学习成绩水平相当。

3. 验证

教育实验研究的经典模式如下：

实验组：前测1……实验刺激……后测1

控制组：前测2……后测2

在此模式中，研究者在实施实验刺激之前和之后分别对因变量进行测量，即前测和后测。通过测量和统计来比较前测与后测的差异，是教育实验研究检验假设的重要手段。如果产生了差异，说明自变量对因变量有影响，原假设成立。如果没有差异，则假设被推翻。实验刺激的影响，等于实验组前后测得分差减去控制组前后测得分差。这种经典的实验研究因为能够基本排除无关变量的干扰，被称为"真实验研究"。

（二）准实验研究

教育实验被试的挑选和组合不可能总是随机的，这样，原始组就很可能在某些因素上有所不同（不对等），再加上研究者在教育实验过程中也很难对引起变化的所有因素进行控制，所以，教育实验研究往往达不到真实验的条件要求，被称为"准实验研究"或"半实验研究"。

准实验研究的基本形式如下：

实验组：实验刺激……后测1

由于没有控制组，也没有前测，这种形式也被称为"单组后测设计"。这样的实验研究，单组后测设计看起来过于简单，缺乏控制组和前测，后测的结果也没有参照，好像不能称为真正的教育实验。但是在教育实践中，由于缺乏可以控制的条件，研究者又希望达到教育实验的目的，事实上常会采用单组后测设计。当然，如果研究者将被试接受实验处理前某次大型考试的成绩或者入学考试的成绩等视为前测，这其实就是一种隐性的单组前后测设计；如果实验班在接受实验处理后，参加该地区统一组织的考试，研究者将此次考试视为后测，那么，虽然该实验没有控制组，但参加同次考试的该地区同年级其他自然班学生的成绩都可以被当作控制组后测结果。

由此可见，准实验研究事实上隐含了实验研究的基本要素，只是在教育实践中对教育实验进行了一些变通和调整，仍然具有实验研究的基本特质。换一个角度来看，准实验研究因为没有前测，所以可以避免前测可能带来的干扰；没有设置控制组，在某种程度上避免了可能产生的"霍桑效应"或"约翰·亨利效应"[1]，从而具有真实验研究没有的一些优势。此外，准实验研究因为能够积极适应实验环境，实际上比真实验研究更具有推广性。

二、常见的教育实验设计

（一）仅施后测控制组实验设计

在教育实验中，要使前测和后测的得分能够进行配对，就必须一一确定被试。在教育实验设计中，后测结果显示出实验处理的效果，所以后测必须进行；而前测则不是所有实验都必须进行的。

仅施后测控制组实验设计有多种形式，其最简单的形式需要具备两个组：接受实验处理的组即"实验组"，不接受实验处理的组即"控制组"。仅施后测控制组实验设计比较简便易行，不需要进行前测。在实验处理开始前，被试被随机分配到两个组，且两个组人数相等。在实验过程中，实验组接受实验处理。在实验结束时，研究者对两个组进行后测；此时应特别注意测验的时机，最好在实验处理结束时立即进行，以免时间的推迟影响因变量的变化。

仅施后测控制组实验设计的两组设计可以用符号表示为：

$$RG_1 \qquad X \qquad O_1$$
$$RG_2 \qquad — \qquad O_2$$

上面 R 表示随机分配到各组的人数，G_1、G_2 表示组，X 表示实验处理，"—"表示无实验处理，O_1、O_2 表示后测。O_1 和 O_2 在纵向上对齐，表示两组的后测是同时进行的。

仅施后测控制组实验设计最简单的形式是两组设计。设计者还可以根据实际需要将组数进行扩展，以增加更多的实验处理。用符号表示如下：

$$RG_1 \qquad X_1 \qquad O_1$$
$$RG_2 \qquad X_2 \qquad O_2$$
$$RG_3 \qquad X_3 \qquad O_3$$
$$\cdots\cdots$$
$$RG_k \qquad X_k \qquad O_k$$
$$RG_{k+1} \qquad — \qquad O_{k+1}$$

其中，实验处理 X 的次数为 k 次，表示有 k 个实验组，每组进行一次实验处理，共进行了 k 次不同的实验处理。G_{k+1} 未经过实验处理，是控制组。仅施后测控制组实验设计，包括进行实验处理的所有组以及一个控制组。被试仅在实验处理后

---

[1] "约翰·亨利效应"是根据美国一位民间英雄命名的。他是一名黑人铁路工人。当他听说要采用蒸汽钻机代替人力时，暗暗与蒸汽钻机竞赛，自己增加了劳动强度，奇迹般地超过了机器作业。"约翰·亨利效应"又称"实验措施的扩散与模仿效应"，也就是控制组得知自己没有参与实验处理而增加主观努力程度或模仿实验组的实验措施而产生的积极作用。

接受测验。

如果该实验不需要控制组，可称为"仅施后测随机组实验设计"。

案例5-1

仅施后测控制组实验设计

一名六年级数学教师进行一项教育实验，希望了解两种新的辅助教材对学生计算能力的影响。研究问题陈述：一项有关不同类型的辅助教材对六年级学生计算能力影响的研究。在这项研究中，有两种新的辅助教材和一种传统的辅助教材，教师需要将研究对象随机分为三组，包括两个实验组，一个控制组。该教师将六年级学生每20人随机分配为一组，共60人参加实验。在每天的计算能力教学中，每组都花30分钟使用各组的教材。10周教学结束后，教师对三组学生进行后测——计算能力测试。该测试成绩就是因变量。上述实验过程为：

随机分组	10周教学	后测
RG_1	X_1（20名被试使用第一种新的辅助教材）	O_1
RG_2	X_2（20名被试使用第二种新的辅助教材）	O_2
RG_3	—（20名被试使用传统的辅助教材）	O_3

（二）前测—后测控制组实验设计

前测—后测控制组实验设计，即在仅施后测控制组实验设计中加入前测。因为前测结果可以作为分析中的一项统计控制量，而且在一些实验研究中，前测与后测得分的差异是重要的分析对象，所以前测—后测控制组实验设计被广泛使用。

前测—后测控制组实验设计的最简单形式也是两组设计，即一个实验组，一个控制组。具体设计形式如下：

$$RG_1 \qquad O_1 \qquad X \qquad O_2$$
$$RG_2 \qquad O_3 \qquad — \qquad O_4$$

其中，奇数下标的 O 表示前测，偶数下标的 O 表示后测。

如果是针对两个以上组的前测—后测控制组实验设计，则设计形式如下：

$$RG_1 \qquad O_1 \qquad X_1 \qquad O_2$$
$$RG_2 \qquad O_3 \qquad X_2 \qquad O_4$$
$$RG_3 \qquad O_5 \qquad X_3 \qquad O_6$$
$$\cdots\cdots$$
$$RG_k \qquad O_{2k-1} \qquad X_k \qquad O_{2k}$$
$$RG_{k+1} \qquad O_{2k+1} \qquad — \qquad O_{2(k+1)}$$

其中，有 k 组接受实验处理，有一个控制组。前测—后测控制组实验设计的被试在实验处理前后都要接受测量，其组数等于实验处理数加控制组数。

如果没有控制组，则可称为"前测—后测随机分组实验设计"。

案例5-2

前测—后测控制组实验设计

一名教师想了解五年级阅读教学所用时间的长短对学生阅读水平的影响，拟订如下研究题目：有关阅读教学时间量对五年级学生阅读水平影响的研究。在这个实验研究中，教学时间量是研究者控制的变量。在实验设计中，该教师随机抽取60名小学五年级的学生并随机分成4组，每组15人。采用如下实验处理：

随机分组	前测	实验处理（为期两周）	后测
RG_1	O_1	X_1（15名被试接受1个20分钟为单元的教学）	O_2
RG_2	O_3	X_2（15名被试接受2个20分钟为单元的教学）	O_4
RG_3	O_5	X_3（15名被试接受3个20分钟为单元的教学）	O_6
RG_4	O_7	—（15名被试不接受教学）	O_8

在实验过程中，该教师注意到了各组除进行教学的时间不同外，其他方面应该是一致的；在实验进行后，运用统计方法分析判断教学时间长短不同对学生阅读水平是否有影响。

（三）单一被试实验设计

当研究者想研究干预措施对某个体特定行为的影响效果时，可采用单一被试实验设计。单一被试实验设计中的被试虽然只有一个，但这种研究方法与质性个案研究是不同的。单一被试实验设计需要严格控制实验情景，频繁观察目标行为，充分描述处理细节，允许重复实验等。由于只有一名被试，因此单一被试实验设计不需要上述实验设计的分组步骤，不过研究者也不应将单一被试实验设计当作群组实验设计的弱化而轻视其工作量。单一被试实验设计也是相当严密的，数据收集整理也是非常耗时的。

单一被试实验设计缺少外部效度，其结论难以推广到其他个体当中，研究者可以通过重复实验以提高单一被试实验设计的外部效度。

单一被试实验设计的典型形式是A—B—A—B倒返设计。A（baseline，基线），指在正常情况下观测个体的行为；B（treatment，处理），指在进行实验处理的环境下观测个体行为。A—B—A—B倒返设计，包括两个或两个以上基线阶段和两个或两个以上处理阶段。

总之，进行一个好的教育实验，首先，研究者必须具有明确的实验目的，不能笼统。大型综合改革实验要阐明总体目的，还要逐项列出具体目标。其次，研究者还应在实验进行前确定意义明确、方便操作与检查的变量。再次，在实验进行过程中，研究者必须贯彻统一的指导思想，必须对影响实验的无关变量进行严格控制。最后，在实验操作结束后，研究者需要运用教育测量和教育统计的方法分析、处理数据，得出科学的结论。

实践与体验

任务一

请判断下面这个教育实验案例是真实验研究还是准实验研究，说出你的理由。

课题：一题多解训练对拓展小学生思维广度作用的实验研究

假设一题多解训练能够拓展小学生的思维广度。某小学三年级有六个教学班，随机抽取两个班，并随机确定一个班为实验班，一个班为对照班。由同一名教师对两个班采用相同的数学教材开展课时量相同的数学教学。实验班每节数学课进行 5 分钟的一题多解练习，对照班不进行。实验过程对学生和家长保密。三个月后，采用统一的测试方法对两个班学生的思维广度进行测量，并对测量结果进行对比。

操作提示

（1）明确真实验研究和准实验研究的含义。真实验研究完全具备教育研究的三个要素：假设、控制和验证。真实验研究严格按照实验方法的要求，对影响因变量的因素进行充分的控制。准实验研究对此则没有严格要求，例如，没有对实验对象进行前测，没有设立控制组或者没有对控制组和实验组成员进行等同的搭配等。这种缺少一方面或几方面控制的实验研究就被称为准实验研究或半实验研究。

（2）看该案例是否具备假设、控制、验证这三个要素。如有，则为真实验研究；否则，为准实验研究。

他山之石

该实验研究属于真实验研究，因为其具备真实验研究的三个要素：假设、控制、验证。

（1）假设：一题多解训练能够拓展小学生的思维广度。

（2）控制：对影响因变量的因素进行了充分的控制，包括——"随机确定一个班为实验班，一个班为对照班"（设立了控制组，并通过随机的方式实现了对控制组和实验组成员间的等同搭配）；"由同一名教师对两个班采用相同的数学教材开展课时量相同的数学教学"（控制了教师、教材、课时量等无关变量）；"实验过程对学生和家长保密"（避免"皮格马利翁效应"）。

（3）验证：实施实验三个月之后，采用统一的测试方法对实验班、对照班学生的思维广度进行测量，并对测量结果进行对比。

任务二

"写前案例指导对小学生习作能力影响的实验研究"这一课题，如果进行仅施后测控制组实验，实验设计该怎么做？实验时应该注意哪些事项？

操作提示

（1）确定仅施后测控制组设计的两组设计模式。如下：

$$RG_1 \qquad X \qquad O_1$$
$$RG_2 \qquad — \qquad O_2$$

（2）进行该课题的实验设计。

（3）根据影响实验效度的因素，设法提高实验的内部效度与外部效度。

为提高实验内部效度，研究者应尽量避免历史效应、成熟效应、测验效应、统计回归、工具效应、被试流失、选择效应。研究者可以通过以下方法提高内部效度：第一，选择有代表性的被试；第二，保证被试始终参加实验；第三，前测和后测难度一致；第四，实验过程不可过长；第五，除了因变量之外，尽量控制无关变量。

影响外部效度的因素有样本代表性、实验情景控制、测验影响等。为了提高外部效度，研究者可以从以下方面努力：第一，选择对整体有代表性的样本；第二，实验情景尽量接近自然状态；第三，尽量避免测验可能对学生产生的练习效应。

他山之石

（1）进行仅施后测控制组实验，"写前案例指导对小学生习作能力影响的实验研究"的实验设计应当如下：

RG_1 　　　 X（实验处理：进行写前案例指导）　 O_1（后测）

RG_2 　　　 —（没有实验处理）　　　　　　　 O_2（后测）

（2）可以考虑从以下几个方面提高本实验的内部效度：

① 选择两个水平相当的班级参加实验。

② 假设实验处理次数为 3 次，要尽量保证两个班所有被试都始终参加实验，即同时进行同样条件（是否做写前案例指导除外）的习作教学。

③ 后测的习作类型要求尽量与实验过程中的保持一致。

（3）可以考虑从以下几个方面提高本实验的外部效度：

① 选择习作水平中等的班级参加实验。

② 实验时的习作教学情景与平时保持一致。

③ 后测时的习作主题不能是实验时已经训练过的主题。

任务三

在我国中小学数学教学中，学生专于学"答"而疏于学"问"的学习方式仍然十分盛行，为此，某小学准备开展提升学生提问能力的实验研究。如果请你替他们做一份实验设计，你准备怎么开展这一项研究呢？

操作提示

（1）综合考虑本章所学的各种实验设计方法，确定采取哪种实验设计。比如，开展一项前测—后测控制组实验研究。

（2）进行该课题的实验设计。

他山之石

（1）拟开展一项前测—后测控制组实验研究。

（2）在某小学四年级随机抽取两个班作为研究对象。

（3）实验设计如下：

RG$_1$（1班）　　O_1（前测）　　X　　O_2（后测）

RG$_2$（2班）　　O_3（前测）　　—　　O_4（后测）

注：1班为实验班，2班为控制班；"X"指开展有助于提升学生提问能力的数学教学，"—"指开展普通数学教学。

《正念教育对儿童发展的影响研究——基于W市D小学五年级的正念教育实验》

《小学儿童社会创造性倾向培养的实验研究》

第六章　教育行动研究

问题导入

　　随着基础教育课程改革不断深入，学校、教师投身于教育研究的积极性越来越高。基于学校安排和自身专业发展的需要，某小学语文教师王老师参加了学校的校本教研活动，她选择了"小学语文教师课堂提问有效性"作为研究课题。随后，她开始查阅文献资料，以便了解该课题的已有研究成果。为了更好地了解现状，她还开展了问卷调查和访谈调查，并以此为基础写出了有关"小学语文教师课堂提问的误区、原因及对策思考"的论文。但王老师总觉得这样的成果并非她所想要的，因为论文所谈对策主要是从普遍意义的角度提出的，对于改进她个人的课堂教学价值不大。后来，在一次教师教研培训中，王老师听到了"教育行动研究"这个名词，知道可以让研究与自身的教育教学行为直接联系起来。但是，她仍有疑问，那就是：教育行动研究究竟是一种什么样的研究？如果进行行动研究，之前所做的文献研究、问卷调查和访谈调查还有没有用？

教育行动研究将教育实践行动与教育研究工作相结合，是一种适合广大一线教育工作者的研究方法，在当前中小学教育研究中备受关注并得到广泛应用。作为一名小学教师，有必要深刻理解教育行动研究的概念、特点、价值与实施步骤等，掌握教育行动研究的成果撰写。

第一节 教育行动研究概述

长期以来，教育理论与教育实践之间始终存在难以逾越的鸿沟。"教师成为研究者"这一理念虽已提出多年，很多小学教师也通过报课题、做项目等方式参与教育研究，但感觉自己仍处于研究的被动状态和边缘地带，教育研究仍然主要由教育理论专家开展，广大一线教师仍以教学作为工作的重心甚至全部。近些年，教育行动研究进入一线教育实践，并逐渐被视为一线教师开展研究的最佳方式。为了对教育行动研究有一个较直观的认识，下面先展示一个案例。

案例6-1

"协作思维导图策略促进小学生习作"的行动研究（节选）[①]

1. 发现问题

习作难是小学语文教学中普遍存在的问题，教师觉得难教，学生觉得难学。信息技术与学科教学的深度融合是教育改革的重要方向，思维导图虽然在语文习作教学活动中被广泛应用，但使用方式仍以学生独自使用为主，缺少同伴协作。基于此，我们提出学生协作绘制思维导图促进习作的研究问题。

2. 厘清问题并制订计划

根据对已有文献成果的分析与提炼，结合学生的实际情况，团队共同研讨设计了一个行动方案。

行动基本策略：提出了贯穿习作全过程的协作思维导图策略，包括习作前引导策略、习作中指导策略和习作后评价策略。

学生情况分析：全班共54人，其中男生28人，女生26人，年龄在9至10岁之间，学生习作构思能力比较差。

行动准备：在行动研究过程中，学生以小组协作的形式开展习作学习。分组时，首先保证每个小组有高、中、低分段学生各1名，然后与任课教师协

---

① 魏雪峰，杨帆，石轩，等. 协作思维导图策略促进小学生习作的行动研究［J］. 现代教育技术，2020（6）：47-54. 有改动。

商，将剩余学生分配到不同小组中，每组平均分在 2.5 分左右。实验班共分为
12 组：4 人组有 9 组，6 人组有 3 组。每轮行动研究将阅读与习作相结合，阅
读作为日常思维导图构思训练手段，在习作课中呈现思维导图作品和习作作品。
结合常规语文教学，高校学者与授课老师一起设计三轮行动方案（见表 6-1）。

表 6-1　三轮行动方案

轮次	计划	行动	观察	反思
第一轮行动研究	让学生初步体验使用思维导图来进行习作构思的过程	教师带领学生使用思维导图分析范文，绘制思维导图到第三分支	学生的思维导图作品以及小组协作情况	学生绘制思维导图的质量和协作的积极性
第二轮行动研究	改善协作学习环境，提高学生绘制思维导图、构思作文的能力	教师带领学生使用思维导图分析范文，绘制思维导图到第二分支	思维导图作品与习作修改环节	思维导图的工具性与习作修改质量
第三轮行动研究	学生协作绘制思维导图并完成习作	学生自己分析范文，绘制思维导图	学生的思维导图作品与习作的整体水平	反思、调整策略，以便对真实教学更具有适切性

3. 开展具体行动、观察与反思

（1）开展第一轮行动研究

具体行动：教师通过“激趣导入—学习‘下水文’—自由表达，教师小结
—师生评议，完善习作”的基本流程，带领学生借助思维导图分析“下水文”，
绘制思维导图到第三分支。

行动时间：共历时 4 周，总计 4 课时，每课时 40 分钟，完成 4 篇文章阅
读、2 篇习作。

效果与反思：学生乐于使用思维导图工具进行协作习作，但习作关键词提
取能力较差；学生绘制思维导图样式单一、习作主题模仿严重；在小组协作过
程中，习作能力较差的学生存在感较低。

（2）开展第二轮行动研究

具体行动：针对第一轮行动研究中发现的问题，教师在教学实施过程中增
加了思维导图的呈现样式，让学生分享有创意的思维导图并进行细化关键词提
取的练习，重点关注增加的“组内交流、畅谈习作构想”和“组间协作、反思
再构导图”两个策略，有效解决了第一轮行动研究中存在的问题。在本轮行动
研究中，教师引导学生用思维导图分析范文，绘制思维导图到第二分支。

行动时间：共历时 6 周，总计 6 课时，每课时 40 分钟，完成 6 篇文章阅
读、3 篇习作。

效果与反思：思维导图绘制情况、学生协作情况等好于第一轮，但学生过
多关注思维导图的绘制，而对思维导图对习作构思的帮助关注不够；在组间协
作环节，学生注意力容易分散等。

（3）开展第三轮行动研究

具体行动：学生自己分析"下水文"，绘制思维导图；针对第二轮的问题，教师在教学实施中淡化了对思维导图创造性的展示，在学生协作使用思维导图进行习作构思的过程中制定比赛制度等。

行动时间：历时4周，总计4课时，每课时40分钟，完成4篇文章阅读、2篇习作。

效果与反思：学生绘制的思维导图作品比前两轮更加清晰、有条理，学生能够根据构思进行有效写作；但学生活跃度的不断提高对教师的课堂管理能力提出了更高的要求。

4. 总结和评价研究结果（略）

一、教育行动研究的含义

（一）教育行动研究的概念

"行动"和"研究"在西方社会科学工作者那里，是用以说明不同性质的两个活动概念："行动"主要指实践者、实际工作者的实践活动和实际工作，"研究"则主要指受过专门训练的专业工作者、专家学者对人的社会活动和社会科学的探索。

把"行动"和"研究"这两个词结合起来，表述为"行动研究"（action research）是20世纪三四十年代的事情。当时，柯立尔（J. Coller）、勒温（K. Lewin）等人将实践者在行动中为解决自身问题而参与进行的研究，称为"行动研究"。"行动研究"的理念一经提出，就在哥伦比亚大学师范学院院长考瑞（S. N. Corey）等人的倡导之下，于20世纪50年代进入美国的教育研究领域。随后，行动研究越来越受到课程专家、教师教育工作者和广大学校教师的欢迎，并成为当前英语国家中小学教师和校长最常用的研究方法之一。

教育行动研究是教育实践的参与者与教育理论工作者或组织中的其他成员共同合作，为了解决实际问题，在教育实践过程中进行的一种教育科学研究。它强调研究者不仅是研究者，更是教育实践的行动者。它与"教师即研究者"的理念有密切联系，教师、学生、辅导员、行政人员、家长及社区内支持教育的人都可参与其中。

（二）与教育叙事研究的关系

近年来，教育行动研究得到很多小学教师的青睐，呈现出蓬勃发展的态势，同时，另一种研究方法——教育叙事研究也进入小学教师的视野。那么这两种研究方法有什么关系呢？

所谓叙事，简单地说就是叙述故事，但叙述不仅仅是描述或解释，还要寻找故事背后的意义。在教育研究领域，叙事研究就是研究者通过叙事、讲故事的方式对有意义的教学事件、教师生活和教育教学实践经验进行描述和分析，从而挖掘或揭示隐于这些事件、生活、经验和行为背后的教育思想、教育理论和教育信念，从中发现教育的本质、规律和意义。

教育叙事研究的方式主要有两种：一种是"我"作为研究者"叙"他人的事。研究者去观察和记述研究对象的日常生活，包括对他们提供的工作日志、教学录像等资料进行解释等，在"叙"的过程中，研究者尽可能让自己沉浸在研究对象的生活中感同身受，但很少参与或指导研究对象的具体活动。另一种是"我"作为研究者"叙"自己的事，"我"是研究者，也是行动者，还是被研究者。在叙事研究中，研究者本人就是研究工具，在长期的教育教学实际体验中，在与研究对象的直接互动与实际交往中，发生各种教育故事和教育教学事件。对这些故事或事件，研究者通过观察、分析、反思，获得一些见解或者解释性的意见，这就是研究者自身作为主体直接介入其中的教育行动研究。

教育行动研究的成果需要通过一定的方式表达出来，如学术型、课例型、叙事型等。叙事是一种富有智慧和诗意的表达方式，教育行动研究可以用这种富有诗意的方式表达，也可以是学理性的论文表达。从成果表达的方式来看，教育叙事研究是教育行动研究中的一种类型。但教育叙事研究也不仅限于教育行动研究中，因为田野调查研究等其他一些研究也可以用叙事的方式表达。因此，教育叙事研究可以是教育行动研究，也可以不是，其区别在于研究者是否为行动者。同样，教育行动研究可以以叙事方式表达成果，也可以采用非叙事的方式表达，区别在于成果表达方式的选择。总之，教育叙事研究与教育行动研究可以结合使用，但并不等同。

二、教育行动研究的特点

教育行动研究作为教育科学研究的重要方法，除具备所有一般研究方法应有的共同特点外，还有不同于其他研究方法的特殊性。具体来说，教育行动研究具有如下六个特点：

（一）从研究目的看，是"为行动而研究"

传统的教育研究目的在于发现普遍规律，是"为理论而研究"。这种研究目的，一方面使对教育最有发言权的广大一线教师望而却步，另一方面又使美好的教育理论仅仅停留于文字记载。而学校教育研究最主要的目的，应是以问题为中心来改进教育实践。行动研究打破了传统研究在研究目的上的局限性，它的基本目的是改进实践而不是构建理论，构建和利用理论从属于且依赖这个基本目的。如案例6-1中的研究者在教育实践中发现"学生习作难，思维导图以学生独立使用为主"，为了找到其中的原因并帮助学生突破写作的困难而开展教育行动研究。

（二）从研究对象看，是"对行动进行研究"

行动研究抓住行动中值得关注的对象作为研究的问题。教育行动研究不仅关注学生行动的改进，更通过关注教师或学校其他教育人员行动的改进来实现学生行动的改进。它要分析问题之所在，提出解决问题的策略、方法，并最后解决问题。

当然，其他研究也会对行动进行研究，但它们往往只针对某一方面，有的只调查分析现状，有的虽进一步提出了解决问题的设想，但对谁去解决问题、能否解决问题则不予关注。而教育行动研究把研究问题和解决问题结合起来。例如，案例6-1中的研究者所关注的对象就是在实践中碰到的问题，他们努力通过多方面的途径来解决问题，并进一步反思，以此为基础分析问题解决的结果和需要进一步思考的问题。

（三）从研究人员看，是"行动者进行研究"

以往许多学校开展教育研究，往往是做专家立项的课题，由专家把各种具体做法一步一步安排好，然后教师跟着做。从客观上说，改革性研究也不可能事先很清楚一步一步怎么走，改革的实质就是从没有路的地方开拓出路来。在教育行动研究中，开展研究的主体就是一线教育工作者。这种对学校教育研究的积极参与，使教师不再只是研究方案的操作者或教育行政指令的执行者，而是同时成为研究者。

当然，虽然教育行动研究的主体是一线教师，但它并不排除与专家合作或接受专家的指导。不过，在教育行动研究中，专家往往只是起咨询、协助的作用，教师作为教育行动者在教育行动研究中的主体地位和主体作用是不变的。教育行动研究的这一特点，使"教师成为研究者"成为现实。

（四）从研究环境看，是"在行动中研究"

行动研究既不在实验室进行，更不在图书馆里开展。教育行动研究的环境是教师工作于其中的实际环境。更确切地说，它是与实际工作过程（行动）有机结合的"现场"研究。

这种应用就是一种行动，它不主张把研究和行动看作两种相互独立的活动分别进行，而把教育研究和日常行动合二为一，倡导"在研究中行动"和"在行动中研究"，使教学工作伴随研究，研究工作提升教学效果，研究和行动相互验证，相辅相成，真正把教学工作变成充满激情的创造性探索活动。

（五）从研究进程和方法看，是"边行动边调整"

教育行动研究要求研究者通过行动上的干预来达成对研究对象的改变。行动干预的进程和方法没有一个严格的程序，也无法预先完整地设定。它具有弹性或动态性，由研究者根据情况边实践边修改。因此，它要求教师具备对实践问题的敏锐感知能力，要不断反思行动的过程和效果，适时调节研究的方法或侧重点。这种不断调整，一方面可以改进对策，另一方面可以发现新的问题，某个问题得不到彻底解决，往往是由于其后面还有另外的问题，于是问题的解决就具有系统性。

（六）从研究范围看，是"研究者行动所涉及的范围"

在行动研究中，研究者不是去研究工作范围之外的对象，而是研究自己工作涉及的具体的人、事、物，其研究结果及由此得到的经验只限于自己特定的工作范围内有效，不一定能普遍应用。

除以上特点外，教育行动研究还具有很强的兼容性。它不独立于各种教育研究方法之外，而是研究者根据研究问题的性质、研究的不同目的及自己的能力，灵活选择相关方法，如可以运用教育调查法收集资料，运用教育实验研究法进行教育实验，等等。教育行动研究具有很强的兼容性这个特点，使它不仅仅被认为是一种特定的研究方法，更被看作一种关于研究和解决实践问题的新思维，一种开放的行动方式和研究类型。

三、教育行动研究的价值

教育行动研究要求研究的参与者即研究的实践者，主要目的在于解决当前的具体问题，而不是建立一套系统性的理论知识体系。这种研究方法可以跨越教育理论与教育实践的鸿沟，具有非常好的实用价值。

（一）是改变教育研究理论脱离实践倾向的良好途径

教育理论与教育实践脱节，是我国教育研究长期存在的一个问题。在某种程度上，一些教育专家的研究是"关于教育的研究"，而不是"为了教育的研究"。这种教育研究具有如下特点：研究的主体是理论研究工作者，而不是教育实践工作者；研究的目的是描述和解释教育，而不是改进教育实践；研究过程基本上游离在教育实践之外，是一种旁观者的研究，因而不为广大教师所理解、掌握和应用，收效当然也不大。这一现象，不仅影响了研究对教育实践的指导作用，而且阻碍了教育理论的发展。

而教育行动研究正好与上述情况相反。一方面，它的实践性是非常明显的，研究的出发点、研究的目的、研究的主体、研究的过程都离不开实践。另一方面，行动研究也重视理论的作用，它强调理论工作者与实际工作者的结合，使两者相互合作，平等对话，共同促进和提高。教师可以从专家那里获得必要的专业理论知识和研究技能，理论工作者也可以从真实的教育实践中获得第一手材料，发现新问题和新课题，甚至发现和创造新的理论，使研究成果更容易为广大中小学教师所接受。

（二）简便易行，容易为广大中小学教师所接受

目前，在教育研究领域，思辨研究以及理论推导和资料引证的方法，对于要承担繁忙的教育教学任务的中小学教师来说，既有一定难度，又缺乏现实的运用价值。实证主义的研究方法，为了追求量化、客观化和精确化，想方设法控制某些变量，力图使教育研究模仿自然科学实验——这种方法当然有其优势，但教育研究有自身的特点，它以人为对象，环境千变万化，因果关系相当复杂，加之它在实验研究之前，就

从理论假设、实验原则等方面对实验者的理论水平提出了较高的要求，因而对多数中小学教师来说，不一定适合。而教育行动研究是从实际出发而非从理论出发，可以边研究、边学习、边改进，容易在中小学教育中开展。

（三）有利于同时提高教育教学质量与教育理论水平

在教育教学实践中，教师会遇到大量影响教育教学效果的问题，这些问题应该得到探讨、解决。探讨、解决这些问题的途径，有时是理论学习，有时是他人经验借鉴，但有些问题，仅凭理论学习或经验借鉴并不能得到解决，因为理论经常需要具体到实际中才能考察其效果，他人经验对自身教育教学情境的适用性和价值也有待通过实践来验证。

教师进行以解决实际问题为指向的教育行动研究，在研究过程中，借助自身和研究团队已有的知识和经验，在掌握一定相关文献和对现实问题全面分析的基础上，提出一些解决问题的方案，并不断地观察、反思这些方案的效果，作出相应的调整、改进。这不仅有助于提高教师的教育理论水平，更有助于改进教师乃至研究团队的教学实践，提高教育教学质量。

与此相应的是，如果教师能够通过教育行动研究不断提高教育理论水平，下一步行动研究的效果就可能得到更多保证，教育行动研究与教育教学理论掌握是相辅相成、互促互进的关系。当然，教师从行动过程中所获得的大量实践经验，也能通过丰富教师的实践性知识来提升教育教学质量。所以说，教育行动研究不失为提升教师教育理论水平及改进教育教学工作的一剂良方。

四、教育行动研究的优点及局限性

（一）优点

1. 适应性和灵活性

教育行动研究简便易行，较适合没有接受过严格教育测量和教育实验训练的小学教师采用。教育行动研究允许边行动边调整方案，不断修改，经过实际诊断增加或取消子目标；研究条件的控制比较宽松，注重利用实际的教育环境，较适合在教育这样复杂的研究领域内进行。

2. 评价的持续性和反馈的及时性

教育行动研究强调评价的持续性，即诊断性评价、形成性评价、终结性评价贯穿整个研究过程。这种及时反馈总结，使教育实践与科学研究处于不断变化、调整中。

3. 较强的实践性与参与性

教育行动研究紧紧围绕学校的实际问题进行分析、研究和行动，研究人员往往由专职教育研究人员、教育行政领导和一线教师联合构成，研究人员直接或间接参与方案的实施，将教育研究与教育实践紧密联系。

4. 多种研究方法的综合使用

较为成功的教育行动研究，大多灵活合理地综合使用多种教育研究方法。

（二）局限性

1. 受教师行动自觉性的限制

教育行动研究对行动者的自觉性要求较高。因为研究行动主要由教师控制和执行，如果教师没有强烈改变现实的意愿，教育行动研究无法有效开展。因此，教育行动研究需要教师有较强的自觉性来有意识地变革现实，改进自身的教育教学实践。

2. 受教师工作量的限制

教育行动研究虽然是教师在自身教育教学实践中进行的研究，但必须承认这会增加教师的工作量。教育行动研究不仅需要教师常常观察、记录、反思师生的行为，同时还需要教师通过额外时间的学习来提高自身的理论水平。一线教师每天的教学任务和班级管理任务比较繁重，既要保证教学质量，又要保证研究质量，能否两者兼顾，就要看教师协调教学与研究的能力了。

3. 受专家与教师多方面因素的限制

一线教师和有些专家的研究目标可能有较大不同，一线教师研究的主要目标是改善行动而不是发展知识或建构理论，而专家倾向于将研究目标定位于发展知识和建构理论。另外，即使观念一致，在研究过程中也可能遇到双方时间冲突、互动衔接、成果归属等方面的问题。因此，在教育行动研究中，专家与教师的协调一致相当重要。

4. 受结果信度与效度的限制

教育行动研究基于教师自身实践来开展，受到行动事件背景的制约，具有较强的个体性，并且由于在实际研究中不可能严密控制条件，结果的准确性、可靠性受到一些限制，因此推广使用研究成果可能会遇到不少问题。

最后，还要特别提到的是，教育行动研究不能只有"教育行动"而没有"教育研究"。"行动"与"研究"融合的关键是，在理论指导下实践，在研究状态下行动，把理论和实践紧密地结合起来，努力提高对实践经验的理论概括水平。如表 6-2 所展示的"大班额分层教学的行动研究"就是一个很好的行动研究例子。该行动研究依据一定的理论制订行动步骤，确定行动内容，思路十分清晰。

表 6-2 "大班额分层教学的行动研究"的行动步骤、内容与依据 [1]

行动步骤	行动内容	行动依据
1. 选择分层教学模式	是两种模式的融合：以班级授课为主，保留原来的行政班级，但学生的座位是流动的；单学科分层，即学生在每门学科中都有属于自己的层次，每门学科的教师为各层学生安排座位	（1）班内分层目标教学模式（2）分层走班制教学模式

---

[1] 改编自：卢婷. 大班额分层教学的行动研究［D］. 扬州：扬州大学，2013.

行动步骤	行动内容	行动依据
2. 分层	（1）分层标准：学生成绩＋课堂表现＋课后表现 （2）分层目标：A层目标为最大限度满足学生的学习欲望；B层目标为转变学习态度，培养良好的学习习惯，在原有基础上取得更大进步；C层目标为培养端正的学习态度、良好的学习习惯，夯实基础 （3）座位分层：传统的秧田型，第一组为C层学生，第二、三组为B层学生（因B层人数较多），第四组为A层学生	（1）参阅已有研究中的多种分层标准和分层目标 （2）根据课堂管理相关理论和学生心理进行座位分层
3. 分层教学	（1）分层备课 （2）分层上课 （3）分层作业 （4）分层辅导 （5）分层评价	（1）课程标准 （2）"最近发展区"理论 （3）有关学习理论 （4）华国栋《差异教学策略》中的相关理论与教学策略

实践与体验

任务

认真阅读案例6-1，根据教育行动研究的特点，具体分析并说明该案例中的研究目的、研究对象、研究人员、研究环境、研究进程、研究范围和使用的具体研究方法，填入表6-3中。

表6-3 "协作思维导图策略促进小学生习作"的行动研究分析表（1）

分项	具体内容
研究目的	
研究对象	
研究人员	
研究环境	
研究进程	
研究范围	
具体研究方法	

操作提示

（1）复习本节教育行动研究的相关理论。

研究目的：改进行动或实践，要说明具体需要改进的行动或实践。

研究对象：行动中的问题。

研究人员：所有参与研究的人员，但主体是一线教师。

研究环境：教师工作的环境，如教室、课堂等。

研究进程：边行动边调整。

研究范围：教师自身特定的工作范围。

使用的具体研究方法：方法多样，包括文献法、问卷调查法、访谈法等。

（2）对案例 6-1 进行具体分析。

他山之石

见表 6-4。

表 6-4 "协作思维导图策略促进小学生习作"的行动研究分析表（2）

分项	具体内容
研究目的	通过绘制思维导图优化小学生习作效果
研究对象	研究团队所在学校的小学生
研究人员	提出问题的不同学校的教师们、高校学者
研究环境	教师工作的环境（课堂和班级）
研究进程	发现问题→厘清问题并制订初步计划，明确行动策略，付诸第一次行动→收集资料，观测效果，反思后确定下一步行动……（多次循环、螺旋前进）→评估研究结果→进行下一个研究
研究范围	教师们自己的教育教学实践范围
具体研究方法	问卷调查法、访谈法、课堂观察法、文献检索等

第二节　教育行动研究的一般步骤与成果撰写

自 20 世纪 80 年代以来，西方教育学者围绕如何开展行动研究提出了不同的模式，试图为教育行动研究者（尤其是广大一线教师）提供直观的、可操作的程序。首先将行动研究的过程加以模式化描述的学者是行动研究的先驱勒温，他提出包含"计划—行动—观察—反思"四个环节的螺旋循环模式。在第一次"计划—行动—观察—反思"之后，又开始下一个计划阶段，每一个"研究—行动"过程的进行，都可能引发另一个"研究—行动"过程的展开（如案例 6-2）。在勒温行动研究螺旋循环模式的基础上，一些学者提出了改进型的行动研究模式，如凯米斯（S. Kemmis）的循环模式、埃利奥特（John Elliot）的循环模式、埃巴特（D. Ebbutt）的可回复性历程模式等。

《行动研究的操作模式》

案例6-2

改进课堂提问的行动研究 ①

第一个循环：

（1）设想：学生认为科学只是回应事实，而不是探索。怎么才能使学生探索？是改革课程还是改变提问策略？应该建立新的提问策略。

（2）计划：把提问的重心转移到鼓励学生为解决自己的问题而寻找答案上来。

（3）行动：试着提出一些让学生说出他们自己的想法和兴趣的问题。

（4）观察：录制几节课的提问，观察记录情况，并用日记记下印象。

（5）反思：为了使全班按照教师的设想走，需要对情境加以控制，然而控制却破坏了特殊性提问。

第二个循环：

（1）修正计划——继续贯彻基本设想和计划，但要减少控制性陈述。

（2）再行动——在几节课中减少使用控制性陈述。

（3）再观察——录下提问及控制性陈述，并记下对学生行动的影响。

（4）再反思——学生探索精神得到发展，但随之而来的是学生较难管理。如何让他们步入正轨，从而能够相互倾听彼此的答案？有哪些更有帮助的课型？……

行动研究尽管有多种模式，具体步骤也有一些差异，但总体而言，都涉及提出问题，分析问题，制订计划，行动、观察与反思，总结与评价等几个环节。下面就从这几个环节入手，对教育行动研究的实施步骤进行具体的分析和介绍。

一、教育行动研究的一般步骤

（一）提出问题

行动研究采取"以问题为中心"的研究方式，因此，"提出问题"理所当然地就成了研究的起点。没有问题就不会有研究的冲动。没有研究的冲动就不会有研究的行动，也就不会有问题的真正解决。提出问题是研究的出发点，解决问题则是研究的终点。当然，终点也意味着一个新的起点，意味着新问题的出现和等待解决。

行动研究就是这样一个周而复始、螺旋上升、动态变化的过程。教育行动研究关注教师职业方式的转变，其实质就是要求教师在日常工作中保持一份"解决问题"的心境。在现实当中，的确存在着教师找不到研究问题，或者虽然找到了问题但问题却大而不当，或者根本没有想到要从自己的教学实际中去找问题的现象。

值得注意的是，在行动研究中提出问题，实际上不是单纯地提出一个"问题"，而是研究者已经尝试去解决问题，但问题还没有得到解决或者在解决问题的过程中又

① 转引自：郑金洲. 行动研究指导［M］. 北京：教育科学出版社，2004：35-36.

遭遇了新"问题"。因此，在行动研究中，教师需要转变提问的方式，在提出问题时不再仅仅提出一个单一的问题，而要"讲述"自己遭遇了一个什么样的"教育事件"，这个事件是如何发生的，它是如何被处理的，处理之后遇到了什么"困惑"。这种处理某个教育事件之后"遗留"下来的"困惑"才是问题。

比如，我们提出一个问题：怎样处理学生自由发言与课堂纪律的矛盾？此时应该追问：自己是否已经采用了自由发言这种课堂管理方式？如果我们只是听说有人采用了"让学生在课堂上自由发言"这种教学策略，然后想象这种方式会导致课堂纪律混乱，或者只是简单地、浅尝辄止地尝试了这种教学策略，然后认为果然不出所料，出现了课堂纪律混乱的问题，那就说明我们只是看到了一个普遍的、他人的现象，并对它发了发牢骚，还没有真正地提出问题。如果我们已经"参与""介入"了"课堂自由发言"这种课堂管理方式，已经"想办法解决"了相关问题，但又遇到了新的障碍或困惑，那么，我们所提出的问题就不再是一般的、普遍的、他人的教育问题，而是具体的、独特的、个人化的教育生活中的真实问题了。

> **案例6-3**
>
> ### "消解潜能生课堂'失语'行为"问题的提出过程
>
> 王老师在开学之初发现班上学生在课堂上不爱发言，他有意识地鼓励学生在课堂上自由发言，该举措提高了学生发言的积极性，但班级课堂秩序显得有些乱，以至于其他任课老师对此颇有微词，甚至在一次课堂中还发生了师生冲突。为此，王老师跟班委会一起商讨对策，决定通过主题班会制订课堂发言的规则。课堂发言规则的制订，确实有效地改善了课堂秩序，但新的问题又出现了，学生的课堂发言出现了两极分化：平时善于表达的学生越来越喜欢发言，平时不善于表达的学生却越来越沉默。怎样才能让那些不爱发言的潜能生在课堂上踊跃发言呢？王老师提出了"消解潜能生课堂'失语'行为"这样一个问题。

这个案例告诉我们，行动研究中的提出问题实际上意味着解决问题，只是在解决问题之后仍然有一个或几个无法克服的障碍或解决的困惑，所以需要提问。这种提问，显然不同于一般意义上的提问。它实际上是一个过程，不是一个瞬间动词。它是一种参与、介入的态度，提问者已经把自己摆进去了。把自己摆进去意味着提问者已经成为此问题的参与者，而不是此问题的袖手旁观者；也意味着提问者已经成为此问题的当事人，而不是随意地提出一个问题，等待专家来指导。

教师能否以参与者而非旁观者的态度提问，能否以当事人而非局外人的角色提问，将直接影响提问者参与行动研究的程度，也将直接影响行动研究对教育实践的改进程度。因此，改变教师的提问方式是在行动研究中提出问题的重要策略与评价指标。

（二）分析问题

即使在提出问题以后，教师本人仍然要进一步明确问题，对所提出的问题进行深入分析，使研究的问题明晰，为下一步制订计划提供依据。

分析问题大致可以分两步走：

1. 根据自身条件来分析、选择可研究的问题

可以从以下两方面来分析：

第一，可行性。主要考虑研究者自己的能力、精力、时间和所需要的外在支持满足程度等。如：我是否有可能解决这一问题或采取一些行动？我有时间解决这一问题吗？这一问题的解决计划，会对我提出过多的要求吗？对解决这一问题，我是否太依赖其他人或组织的帮助，或者主要依赖其他人行为的改变？我拥有这些帮助和支持吗？

第二，相关性。主要考虑该研究问题与自身教育教学活动的关联程度及对自身专业发展的支持程度等。如：这些问题是来自我自身的临场经验吗？如果我选择这一问题作为研究对象的话，它与我其他的教学活动是否相容？对我以及我的专业成长而言，这一问题的解决有多重要？

2. 对所选择的问题作细致专业的剖析

这里所说的专业剖析，是指借助文献资料、他人经验、自身经验、研究团队的讨论等信息，对所选择的研究问题做细致、全方位的分析，以期确定研究问题的焦点和解决问题的策略。

剖析所选择问题的八个步骤

（1）所提出的问题在实践中有哪些具体的表征？

（2）所提出的问题从什么角度、层面或立场来讲才表现为问题？

（3）在这么多的具体问题中，最关键的问题是什么？

（4）产生这些问题的原因有哪些？

（5）问题的解决受哪些因素的制约？

（6）在众多的制约因素中，哪些虽然重要但一时改变不了？哪些虽然可以改变，但不重要？哪些是重要并且可以创造条件改变的？

（7）创造怎样的条件，采取哪些方式，才能有所改进？

（8）最佳的预期效果是什么？

比如，有教师提出"学生上课不能专心听讲"这一问题，并在实践中尝试去改进，但效果仍然不理想。这一问题作为研究问题，还有待进一步分析与界定，包括：学生上课不专心有哪些具体的表征？站在教师层面来看认为是不专心，站在学生立场是否真的是不专心？在学生上课不专心的各种表现中最严重的是什么？导致学生上课不专心的可能原因有哪些？（例如，可能与以下因素有关：学生的年龄、学习的习惯、教学的内容、教学的方法以及教师的人格因素等。）这些因素哪些是主要因素？哪些是能够改变的？哪些是容易改变的？哪些是根本无法改变的？研究的预期效果是什么？等等。

（三）制订计划

在确立问题之后，教师可以根据自己或他人的教学经验，依据一定的教育理论，凭借自己对问题的认识，设计出可能解决这一问题的行动计划，并明确行动所要达到的目标。在行动研究中，制订计划是非常重要的一个环节。计划是一幅研究的"蓝图"，它不仅能为研究者提供比较详尽的研究步骤，确保整个行动研究过程的有序开展，而且能为行动研究过程和结果的评价提供参考的框架。同时，制订计划的过程也是在进一步分析和论证问题解决的可行性。

1. 计划的基本内容

一份较为完整的行动研究计划大体包括以下内容：

（1）研究什么

研究课题：我的问题是什么？

课题提出：我为什么会感兴趣？我已有的经验是什么？

文献综述：别人知道些什么？（已有的研究成果主要有哪些？）

研究假设：具体行动的假设。（我希望采取哪些办法解决这一问题？）

（2）怎么研究

行动策略与安排：我要采取什么样的行动？什么时间？在哪里？谁来参与？行动的理由是什么？预期的进展是什么？（即：根据研究假设明确行动策略。）

行动时间表：为保证以上策略与安排能按计划实施，最好以表格的形式列出这些策略与安排来，参见表6-5的模板。

表6-5 行动时间表

时间	行动策略	行动理由	地点	参与人	预期进展

资料收集的目标、方法与技术：如何记录过程？用哪些方法与技术？准备从数据中获得什么信息？

特别要指出的是，资料的收集是至关重要的。行动研究需要通过所收集的资料来体现和反馈行动的结果，研究者要据此判断行动的合理性和下一步行动的方向。因此研究者在制订行动研究计划时，有必要对资料收集的目标、方法与技术进行具体的思考。

如在案例6-1中，研究者通过观察学生绘制的思维导图质量和小组协作情况、评阅学生习作作品、测量学生习作构思和思维导图绘制水平等方式了解教育行动研究的效果。

2. 计划的变通

教育行动研究的特点决定了其研究计划不是固定的，在研究过程中进行调整与变化是研究的常态。在行动研究过程中，某一因素的变化有时会导致研究步骤与行动策略的变化。教育行动研究计划的动态变化，主要体现为以下几种形式：

（1）转换

在研究中转换研究问题，用新的问题取代原有的问题，是在动态中生成研究方案的一种形式，也是对原有方案具有颠覆意义或部分颠覆意义的一种形式。

案例6-4

"鼓励学生课堂质疑"课题研究计划的转换

小学语文教师丁老师最初确定的课题是"鼓励学生课堂质疑",但是在实施后她发现自己容易跟着学生的问题跑,学生提一个问题自己解答一个,课堂成了"记者招待会",语文课失去了学习语言文字的味道。为了改变这种状况,她尝试了几种方法,比如,让学生提前把新课问题写在便条上,自己在课堂上帮助学生梳理疑问,归纳总结问题,但往往一堂课下来,"发觉仍旧按既定思路教学,撇开了学生的疑问,质疑成了虚晃一枪"。丁老师对鼓励课堂质疑这种教学方式产生了怀疑。后来,一次突发事件(课堂中学生对课文内容的质疑)让丁老师陷入了反思。"课堂质疑"这个研究题目显然太大、太宽泛了,根本没有用武之地。是研究为何要鼓励学生质疑,还是如何应对学生的质疑?显然都不合适。丁老师为自己寻找到了一个新的研究起点——如何引导学生的质疑,即教师如何直面学生活跃的思维与直接的表达,尽到教育者的引导责任?这样,一个研究设想成形了:探讨学生质疑之后的价值观引导问题。

（2）细化

起初的行动研究计划可能只是一个大致的构想,在研究中,这种构想逐渐具体化,计划越来越具有操作性。比如教师发现班级中的一位学生在与其他教师和学生交往的过程中有一些过激的言行,他觉得有必要对这位学生进行个案研究,一开始的设想还是比较粗略的,在与这位学生进行交流的过程中,他逐渐形成了一个甄别学生过激言行存在的原因,帮助学生采取得当行为的对策,整合包括家庭在内的各种教育资源的具体计划。

《从一位教师的个案看如何作行动研究》

3. 分化

当先前的研究问题只有一个较为宏观的构想时,这个构想需要逐步分化为几个不同的研究问题,分别进行研究,形成新的行动研究计划。如某位教师在观摩了某堂优质示范课后,对课堂中的学生合作学习很有感触。他打算在自己的班级里引入合作学习,并对它进行深入研究。在一开始的研究构想中,合作学习作为一个整体出现,是一种综合的或者说是混沌的状态。随着研究的深入,该研究从一开始只是引入合作学习的方式问题,到后来逐渐分化出合作学习的内容、方式、策略、指导等不同的问题。

4. 调整

调整即在研究中对原有的想法进行修正,改变研究步骤、方法等,使研究更为完善、丰富。比如,对学生朗读情况的研究,原计划设计运用的方法有观察学生朗读时的情绪状态、比较学生的朗读水平与能力、利用问卷形式调查学生的朗读兴趣和倾向,在后来的研究过程中又增加了对学生阅读的时间、次数以及相关质量等进行统计分析的方法,以更全面、准确地掌握学生朗读的情况。

5. 生成

在起初的研究中,只是有问题意向,并无具体的研究计划,随着研究的推进,研

究计划的制订才逐渐提到议事日程上来。这种先有研究行动后有计划的形式，在专业研究者的课题研究中几乎是不可能的，但在中小学教师的行动研究中则较为普遍。在研究中生成，是教育行动研究的固有特点和主要体现方式。因此，行动研究往往不是在研究未开始之前，就把计划设计得十分周密详尽的。在研究中生成计划，意味着教师在研究中应该多关注随机出现的情境，不轻易放弃偶发性因素；在研究中也应该拥有更多的主动权和自主权。

（四）行动、观察与反思

行动研究，贵在行动。实施行动是改变教育教学状态的核心环节。无论多么恰当的研究问题和多么好的计划，如果不落实到研究行动中去，都是空想。有些课题研究，方案不可谓不好，计划不能说不具体，但是，就是没有落实行动，最终课题成了摆设。

1. 行动

与其他研究方法中的行动相比，这里的行动是在正常教学秩序下进行的，具有更强的情境性和实践性。换句话说，这里的行动具有贯彻计划和直接解决问题的性质。也正是由于实际教学过程受到诸多现实因素的影响，所以教师一方面应当尽量按原定计划展开行动，另一方面又要注意收集每一步行动的反馈信息，可行则直接进入下一步计划和行动，不可行则需要调整、修改甚至重新进行问题界定。因此，实施计划的行动，通常总是边执行、边观察、边反思、边修改的，是个不断调整的、灵活的、能动的过程。

案例6-5

实习教师在小学语文习作教学中运用思维导图的行动研究 [①]

本次行动研究针对语文教材四年级三个单元的习作内容，研究实习教师如何在习作教学中运用思维导图。

第一次行动：指导学生学习绘制思维导图。

在教学中，教师通过示范引导学生以练笔的方式学习绘制思维导图。虽然学生基本理解了思维导图的构成要素，但是在绘图过程中会出现层级归类混乱、线条不清晰和无粗细变化等问题。因此，我决定通过提供导图样例、规范绘图标准等方式来帮助学生熟练绘制思维导图，并在学生个人独立完成的基础上安排小组交流，完善思维导图。

第二次行动：利用思维导图帮助学生构思。

在"我的动物朋友"习作练习中，我发现学生初步适应了用思维导图辅助习作的流程，习作有了一定的进步，但是出现了部分文章结构混乱、习作描写不具体等问题。出现这些问题的原因主要在于：学生思维导图结构布局不合理、

《实习教师在小学语文习作教学中运用思维导图的行动研究》

---

① 李淑兰. 实习教师在小学语文习作教学中运用思维导图的行动研究［D］. 长沙：湖南第一师范学院，2019. 引用时对论文中表述的研究过程进行了提炼。

概念归类不清晰、部分标识不清晰，以及运用思维导图构建文章结构的能力较差等。

第三次行动：利用思维导图改进学生构思。

在"我学会了"单元习作教学中，我针对学生在上一轮习作中描写不具体、文章结构不合理等问题进行了具体细致的指导，让他们运用思维导图梳理文章结构，重点指导学生写好文章细节等。

最后，指导学生利用思维导图修改习作。

在案例6-5中，研究者针对小学生习作中出现的问题及时进行调整，如在指导学生学习绘制思维导图时，她发现学生出现了层级归类混乱、线条不清晰和无粗细变化等问题，通过提供导图样例、规范绘图标准等方式在下次教学中加以改进，体现了行动研究"边行动、边研究、边调整"的特点。

2. 观察

在按照研究计划有策略地采取行动之后，收集行动过程中的相关资料，以备后续反思改进之用，是行动研究过程中的一个重要步骤。这一收集资料的过程，也是对行动者及其行动的实际状态（包括背景、过程、结果、特征等）的全面观察。由于教育活动中的许多因素难以事先确定和预测，更不能全部控制，因此，观察在行动研究中的地位十分重要。在行动研究中，观察是反思、修正计划及确定下一步行动的前提条件。

需要观察的内容主要有三大块：行动背景因素以及制约行动的因素；行动过程，包括什么人以什么方式参与了计划实施，使用了什么材料，安排了什么活动，有无意外的变化，如何排除干扰；行动的结果，包括预期的与非预期的、积极的与消极的结果。

观察技术包括资料来源的技术和资料分析的技术。其中的资料来源可以通过教育观察、教育访谈、文献收集、问卷、测验（包括学业成绩测验、心理量表测验和自制教育问卷测验）等方法来获得。具体请参看本教材其他相应章节内容。

3. 反思

反思是在行动和观察之后进行的，既是行动研究上一个循环的结束，也意味着下一个循环的开始。反思的目的在于寻求教师行动或实践的合理性。反思内容大体涉及两个方面：一是对整个行动研究过程的系统描述，即勾勒出从提出问题到制订计划、从采取行动到实践观察的整体图景；二是对行动研究的过程和结果进行判断和评价，并对有关现象和原因进行分析和解释，找出计划与结果的不一致性，进而确定原有的研究问题、研究计划是否需要修正，需要怎样修正。反思的基本要求是：

第一，以研究问题为基点。行动研究是始于问题解决的。因此，在反思的环节上，研究者需要针对原初的问题具体地展开反思。

反思的内容

- 我是否解决了原初的问题？
- 在多大程度上解决了原初的问题？

- 还有哪些问题需要在下一步计划中加以解决？

……

第二，以研究计划为参照。研究者的行动是遵循研究计划开展的。因此，结合研究计划来反思行动或实践，不仅有助于考察原有研究计划的合理性，还有助于完善下一步计划。

参照的内容

- 我是否实现了研究目标？
- 如果没有实现，是否与研究计划失当有关？在多大程度上有关？由此是否可以判定原有计划是失当的，以至于可以放弃原有计划？没能改进实践，是研究方法有误，还是行动策略有误？
- 如果已经实现，与我预期的目标是否还存在差距？有什么样的差距？又该如何设计下一步行动计划？

……

第三，以教师行动为对象。在行动研究中，反思都是行动者的反思，是教师对自身行动或实践的反思。这种反思有时是描述性的，如对行动者或实践者所处教育情境进行描述；有时是批判性的，如多角度地对自身行为或实践合理性进行综合分析。

第四，以改进实践为归宿。行动研究最终指向教育实践的改进。教师反思的指向也应该是实践的，如：在研究过程中，教师个人的教育教学素养是否得到了提升？是否增强了教育教学实践的合理性？是否改进了教育实践？是否解决了教育中的现实问题？

反思的过程往往可以采用撰写分析性备忘录的方式来记录。行动开始后一段时间，研究者通读所收集到的所有资料，然后写下所看到的行为模式、词句、关键观点、事件等，来作为备忘录（见案例6-6中的表6-6）。基于反思形成的分析性备忘录，不仅可以提醒研究者下一步需要做什么，也可以帮助研究者从中形成新的观点和主题。

案例6-6

表6-6　两次习作中学生作品"文章结构与语言"情况分析

过程	文章结构	错别字、病句和口语化	细节描写、优美词句运用
第一次："我的动物朋友"习作单元思维导图运用	大结构顺序混乱的作品有2篇；小结构错乱10篇；结构没重点有14篇	错别字、病句普遍；17篇习作口语化	有20篇细节描写比较差；有30人使用优美语句
第二次："我学会了"习作单元思维导图运用	30位按照故事六要素合理想象写作，12位学会了篇末点题，详略安排更为合理	错别字和病句仍比较普遍；13篇习作口语化	有13篇细节描写比较差；有32人使用优美语句

此次行动实践的效果比第一次实践效果更明显，可能是对叙事类的习作学生掌握得比较好，写起来就比较得心应手。从一系列上升和下降的数字对比看，思维导图

对学生想象类叙事习作还是有帮助的，能够帮助学生厘清习作思路，对习作进行谋篇布局。在习作过程中，一旦学生头脑出现空白，思维导图还能起到提示的作用，减少学生在写作文中的随意性。但是思维导图不能减少习作语言口语化、语病和错别字的现象。这个问题到底该如何解决呢？有必要向有经验的教师请教。

（五）总结与评价

这一环节主要包括以下三个步骤：

第一，整理和描述。即对从研究中获得的数据、资料进行科学处理，对观察到、感受到的与制订计划、实施计划有关的各种现象加以归纳整理，描述出本循环周期的进程和结果，特别是多侧面地、生动地勾画出行动的过程。

第二，评价解释。即对行动的过程和结果进行价值判断，对有关现象和原因加以分析，进行诠释，找出计划与结果的不一致性。除了评价本循环周期的行动，得到研究结论外，研究者有时还需要对产生这一课题的实际问题，根据通过实践体验所获得的深层次认识，加以进一步的解释和评价，从而对整体设想、总体计划、下一步是否需要修正行动计划及需要做哪些修正等进行判断和构想。事实上，在整个研究过程中，诊断性评价、形成性评价、终结性评价往往贯穿工作流程的始终。

第三，写出研究报告。行动研究报告有自己的特色，详见下文。

二、教育行动研究成果的撰写

教育行动研究成果可以以多种形式呈现，如教育故事、教育随笔、教学课例、教育行动研究报告等。

（一）教育故事

教育故事常常是以讲故事的方式来表达作者对教育的理解和解释。这种讲故事的方式又叫教育叙事，兴起于 20 世纪 80 年代，以加拿大学者康奈利（M. Connelly）和克兰迪宁（J. Clandinin）的成就较为显著。他们认为，教师从事实践性研究的最好方法，是不断地说出一个个真实的故事。

1. 教育故事的特点

（1）真实性

真实性是教育故事的一个重要特点。教育叙事研究以日常教育生活中真实的活动、感受、体验与诉求为研究素材，要求把真实的教育生活展现出来，不能为了迎合某种理论而杜撰故事。

（2）情节性

教育故事叙述的必须是一个或几个教育事件，即教育过程中发生的某种意外的"教学冲突"或出现的某个有意义的"教育问题"。教育故事的价值在于它通过情节打动人，感染人，而不以抽象的概念或符号替代教育生活中鲜活生动的情节，不以晦涩枯燥的语言概括具体的教育事实。所以，叙述教育故事需要有一定的情节。注重情节，以记叙为主，是教育故事与一般教育研究成果表达之间的最大差别。

（3）反思性

教育故事不仅叙述故事本身，还要对此进行反思。叙述中所融入的反思，让写作者对特定教育问题有更深刻的把握，让读者从中产生联想和共鸣，得到启发，也让教育故事这一教育研究成果具有一定的理性色彩。

2. 教育故事写作的注意点

（1）题目的表述

撰写教育故事首先要考虑故事的标题，借助标题来反映事件的主题和相关信息。确定故事的标题通常有两种方式：一是用故事中的突出事件作为标题，如《闷葫芦会讲话了》等；二是用故事中包含的主题作为标题，如《学生给了我启示》《走近语文教学的艺术殿堂》等。前者通过展示故事的相关信息来吸引读者，后者能使读者明白故事要说明的主旨是什么。

（2）内容的构成

第一，条件和背景。条件和背景就是提供故事产生的场景、发生的环境和条件，即与故事发生的时间、地点及其中的人物、事情的起因等。

第二，主题与描述。每个教育故事都要有鲜明的教育主题。这类主题可以是当前教育改革中的核心理念、常见问题、困扰事件等。教育故事的叙述方式，应该有趣且引人入胜，虽然故事来源于真实的经验，但具体情节可以紧紧围绕主题进行适当调整，从而使得故事具有一定的典型性，有更多的借鉴意义和教育价值。

《特迪的礼物》

第三，反思与讨论。在故事的叙述过程中，或在故事叙述完毕之后，要反思、梳理相关经验与教训。

（3）表达手段

用什么表达手段说好自己的故事？"深描"应该是个关键词，即描述要具体、明确，要善于揭示相关人物的内心世界、态度、动机等。当然，教育故事是一种非常个性化、多样化的教育研究成果表达形式，在撰写过程中可充分运用多种表达手段。

（二）教育随笔

教育随笔是谈教育教学思想观点的随手所记，基本上属于"妙手偶得"一类的记录。它的主要特点是材料源于教育生活，题目小，篇幅短，层次和结构比较简单。当前，教育博客、QQ空间、微信朋友圈已成为教师发表教育随笔的主要渠道与空间。

案例6-7

由教具的使用引发的课堂管理事件

当我把自己绘制的卡通形象"喜羊羊"的图片贴在黑板上时，原本还低着头懒洋洋地拿着铅笔的几位学生迅速地抬起头，跟着其他学生盯着黑板兴奋地大

171

喊"喜羊羊"！这一刻，我知道我用自制的教具成功地吸引了所有学生的注意力。

我把第一道题板书在黑板上，我看见全班所有的学生都盯着黑板，认真地听我讲课。此刻我有些洋洋得意：看来今天教具发挥作用了。

接着我继续讲第二道题。我原本想让学生自己看着书本读题目，可我等了大约一分钟，还有部分学生没翻开书，一边两眼直盯着黑板，一边和同学说话。于是，我给表现好的学生加小红旗，可这一招对有些学生没有吸引力，他们仍然盯着黑板。直到我一个个点名批评以后，他们才十分不情愿地打开书本。在读题目时，我发现还有些学生盯着黑板。这时，我才想起应该把喜羊羊和灰太狼的图片摘下来。

我把小学生喜欢的卡通形象绘制成图片带入课堂，目的是通过新鲜刺激物吸引学生的注意力。我相信只要学生积极地投入到课堂学习中去，课堂就会很少出现违纪现象。但是，由于使用不当，卡通形象图片分散了学生的注意力，影响了课堂秩序。面对学生的违纪行为，我采用了表扬和奖励的方法，但是效果不佳。在这种情况下，我选择通过批评学生来维持课堂秩序。但是，这种方式加深了教师与学生的疏离感，使课堂气氛趋于紧张。理论和实践告诉我们真正有效的纪律是学生自我控制的纪律，它产生于学生内心，建立在教师对学生人格和权利尊重的基础上。教师应指导学生学习规则，让学生对自己的行为负责，学会自我控制，培养自控能力。实际上，课堂秩序的维持并不只是课堂纪律功能的表现，教师的教学艺术的发挥、教师的人格魅力等，都可以达到维持课堂秩序的目的。充分的课前准备也是良好课堂秩序的重要保证。

案例6-7这则教育随笔，虽然记录的是课堂中一些平常的教学行为，但研究者用心记录，并结合自身已有的理论认知和经验对其中自己的教学行为进行反思，让看似平常的教学行为生发出了深刻的教育意义。研究者通过对真实教育故事的叙述，润物细无声地让读者感同身受并深受启发。

（三）教学课例

在某堂或某几堂课后，教师如果对教学内容、教学方法、评价方式等有所感悟，可以用"教学课例"的形式记录下来，让这堂课或这几堂课成为可供观摩的范例。

教学课例与教学反思有关联，它一定包括教学反思，但比教学反思更成系统。教学课例与教学实录也有关联，但教学实录主要记录教学过程，教学课例谈教学过程则一定要为观点与评析服务。

根据写作者与授课人是否为同一人，教学课例可分自己的"教学课例反思"和他人的"教学课例评价"两种。其中，对自己的课例重在反思，对他人的课例重在评析。值得注意的是，对他人的课例进行评析，应该是基于某种理论的客观分析，绝对不能做成教学实录，因为教学实录的版权应是授课者本人的。当进行评析时，如果引述教学过程不可避免，也要尽量简短。

《语文的诗意构建：美读、复沓和陌生化——王崧舟〈去年的树〉赏析》

（四）教育行动研究报告

教育行动研究报告包括前言、行动设计（准备）、行动过程、行动结果与反思等，各部分的撰写要求有自己的特色，下面一一进行介绍，具体样例的分析详见本章第三节"教育行动研究案例分析"。

1. 前言

与问卷调查报告一样，前言部分也主要从研究背景、研究目的与意义、研究问题（研究内容）等方面来写作。其中研究问题包括提出问题和确定问题。提出问题就是研究者以批判性、自我反省的形式，对教育教学工作实践进行回顾、反思和评判，提出问题并对问题进行清楚的描述和论证。确定问题是指对所描述的问题进行分解与细化、抽象与概括等，使研究问题聚焦并具有针对性和实践性，以使研究问题具有很好的研究价值。

2. 行动设计（准备）

教育行动研究报告的特色主要在于行动设计、行动过程和行动结果部分。行动设计需要对研究问题进行诊断并拟订相应的行动方案，包括诊断原因和提出行动方案。诊断原因就是针对研究问题进行诊断，找出问题存在的原因，提出研究假设，为采取适当行动并有效地解决问题奠定基础。提出行动方案就是制订出能够解决某一问题的具体行动策略与步骤，并对行动方案进行理论论证，确保方案合理和科学。

3. 行动过程

研究者按照事先拟订的研究设计，创造性地运用自己的经验和相关的教育理论，践行行动策略，尝试解决所提出的问题。在行动过程中，研究者一方面需要重视观察、收集相关的数据和事实，以了解和监测行动实施效果；另一方面，需要关注行动过程中出现的新情况和新问题，根据反馈信息及时调整行动方案，以补救行动的偏差，使行动研究更有效。因此，研究者在报告行动过程中既要报告每次行动的具体过程，也要报告每次行动的实施效果和可能出现的新问题。

4. 行动结果与反思

该部分主要说明通过行动研究解决了什么问题，得出了什么结论，发现了什么新的问题，研究者对参与研究和对研究过程的反思，有何收获等。

实践与体验

任务

以案例 6-3 为基础，尝试为该教师设计一个解决问题的行动研究计划。

操作提示

根据计划的基本内容进行设计。

1. 明确研究什么

（1）研究课题：我的问题是什么？

（2）课题提出：我为什么会感兴趣？我已有的经验是什么？

（3）文献综述：别人知道些什么？（已有的研究成果主要有哪些？）

（4）研究假设：具体行动的假设。（我希望采取哪些办法解决这一问题？）

2．明确怎么研究

（1）行动策略与安排：我要采取什么样的行动？什么时间？在哪里？谁来参与？行动的理由是什么？预期的进展是什么？（即：根据研究假设明确行动策略。）

（2）行动时间表：以表格的方式列出行动策略与安排。

（3）资料收集的目标、方法与技术：如何记录过程？用哪些方法与技术？准备从数据中获得什么信息？

3．考虑成果如何表达

……

他山之石

消解潜能生课堂"失语"行为的行动研究计划

（一）研究什么

1．研究课题：消解潜能生课堂"失语"行为的行动研究

2．课题提出

（1）现实的窘境。在我的课堂教学中，原本大部分学生不爱发言，经过一定的调整与改进，现在最为突出的问题是大部分学生在课堂中喜欢发言，也能遵守秩序，但班上的差生（潜能生）却越来越不爱发言了。差生不爱发言，很大程度上是因为他们缺乏足够的信心来表达和展示自己的想法。如何消解潜能生的课堂"失语"行为，是我当前迫切想解决的问题。

（2）学生发展的需要。小学生正是求知欲和表达欲旺盛的时期，而课堂是他们学习的主阵地。如果课堂不能满足这个时期儿童的这种欲求，那将会对其一生产生不利的影响。

（3）我已有的经验。我已有多年的小学教学和班主任工作经验，做过潜能生的个别辅导工作，如用代币法激励潜能生等。这些经验有助于我开展这项研究。

3．文献综述（略）

4．研究假设

（1）温馨的、对话式的师生关系有助于潜能生建立自我认同感，也可以让潜能生敢于在老师面前表达自己的想法。

（2）平等的、互助式的同伴关系有助于潜能生建立集体归属感，也可以让他们敢于在同学面前表达自己的想法。

（3）运用提问的技巧有助于增加潜能生发言的机会。

（4）艺术的评价有助于激发潜能生发言的欲望。

（二）怎么研究

1．行动策略

见表6-7。

表 6-7 行 动 策 略

策略	具体做法	行动地点	参与者	预期效果
策略 1	建立一个"心灵交流本";每周与每位潜能生进行一次交谈	教室、办公室,也可以在室外	我、潜能生、其他任课教师	一个月后,让潜能生基本信任我,愿意和我交流;两个月后,愿意和我分享他的事情;三个月后,能主动找我交流
策略 2	建立平等的、互助式的同伴关系	课内 + 课外	我和潜能生	
策略 3	教师提高提问的技巧	课内	我、其他任课教师	增加潜能生的学习信心
策略 4	讲究评价的艺术	课内、作业本、交流本	我、其他任课教师	提升潜能生发言的欲望

时间:本学期。

(1)建立温馨的、对话式的师生关系。

第一,时间:从本学期第 1 周开始至本学期结束。

第二,行动策略与安排:与每位潜能生建立一个"心灵交流本";每周与每位潜能生进行一次交谈(交谈前确定好交流的主题),并做好事后的记录与反思。

第三,行动理由:"霍桑效应"告诉我们,教师要建立民主的师生关系,营造平等的课堂气氛,善于关注学生,善于与学生进行心灵的沟通,使学生时刻感受到教师的关爱,使其信任教师。

第四,地点:教室、办公室,也可以在室外(如散步时、园圃地等)。

第五,参与人:我和潜能生。一个月后,邀请其他任课教师加入我的研究。

第六,预期进展:一个月后,让潜能生基本信任我,愿意和我交流;两个月后,愿意和我分享他的事情;三个月后,能主动找我交流。

(2)建立平等的、互助式的同伴关系(略)。

(3)教师提高提问的技巧(略)。

(4)讲究评价的艺术有助于提升潜能生发言的欲望(略)。

2. 行动时间表

为了直观呈现行动步骤,也可以用表格方式呈现以上内容。

3. 资料收集的目标、方法与技术

观察法:教师课堂提问情况;学生对问题的反应情况,如能否主动回答问题;学生回答问题后师生的反应;学生是否提出问题及提出问题后师生的反应;等等。

访谈法:主要是非正式访谈以及每周的交谈。研究过程中的访谈主要是为了发现问题,以便及时调整计划;研究结束时的访谈主要是为了了解行动的效果,以及为下一步行动提供指引。

资料收集:师生交流本、学生作业、自己的教学反思等。

(三)研究成果的表达

研究日志、教学反思、教育行动研究报告。

第三节 教育行动研究案例分析

本节以《吟诵在小学古诗教学中应用的行动研究》[①] 为例，回溯教育行动研究各环节的具体操作方法并加以分析。

一、提出问题环节

案例6-8

行动研究"问题提出"过程

如今回看当时论文选题的过程，尽管笔者知道自己的兴趣在哪里，这个过程却依然可以用"一波三折"来形容，不过好在最后自己找到了研究的方向，它就像笔者研究路上的启明灯，为笔者点亮这盏灯的不外乎以下几个方面：

1. 个人的兴趣与爱好

对古诗吟诵的探寻与追问，首先要源自自己对古诗的喜爱，……古诗于笔者而言，蕴含着一种无法言说的魅力和感动。……

综上所述，鉴于个人对古诗的喜爱以及古诗所带给自己的感动与力量，结合当下语文古诗教学的现状，笔者将研究方向初步确定为"与古诗教学有关的研究"。

2. 导师的点拨与鼓励

在选题的过程中，导师给了笔者充分的帮助与支持，她希望笔者能够选择一个自己感兴趣且比较有意义、有价值的问题去做。在导师的指引下，笔者去查找了与"吟诵"相关的文献，同时利用网络初步了解了"吟诵"的样态，还在网上找到了几首古诗吟诵曲目来听。说实话，第一次听时笔者竟然笑出了声，想自己可能做不下来这个研究，但导师叫笔者不要放弃，鼓励笔者多了解了解再做决定。当时笔者只能说是硬着头皮去做这件事，于是又将下载的期刊文章和硕士、博士论文重新认真看了一遍，发现对于"吟诵"的研究比较丰富，而且近年来"吟诵"也开始受到专家学者的关注和肯定。不足的是，关于"古诗吟诵教学"方面的文献还是比较少的。

为了对吟诵有一个比较深入而清晰的了解，笔者听取了导师的建议，查看了相关理论书籍、吟诵教材和网络吟诵教学视频等资料。自己也尝试着去吟诵

[①] 刘丽娜. 吟诵在小学古诗教学中应用的行动研究［D］. 长春：东北师范大学，2019. 可在中国知网搜索下载该篇论文。

一些古诗，在体验吟诵的过程中收获了许多乐趣，并通过此种方式记住了很多古诗，不再像以前一样死记硬背了。在有了这样一些体验之后，笔者对这个选题较以前多了一些兴趣和信心，同时自己也在想：是不是吟诵也可以运用到小学古诗教学中去，让学生们在吟诵中理解古诗、记诵古诗？

综上所述，最终选题在导师的点拨与鼓励下得以确定，导师送了笔者一把通往吟诵之门的钥匙，而对门内未知世界的探索，还需自己付出更多的努力。

研究者比较详细地介绍了自己提出问题的过程，用"一波三折"来形容。一开始研究者初步选定"与古诗教学有关的研究"作为研究方向，但在经过一段时间的思考和探索后，还是无法确定自己要研究什么。最终在导师的指导下，研究者找到了"吟诵"这个主题。这个主题对于研究者而言是非常陌生的，但她在导师的鼓励下继续深入了解，终于发现了研究的突破口，确定将"吟诵在小学古诗教学中的应用"作为研究问题。总体来看，研究者经历了研究问题的艰难提出过程：基于自己的兴趣和爱好，初步确定研究方向"古诗教学"；几经选择，无法确定研究主题；在导师的指导下提出"吟诵"主题；在初步了解"吟诵"后欲放弃；在导师的鼓励下读文献；发现研究突破口"古诗吟诵教学"；再读文献，明确主题；尝试吟诵古诗，获得信心；结合小学古诗教学确定主题。

二、分析问题环节

研究者在文中阐述了确定行动研究问题的过程，可大致归纳为五个步骤。

行动研究问题的最终确定具体经历的五个步骤

第一，初步确定研究方向，查阅相关文献资料。由于笔者对古诗感兴趣，所以围绕"古诗教学"这个方向选择了几个选题，后在导师的建议下，开始接触"吟诵"，并开始查找相关著作去研究。

第二，多渠道了解吟诵，亲身学习吟诵。笔者查找并研读了几位吟诵专家的相关著作，同时利用网络搜索到了一些吟诵教学音频进行学习，最终决定如果要对"吟诵"进行深入的研究，自己就要亲自去体验吟诵，学习吟诵。后来笔者发现了由首都师范大学徐健顺教授等人主编的《我爱吟诵》系列教材，教材附有吟诵音频光盘，加上网络吟诵教学视频，笔者踏上了学习吟诵之路。

第三，尝试进行古诗吟诵教学。笔者在初步掌握了古诗吟诵要领后，从2018年1月20日至2018年2月10日，为期22天，尝试进行"古诗吟诵教学"，即以"吟诵符号"为"工具"，教学生吟诵古诗，并在教学实践中总结经验。

第四，开展小学古诗教学现状调查。在尝试进行"古诗吟诵教学"中，笔者观察了12节小学古诗教学课，采用教师教学相关课堂观察量表和学生学习相关课堂观察量表对课堂进行观察分析，并采用对学生和教师的访谈作为辅助资料，最终分析得出小学古诗教学中存在的问题。

第五，确定行动研究问题。在分析了"小学古诗教学"中存在的问题后，笔者提出了吟诵在小学古诗教学中应用的可行性。基于此，笔者最终确定了行动研究问题，即在小学古诗教学中如何运用"吟诵法"。

在行动研究中，提出问题和分析问题并不是两个完全独立的活动，两者往往是交织在一起的。研究者在提出研究问题的同时要分析问题研究的可行性和价值，以使研究问题明晰，以期能够确定研究问题的焦点。上面这个行动研究的研究者对研究问题的分析是比较全面和具体的，我们可以从两个方面来加以分析：

（一）根据自身条件来分析

从可行性和相关性两方面来看，研究者自身条件是否适合开展行动研究。参见表6-8。

表6-8　分析问题的两个标准及分析结果

分析标准	分析结果
可行性	有过古诗吟诵教学的初步教学尝试和经验；有导师的指导、一线教学名师的成功案例；有可以实施古诗吟诵教学的实践场所；研究者住在实践研究地点，有充分的机会与学生接触交流等
相关性	研究者是课程与教学论方向的研究生，所研究的问题是关于古诗教学的；古诗教学与其他教学活动相容；研究者对古诗一直感兴趣等

（二）对问题的剖析专业、细致

研究者从两个方面对研究问题进行深入剖析：第一，通过对研究背景的阐述论证了小学古诗吟诵教学的必要性和紧迫性；第二，通过听课时的观察和记录以及课后对师生的访谈，明确了目前小学古诗教学的基本现状，分析在教学中存在的问题，并在此基础上提出吟诵在古诗教学中应用的可行性。

通过对自身条件和研究问题的深入分析，研究者把此次行动研究问题聚焦于在小学古诗教学中如何运用"吟诵法"。

三、制订计划环节

虽然研究者在论文中没有呈现出独立的行动研究计划，但根据研究者撰写的论文，我们可以总结发现其行动研究计划。

（一）研究什么

1. 研究课题：吟诵在小学古诗教学中应用的行动研究

对课题的核心概念（小学古诗、小学古诗教学、吟诵、吟诵符号）进行界定。

2. 课题提出

见上文确定行动研究问题的五个步骤。

3. 文献综述

（1）小学古诗教学相关研究：小学古诗教学与审美教育研究、小学古诗教学现状与对策研究、小学古诗教学策略研究和小学古诗教学方法研究四个方面的研究现状。

（2）吟诵的相关研究：吟诵概念的相关研究、吟诵内部要素的研究、吟诵的方法与规则的研究、吟诵的当代价值与意义的研究、吟诵在学校教育中的传承与发展研究、吟诵与音乐六个方面的研究现状。

（3）吟诵与古诗教学的相关研究：古诗吟诵教学研究和"吟诵法"在古诗教学中的运用研究两个方面的研究现状。

（二）怎么研究

1. 行动研究下具体的研究方法

（1）参与型观察法

此次行动研究使用的观察法主要是结构化的参与式观察法。研究者主要根据教学的性质，将"教学"分为"教师的教"和"学生的学"，并依据崔允漷教授提出的"课堂观察LICC范式"中的"教师教学维度"和"学生学习维度"，结合古诗教学和吟诵教学的特点，制订了与研究相对应的观察量表。其中，对"教师教学"主要从环节、呈现、对话、指导、机制这五个视角去观察，对"学生学习"主要从准备、倾听、互动、自主和目标达成这五个视角去观察。在将"吟诵法"运用到小学古诗教学的三轮教学实践中，研究者采用同样的《教师古诗吟诵教学课堂观察量表》和《学生古诗吟诵学习课堂观察量表》对课堂教学进行观察和记录，通过每一轮行动后所收集到的资料来分析每一轮教学实践中存在的问题，并以此为依据来佐证"吟诵法"对改善小学古诗教学的重要意义。

（2）访谈法

此次行动研究采用的访谈法主要是半开放型访谈。访谈的对象是授课班级的学生。研究者事先准备了一个粗线条的访谈提纲，并随时根据自己的研究设计向受访者提出问题。

2. 行动策略与安排

行动策略与安排见表6-9。

表6-9 行动策略与安排

时间	行动策略	行动理由	地点	参与人	预期进展
2018年7—8月	1. 运用"吟诵法"教学小学古诗《赠汪伦》，设计的研究重点是借助"吟诵符号"将"吟诵法"引入小学古诗教学中，了解学生的理解和接受情况	课程标准：第一学段古诗教学的重点是诵读；学情：对于"吟诵"这一方法完全不了解；课程内容：统编版一年级下册内容，学生熟悉的诗歌	自己曾经假期兼职的辅导学校	辅导学校的汪老师、辅导学校即将进入二年级的10名小学生	缺

续表

时间	行动策略	行动理由	地点	参与人	预期进展
2018 年 7—8 月	2. 运用"吟诵法"教学小学古诗《池上》，重点在于教学生学习吟诵古诗	课程内容：统编版一年级下册内容，学生已学过；学情：低年级学生；虽学过《池上》，但当时是机械记忆，很多已遗忘	同上	同上	缺
2018 年 7—8 月	3. 运用"吟诵法"教学小学古诗《登鹳雀楼》，重点在于通过吟诵帮助学生理解古诗	课程内容：统编版二年级上册内容，学生没有学习过；学情：低年级学生，对新鲜事物充满好奇心，以表象想象为主	同上	同上	缺

（三）研究资料的收集与分析

研究资料的收集与分析分阶段展开：

1. 进入研究现场，初步了解学生的基本情况

进入研究现场，研究者在与学生沟通交流互动的过程中，通过观察和口头访谈的方式了解了学生的古诗学习情况以及学生对古诗的兴趣等，及时做好记录，并在课后以研究日志的形式整理下来。

2. 实施行动方案，系统收集实践教学资料

资料收集主要在行动方案实施的过程中进行，一方面，研究者作为实践者亲自教学古诗，在课堂上使用录像设备对正在进行的教学进行记录；另一方面，作为研究者，也要对研究对象主体进行有计划的观察，并适时做好记录，以备下一轮行动或行动结束后研究反思所用。除此之外，研究者通过学生课堂的书面作业完成情况来分析他们对于古诗吟诵的掌握情况；在课程结束后对个别学生进行开放型或半开放型访谈，了解他们对于当堂课上所学知识的掌握情况，以及他们的想法与感受等。

3. 行动后，对学生学习的感受与收获进行群体访谈

在行动研究实施后，研究者计划对学生学习古诗吟诵的感受与收获进行群体开放型访谈，在不干涉的前提下，鼓励学生自由发表自己的想法与感受。研究者在征得学生同意的情况下对访谈过程进行录像，并适时做记录。

从对研究资料的收集可以得知，研究者的研究资料收集主要有以下几个方面：文献资料、研究日志、观察资料、录像资料、访谈资料、课堂文本作业以及实践等。研究者在对研究资料进行分析时，考虑到不同资料的特征与作用，有条理地将不同的资料进行联系分析，互为补充。

虽然研究者没有在论文中列出详细的行动研究计划，但论文第一部分核心概念界定、第二部分文献综述和第三部分研究设计，实际上已较为完整地展示了此次行动研究计划，尤其是对行动研究计划中"研究什么"问题的回应全面而具体；研究设计部分对于资料的收集与分析做了详细介绍；对"怎么研究"给指出了具体的研究方法。

但研究者对预期行动策略的阐述不够，我们只能通过论文第四部分研究过程中的"行动中期"了解到三个行动策略及其相应理由。可见，研究者对各项行动策略预期的效果事先没有做相应的思考。

四、第一轮行动：《赠汪伦》的吟诵教学实践

（一）制订计划

2018 年 7 月 30 日，研究者进入实践研究地点计划进行第一轮教学实践。在第一轮教学实践中，研究对象主体是来自二年级的 10 名学生，他们之前对于"吟诵法"这一方法完全不了解，在这次教学实践中他们第一次接触"吟诵"。因此研究者设计的研究重点是借助"吟诵符号"将"吟诵法"这一方法引入小学古诗教学中，并在教学实践中观察学生对"吟诵法"这一方法的理解、把握情况以及接受情况。第一轮教学实践主要从以下几个方面进行：具体教学目标分析、教学内容选定与分析、学情分析、《赠汪伦》古诗教学设计。

（二）实施行动

1. 课堂教学前期：完善教学设计（略）

2. 课堂教学中期

在本节课中，"吟诵法"这一方法分别在第三个环节"吟诵古诗，展开想象"和第五个环节"学会吟诵古诗，表达感悟"中运用。研究者分别呈现这两个环节的课堂教学实录（略）。

（三）观察与反思

在进行《赠汪伦》古诗教学的过程中，研究者首次将"吟诵法"运用到课堂教学的不同环节，使用已经设计好的观察工具，对课堂中教师和学生的表现进行观察评价和反思：通过使用《教师古诗吟诵教学课堂观察量表》（1）观察和分析教师是如何在小学古诗教学中运用"吟诵法"的；使用《学生古诗吟诵学习课堂观察量表》（1）来了解学生在古诗学习中对"吟诵法"的理解和接受情况，并辅以对部分学生的访谈，在此基础上分析本节课将"吟诵法"引入小学古诗教学中的基本情况以及存在的问题（具体观察、访谈过程及结果详见论文）。

（四）第一轮行动小结

在《赠汪伦》古诗教学中，研究者初次将"吟诵法"引入古诗教学中，对于零基础的学生来说，这无疑是一个新鲜的事物，也是一个挑战。研究者通过观察、访谈以及对学生在课堂中的反馈，发现学生对吟诵古诗有很大的兴趣，他们在初次接触吟诵时，表示吟诵古诗听起来很奇怪，但又表现出对古诗吟诵很强烈的好奇心，觉得这种学习古诗的方式像唱歌，很有趣。

对于低年级学生来说，他们本能地对新事物有好奇心。教会学生吟诵古诗，有助于维持学生对古诗学习的兴趣。因此在第二轮教学实践中，研究的重点则放在了如何教学生学会吟诵古诗上。

【第一轮行动评析】在第一轮行动研究中，研究者制订了较为详细的行动研究计划，并根据计划开展教学，在教学结束后通过两个观察量表了解教师如何在小学古诗教学中运用"吟诵法"，了解学生在古诗学习中对"吟诵法"的理解和接受情况，同时还对部分学生进行访谈，总结并反思将"吟诵法"引入小学古诗教学中的基本情况和存在的问题，这一行动研究过程规范、合理。

五、第二轮行动：《池上》的吟诵教学实践

（一）制订计划

基于在第一轮实践教学中出现的问题——如何教学生吟诵古诗？——研究者设计了借助"吟诵符号"教学生学习吟诵古诗的教学，以古诗《池上》教学为例。研究者具体从教学目标分析、教学内容选定与分析、学情分析、教学设计等方面制订第二轮行动研究计划。

（二）实施行动

在第一轮"将'吟诵法'引入古诗教学中"的实践中，出现了很多学生对于"吟诵法"不理解，以及不知道如何吟诵古诗的情况。于是研究者确定在第二轮古诗教学中研究的重点是：借助"吟诵符号"教学生如何吟诵古诗。论文详细地展示了第四个环节（引入"吟诵符号"教学生吟诵古诗）的课堂教学实录。

（三）观察与反思

这部分内容主要是课堂教学结束后，研究者回看《池上》教学过程的录像资料并进行反思，通过使用《教师古诗吟诵教学课堂观察量表》（2）观察和分析教师是如何使用"吟诵符号"教学生学习吟诵古诗的，使用《学生古诗吟诵学习课堂观察量表》（2）来观察学生在学习借助"吟诵符号"吟诵古诗时的具体表现情况，除了关注整堂课古诗教学的状况外，尤其关注学生学习吟诵古诗的过程，找出学生在学习吟诵古诗时遇到的问题，提出自己的发现（具体观察、访谈过程及结果详见论文）。

（四）第二轮行动小结

通过深入分析研究者发现，学生在第二轮古诗吟诵教学中已经初步掌握了借助"吟诵符号"吟诵古诗的方法。但由于学习时间短，学生对于"吟诵符号"的使用还不是很熟练，因此研究者在教学《池上》后又增加了第三次教学实践课，帮助学生练习使用"吟诵符号"来吟诵古诗。第二轮教学实践重点放在了"如何教学生吟诵古诗"上，教学效果是学生已经初步掌握借助"吟诵符号"吟诵古诗的方法，但偏重教

学生如何借助"吟诵符号"吟诵古诗，而忽略了通过吟诵古诗帮助学生理解古诗这一教学目标。因此，第三轮古诗吟诵的教学重点应该是"如何教学生通过吟诵的方式更好地理解古诗的内容，把握古诗的情感"。

【第二轮行动评析】在第二轮行动研究中，研究者从在第一轮研究中发现的问题出发，抓住借助"吟诵符号"教学生吟诵的研究重点制订行动研究计划，实施行动，并通过多种观察方式，包括教育观察、访谈等方式进行总结反思，找出教学中需要进一步改进的问题，使整个行动研究过程规范、清晰。

六、第三轮行动：《登鹳雀楼》的吟诵教学实践

（一）制订计划

通过前两轮的行动研究，第三轮古诗教学实践的重点是"如何教学生通过吟诵的方式更好地理解古诗的内容，把握古诗的情感"。研究者具体从教学目标分析、教学内容选定与分析、学情分析、教学设计等方面制订第三轮行动研究计划。

（二）实施行动

研究者通过呈现主体环节的教学实录，展现在《登鹳雀楼》这首古诗教学中"如何教学生通过吟诵的方式更好地理解古诗的内容，把握古诗的情感"（详见论文中展示的课堂教学实录）。

（三）观察与反思

在进行《登鹳雀楼》古诗教学时，研究者再次将"吟诵法"运用到课堂教学的不同环节，结合古诗教学和吟诵教学的特色制订了课堂观察量表，对课堂中教师和学生的表现进行观察、评价和反思。研究者通过使用《教师古诗吟诵教学课堂观察量表》（3）观察和分析教师是如何在小学古诗教学中运用"吟诵法"的，使用《学生古诗吟诵学习课堂观察量表》（3）观察学生在古诗学习中运用"吟诵法"理解古诗内容、把握古诗情感的情况，并辅以对部分学生的访谈，在此基础上分析本节课将"吟诵法"引入古诗教学中存在的不足，以期为下一次教学实践提供参考。

（四）第三轮行动小结

通过观察分析可以看出，在运用"吟诵法"理解古诗的环节，研究者有效地指导学生从诗歌的格律方面加深对古诗的理解，这样的方式不仅博得了学生的喜爱，而且使学生学习的积极性也提高了。学生很好地把握了古诗的情感，并能够在不看教材的情况下自如地吟诵古诗。

【第三轮行动评析】在第三轮行动研究中，研究者从在第二轮研究中发现的问题出发，紧扣借助"吟诵法"帮助学生理解古诗的内容和把握古诗的情感来制订行动研究计划，实施行动，课后采用教育观察、访谈等方式进行行动总结。

七、总结与评价

在行动研究后期，综合上面对三次教育行动的观察结果和对部分学生的访谈，并与未运用"吟诵法"的古诗教学效果进行比较，研究者发现"吟诵法"在小学古诗教学中运用的效果主要有：第一，学生借助"吟诵符号"能够学会吟诵古诗的方法；第二，学生学习吟诵古诗有助于激发其学习古诗的兴趣；第三，学生学习吟诵古诗有助于提高其理解古诗的能力；第四，学生学习吟诵古诗有助于增强其记诵古诗的能力。

【行动研究总体评析】论文的最后，研究者基于自身三轮行动研究实践，结合现有的文献成果，提出了研究的结论和建议。整体而言，研究者的整个研究，选题合理，计划完整，思路清晰，突出体现了行动研究"边行动、边观察、边反思、边调整"的特点。通过行动研究，研究者的古诗教学效果得到了提升，学生学习古诗的热情和学习效果也得到了提高。比较遗憾之处有：一是论文在阐述行动策略时缺乏相应的行动理论依据和行动效果预期；二是在各轮行动中，虽然运用了规范的课堂观察量表进行观察，但由于缺乏第三方对观察结果的客观评价，其行动结果的效度还有待进一步探究。

实践与体验

任务

某位顶岗实习生在实习期间开展了关于在小学语文习作教学中运用思维导图的行动研究，并撰写了毕业论文《实习教师在小学语文习作教学中运用思维导图的行动研究》（参见本章案例6-5及其二维码中的论文原文），请你仿照上文对案例的综合剖析方式，回溯该实习生教育行动研究的完整过程并进行适当的评析。

操作提示

（1）阅读论文标题、摘要和目录，了解该行动研究的整体过程。

（2）认真体会论文的主体内容，能够依据论文内容清晰地回溯行动研究的过程，具体包括问题的提出与确定、行动研究方案的设计、多次行动的实施和效果，以及整体行动的总结与反思。

（3）能够在充分了解该行动研究过程的基础上，进行适当的评价。

他山之石

1. 仔细阅读论文标题、摘要和目录

通过阅读论文标题，知道该行动研究的主题是"小学语文习作教学中思维导图的运用"，且行动者是一位实习教师；通过阅读摘要和目录，不仅能够了解该行动研究的整体过程，还能掌握"什么是思维导图，为什么要在小学习作教学中运用思维导图，研究者是如何展开行动的"等概要内容。

2. 认真阅读论文主体内容，回溯其行动研究过程

阅读论文第一部分"引言"中的"问题提出"和"研究设计"，可以了解该研究者提出并确定该研究问题的缘由，基本判断研究者的初步行动方案、收集资料的方式和时间。

通过阅读论文第二部分"行动准备"，可以了解研究者对问题的分析过程：一是通过多种方式（包括学习者年龄特征分析、作文测试、教师访谈及自己的观察等），对学生的习作问题进行深度剖析；二是结合课程标准对习作教材进行文本分析。两个维度的分析，为行动研究计划的设计提供了依据。

阅读论文第三部分"行动过程"，能够明晰研究者三次具体的行动实施过程、观测实施效果的方式，以及每次行动的总结与反思。

阅读论文第四部分"行动总结与反思"，能够了解研究者对此次行动研究的整体评价。

3. 客观评价该行动研究

结合本章第二节中的"教育行动研究的一般步骤"知识，从优点和不足两个方面客观分析该行动研究的过程，包括：问题提出是否合理？问题分析是否科学？行动研究计划是否详细、规范？行动过程是否具体、清晰？每次行动的观测是否科学？资料收集是否全面？每一次行动是否是在对上一次行动进行反思的基础上加以改进的？研究者自己的行动总结与反思是否全面？等等。

分析后可以发现，该行动的研究问题来源于研究者在实践中产生的问题，研究者能通过多种方式剖析问题，三次行动过程比较具体清晰，体现了边行动、边反思、边调整的行动研究特点。但同时，该行动研究计划比较简单，只有一个初步的行动方案，虽然在"行动准备"阶段对问题进行了深度分析，但文中未能在此基础上呈现出行动研究的具体计划（有可能研究者有具体行动方案，只是没有呈现在文中）。另外，观测每次行动效果的方式主要是学生作品分析法，如能进一步采用学生访谈、课堂观察等方式来评估每次行动效果，则可能更完善。

第七章　学位论文写作

问题导入

　　大部分同学寒暑假都进行过社会实践调查，也许也要面对毕业论文写作，毕业论文的结构是怎样的？其中每一部分的写作都有哪些注意事项？再拓展一步，一般性的学术写作规范有哪些？小学教育专业的哪些期刊最值得关注？为解决上述问题，让我们一起走进本书的最后一章。

不少类型的学位获取，都需经过学位毕业论文撰写这一学习环节。学位毕业论文有相对通用的结构要求，每一部分都有其特殊价值，有益于集中训练我们的信息获取、推理分析和归纳概括等各方面能力。同时，学术写作的规范要求，还有助于我们提升伦理意识、法律意识和严谨意识。而了解一些小学教育期刊常识，则能帮助我们更快定位到合适的学术期刊和更精准地投出学术稿件。

第一节　学位论文的基本结构

学位论文包括学士学位论文、硕士学位论文、博士学位论文。对应学位等级不同，学位论文的水平、要求不同，但形式结构却基本一致，包括：题目、摘要与关键词、目录、绪论、本论、结语、注释（需要时）、参考文献、附录（需要时）、致谢。

一、题目

《小学数学名师课堂有效提问的观察研究》

论文的题目应清楚地反映研究对象、研究内容，如果研究方法有特色或反映了工作难度，还可设法体现在题目当中。如《小学数学名师课堂有效提问的观察研究》[①] 就包括研究对象"小学数学名师"、研究内容"小学数学课堂有效提问"、研究方法"观察"三个方面。

学位论文题目的常见问题有三个：

（一）研究内容界定不清晰

如《小学语文童话类课文文本及其教学现状的调查研究》，从题目看，既要对小学语文童话类课文文本进行研究，又要对小学语文童话类课文的教学现状进行研究，这样，研究内容就没有界定好，研究起来就很容易混乱。如果将题目改为《小学语文童话类课文文本调查》《小学语文童话类课文教学现状的调研》或《教学视野下的小学语文童话类课文文本分析》等，就既没有改变研究大方向，又使研究内容变得清晰了。题目表述清晰了，文不对题的情况就会大大减少。

[①]《小学数学名师课堂有效提问的观察研究》的作者为湖南第一师范学院教育学院杨平，本章后面将多次援引该论文的某些部分作为案例。

（二）表述不简练

学位论文中最重要的信息及其逻辑组合应以最简明的词语表达。比如，《关于小学语文教学与小学课外阅读的关系研究》这个题目，就可表述为《小学语文教学与课外阅读关系的研究》。

当需要对研究的相关因素进行限定性或补充性说明时，论文可以有副标题。如《美国公立大学教师工作满意度影响因素与提升策略——金融危机背景下对美国一所研究型公立大学的调查》，副标题限定说明了研究背景、研究对象与研究方法；《高校师范生教师技能掌握情况调查研究——以××大学为例》，副标题对研究对象进行了限定说明。

（三）表述不准确

题目所用的每一个词语必须考虑是否为读者提供了有用信息，这有助于选定关键词或为编制题录、索引等二次文献提供检索信息。

有时表述不准确是因为用词不准，如在《新语文课程标准对小学语文作文教学的诉求研究》一题中，"新语文课程标准"指向不明，因为"新"是个相对概念，"新语文课程标准"究竟指哪一版义务教育语文课程标准，不得而知。

使用不常见的缩略词、首字母缩写词等，也会造成用词不准确。题目应尽量不使用缩略词，如果考虑题目实在太长，需要减少字数，也应尽量使用教育学领域一般都熟悉的缩略词，如用"人教社"简称"人民教育出版社"。

有时表述不准确是因为语法错误，如《从课程目标中的阅读方面对小学语文外国作品的分析研究——以统编版教材为例》这个题目，语法很混乱，表意很含糊，即使将"课程目标中的阅读方面"猜测为"阅读教学目标"，题目的意思是不是《阅读教学目标对外国文学类课文改编的影响研究——以统编版小学语文教材为例》，我们也不敢肯定。

学位论文题目的表述与本教材第二章关于课题的表述要求大同小异，可以参看。

二、摘要与关键词

（一）摘要

编写摘要，是为了使读者能通过概括性的文字，了解该项研究的起因、内容、对象、方法、程序、结果及观点。从读者的角度出发，摘要最好能做到以下几点。

概括性：摘要篇幅通常有限，硕士、博士论文的摘要可以在1 000字左右，投稿论文控制在200～300字，一般不分段，不用图表。

独立性：摘要虽然简短，但内容必须丰富，研究的起因、内容、对象、方法、程序、结果、观点等，能展现的应尽量展现。或者说，摘要要能够独立成为一段有原因、过程、结论的短文，可以让需要者单独引用。

学位论文摘要编写常会出现以下问题：

1. 所摘内容严重偏离主要内容

摘要偏离主要内容，较常见的是把摘要等同于对研究意义的陈述。下面是《家庭教育水平的影响因素研究》的摘要：

家庭教育是指在家庭生活中家长自觉地、有意识地按社会培养人才的要求，通过自身言传身教和家庭生活实践，对子女实施有一定教育影响的社会活动。家庭教育是整个教育体系中不可分割的重要组成部分，它关系到中华民族整体素质的提高和少年儿童的健康成长。总之，家庭中家长的作用是举足轻重的，家庭教育的好坏将直接关系到民族的兴旺、祖国的富强，做好家庭教育具有极其重要的意义。

上面这段摘要，只陈述了家庭教育的概念、意义，从中看不出作者究竟是如何研究家庭教育水平的影响因素的，经过研究后总结出了哪些家庭教育水平的影响因素，以及这些因素该如何控制，控制到怎样的水平比较有益，等等。因此，这是一个不成功的摘要。

一般来说，要判断所摘内容是否为"论文要点"，可以将摘要与论文的各层级标题进行对比，看看研究的背景、方法、观点等是否已经被写入摘要当中了。

此外，还要注意，摘要需重点阐述的是研究结果、结论和新内容、新观点，那些在本专业领域内已成为常识性或科普性的内容要坚决排除出去。

2. 喜用第一人称

摘要是论文作者本人写的，在一些陈述的开头冠以"本文""本研究""笔者"等字样，似乎无可厚非，初做研究者也往往喜欢这样做。但如果考虑到摘要的独立性及其报道色彩，使用第三人称比第一人称更合适。

3. 进行自我评价

在辛辛苦苦做完一项研究，写出了一篇论文后，有的初学者倾向于以总结性的口吻对研究质量进行评价，如"解决了……问题""达到了……水平"等。其实，摘要是对论文主要内容的摘取，其内容一定要源于论文本身，而这些评价性语言事实上已经超越了论文本身的范畴，所以不宜出现在摘要当中。

4. 内容空泛，不知所云

有人将《小学问题学生的成因及转化研究》的摘要写为：

现代社会，小学生的家庭物质条件越来越好，这是一件好事，可同时也伴随产生了很多负面问题。小学生的精神、心理、行为问题也越来越多，而产生的原因离不开家庭、学校和社会。问题学生教育的过程，事实上就是一个为问题学生的健康、全面发展提供全面教育与综合服务的过程。这个过程理应爱心与理性同在，家庭教育、学校教育、社会教育同在，一切孩子的发展与孩子的一切发展同在。

这个摘要，作者是通过什么方式来研究小学问题学生成因与转化的，小学问题学生的成因到底是什么，转化的具体策略及效果等，都没有实实在在讲出来，让人觉得，作者要么不懂得怎样写作摘要，要么根本没有好好做这项研究。

（二）关键词

关键词也叫"主题词"，是用来表达文章主题内容的词或词组。关键词一般 3～5 个，必要时也可以有 5～8 个，用分号隔开，写在摘要的下面。

目前常用的关键词有题内关键词、题外关键词两种。其中，题内关键词直接取自文题，比如，论文《基于母语，基于儿童：论 2022 年版语文课程标准的先进性与历史性》，采用题内关键词，可以是"语文课程标准""母语""儿童"。题内关键词具有加工简单、编排方便的优点，但表达的内容有时可能不充分。

题外关键词不以文题为限，可在全文中选取。如《现代职业视角下的"师德"概念重构》一文，由于作者建议重构"师德"概念，"从外延来说，应该区分基准师德和高尚师德；从内涵来说，应当是教师'作为教师'之时的道德；从前景来看，师德必须走上可操作的发展之路"，所以，其出示的关键词就包括"教师职业""基准师德""作为教师""可操作"四个。可以这么认为，取自文题之外的关键词，通常是文题没有包含但又是核心观点的那些词或短语，把它们列为关键词，能够对文题起补充作用，有助于读者检索。

学位论文（及一部分杂志论文）要求同时列出中英文摘要与关键词，其中，中文关键词放在中文摘要的下面，英文关键词放在英文摘要的下面。关于英文摘要与关键词，特别要注意的是，有些初学者为了省事，直接用"百度翻译""有道翻译"等在线工具译出，很可能有些译文并不符合原本所要表达的意思，这样做背离了写作英文摘要与关键词的初衷。建议直接用英文写作，从而取得比从中文转译更地道、更通达的效果。

三、目录

一般而言，硕士、博士学位论文都有一定的字数要求，因论文字数较多且需独立装订成册，所以一个清晰、准确的目录就显得十分必要。虽然学士学位论文字数不多，但当前高校基本上也仿照硕士、博士学位论文的模板，要求提供一个单独的目录。

目录的基本要求

（1）一目了然地反映论文的主要研究内容。

（2）主要观点得以展示。

（3）层次分明。

（4）语言简洁。

例如，论文《小学数学名师课堂有效提问的观察研究》"研究结果及分析"这一部分的目录，修改前是：

（二）研究结果及分析

1. 小学数学名师课堂有效提问的观察结果分析

2."分数的初步认识"课堂提问实录分析

修改后为：

（二）观察的总体结果分析

1. 提问的意义类型

2. 选择答问方式

3. 候答时间

4. 理答与评价方式

（三）名师课堂提问实录的个案分析

这样修改之后的目录，明确地表达了该论文对名师课堂的分析是从面、点两个方面进行的，又使名师课堂的几个观察角度（提问的意义类型、选择答问方式、候答时间、理答与评价方式）得到了清晰展示。

再如，该文"小学数学新教师课堂提问的困境"这一部分的目录，修改前所归纳的 5 条是：

1. 忽略了对问题的设计，提问目的不明确

2. 教师语言过于琐碎，提问过于频繁

3. 提出问题后，教师等候时间过短

4. 理答方式不合理，未及时反馈给学生

5. 教师提问过多，学生提问太少

这 5 条观点比较清晰，不过语言啰嗦了一些，与目录"语言简洁"的要求不符，后来做了修改，观点仍然保持不变，表达却简洁多了：

1. 提问目的不明确

2. 语言琐碎，提问频繁

3. 候答时间过短

4. 理答反馈不及时

5. 学生提问太少

四、绪论

在学位论文中，绪论通常又叫导论、序言或引论（引言），写在正文之前，用于说明研究背景、研究意义、相关研究现状等。

关于研究背景和研究意义，请先阅读案例 7-1。

案例7-1

《小学数学名师课堂有效提问的观察研究》的研究背景与研究意义

1. 研究背景

《义务教育数学课程标准（2022 年版）》"总目标"明确要求学生能"在探索真实情境所蕴含的关系中，发现问题和提出问题，运用数学和其他学科的知识与方法分析问题和解决问题"。该规定要求数学教师更加规范课堂教学，恰

当、有效地提问，引导学生从数学角度想问题、提问题，学会用独立思考并与人合作交流的方法来解决问题。

但在教育实习中，我却感觉小学数学新手教师课堂提问普遍存在低效或无效现象。通过查阅资料也发现，目前我国小学数学新手教师课堂提问有效性差的问题相当突出。据统计，有一位教师在一节 45 分钟的公开课上提了 56 个问题，平均每分钟提 1～2 个问题，有效提问仅为 62%。由此可见，有效提问值得我们进行深入探究。

2. 研究意义

本研究拟从小学数学新教师课堂提问存在的问题着手，通过对小学数学名师课堂有效提问的观察研究，找到优质有效提问的方法，对丰富小学数学名师课堂有效提问的研究具有一定意义。同时，本研究的成果对小学数学新手教师的课堂提问也具有参考与指导意义，有利于其从新手教师向骨干教师和名师发展。

研究背景，指将进行的研究具有什么样的时代背景与个人知识背景等。比如，案例 7-1 第一段从《基础教育课程改革纲要（试行）》和《义务教育数学课程标准（2022 年版）》出发，点明当下基础教育阶段数学课堂有效提问研究的时代背景；第二段概谈小学数学新手教师课堂提问现状，从与时代需求差距的角度说明研究背景。

研究意义一般可以从理论意义、实践意义两个方面进行阐述，通常基础研究更强调理论意义，应用研究更强调实践意义。案例 7-1 进行的是一项应用研究，但结论也会有一定的理论意义，所以作者先谈理论意义，再谈实践意义。

研究现状，能反映出作者是否确已掌握了坚实的基础理论和系统的专门知识，是否具有开阔的科学视野，是否对相关历史与前人工作做了恰当的综合述评与理论分析，应当作为绪论的陈述重点，可以单独成章。

有时，绪论还需要对核心概念、研究假设、预期结果等进行描述。总之，一个好的绪论，应该至少能够较好地回答"我想研究或解决什么问题"和"我为什么要研究这个问题"。

关于绪论，初学者常出现的问题有：

（1）将"研究背景"与"研究意义"混为一谈；

（2）对于本研究涉及的学界有争论的关键词，没有进行界定；

（3）将"相关研究现状"写成"相关现状"。

五、本论

本论是作者证明论点、分析现象、表达研究成果的核心部分，是学术论文的主体，也是学术论文质量优劣、水平高低的主要评判点。

（一）本论的结构

从篇幅上讲，一般本论要占全文字数的 2/3 以上。由于研究工作涉及的学科、选题、研究方法等有差异，正文结构也会不一而足。但一般来说，本论大致围绕以下内容展开。

1. 研究对象

这一部分既要讲清楚研究对象是谁，还要简要阐述为何选择这些对象。比如，学士学位论文《小学语文"阅读与鉴赏"的跨学科学习》是这样介绍研究对象的："本课题选取9位一线语文教师，他们为不同性别，并来自不同地区、不同年龄段及不同职务。其中7位教师已尝试开展跨学科阅读与鉴赏学习，2位教师在实际教学中有意或无意地利用了其他学科的内容与方法，均具有一定的参考价值。"介绍总体构成之后，再将9位教师的性别、年龄、职务以表格的形式一一列出。对研究对象的清楚介绍，将增强此项研究成果的效度。

2. 研究方法与工具（设备、材料）

仍以《小学语文"阅读与鉴赏"的跨学科学习》为例。该研究采用了访谈法。对于研究工具，该文介绍说：

本课题教师访谈提纲分为三个板块：现实意义、教学设计流程及问题与对策。现实意义部分主要设计了对2022年版课标中"阅读与鉴赏"的理解及在"阅读与鉴赏"中开展跨学科学习的意义两个问题；教学设计流程部分主要从组织形式与人员分工、基本思路、主题确定、目标设立、内容选择与整合、任务设计与实施以及教学评价等方面展开；问题与对策部分则请教师们谈谈在跨学科阅读与鉴赏学习中的难点、问题或是需要完善之处，并提出了自己的改进措施与实施策略。

从作者的介绍可知，该论文以访谈法为主要研究方法，访谈内容有"现实意义""教学设计流程""问题与对策"这3个一级维度，其中每个一级维度又包括一些二级维度。

3. 研究结果

研究结果应当紧紧围绕要研究的问题及所获取的材料展开阐述。如《小学语文"阅读与鉴赏"的跨学科学习》，从研究工具与方法中我们已经得知，作者的主要研究点是小学语文"阅读与鉴赏"跨学科学习的现实意义、教学设计流程及问题与对策，那么，研究结果就应当围绕这三大块进行介绍、分析与总结。

（二）本论的常见问题

1. 把材料当观点

一般而言，本论的写作关键在于论证而不在于陈述事实，即作者要用丰富充足的论据，通过符合逻辑的论证，提炼出新的观点。为了做到这一点，作者在写作过程中一定要对所获取的材料进行取舍、归纳、概括和提炼。

2. 数据分析不充分

很多学位论文最主要的问题之一是数据分析不充分，例如，可能没有报告平均数，或者只报告了平均数却没有报告方差。所以，作者应该检查研究结果是否建立在数据分析的完整基础之上，并能够解决研究的问题。例如，如果进行了均值比较检验，是否呈现了相关的 t 检验和方差分析的信息？如果进行了假设检验，是否有所有假设的检验结果？显著性水平是多少？研究结果的内部效度如何？是否可以很好地解释研究结果？等等。

3. 逻辑不清

正文要对研究内容进行全面的阐述和论证。一般的学术论文有两种论证方法：一是材料证明，即用调查得来的客观数据来证明；二是逻辑证明，即用一个或几个真实判断来论证另一个判断的真实性。本论要以观点为轴心贯穿全文，观点与材料统一，用材料说明观点，用观点去表现主题。

4. 不会恰当使用图、表

图、表可以用浓缩的方式一目了然地呈现材料间的关系，恰当地使用图、表，可以增强材料的丰富性与论证的充分性。

图、表绘制的注意事项

（1）图、表应具有自明性，即只看图、表不看正文，就可理解图意、表意。

（2）图、表应编排序号。

（3）每一图、表应有简短确切的题名，图号连同图题置于图下，表号连同表题置于表上。

（4）图、表中的空间要能清楚地分隔信息，不要拥挤。

（5）用水平线把表格中的标题隔开。表格中少用竖线，不要使表格中的数据看起来像装在笼子里。

（6）一个图、表尽量不要超过一页纸。

（7）在同一篇论文、报告或著作中，图、表的格式要一致。

六、结语

结语是什么？对于学位论文而言，在资料分析结束之后，明确地阐述经结果分析后形成的总体观点，或进行带有启发性的讨论，对整个研究做总结或延伸的一段或几段话语，被称为"结语"。

就形式上来说，结语是学位论文的压顶石，是最终的、总体的观点，它在逻辑上紧随研究结果，是根据研究结果作出的推敲，不是正文中各段小结的简单重复。就内容来说，结语应指出解决了哪些问题，以及研究结果与研究假设之间的对应关系，研究结果的局限性、应用价值及推广的可能性，进一步研究的可能途径和方法，仪器、设备的改进意见，等等。

一个好结语的基本要求

（1）确保是对研究结果的总结而不是对研究结果的重述。

（2）分析研究结论与已有研究所作结论的关联性，如果不一致，请作进一步解释。

（3）讨论结论的推广性及可在多大程度上推广。

（4）讨论研究的局限，并据此解释研究结果。

（5）为后续研究提供建议。比如，提出相关研究问题或者对同一个研究问题进行扩展研究。

七、注释

正文中某一术语、某些特殊情况或引文出处需作出解释，但在行文上又不宜写入正文，这时，我们可以用"注释"的形式，把这些说明性的话语或材料列在页下或文后。作注时，要在被注释术语、情况等的右上角标出注释序号，同时用 1/4 行长横线将注释文字与正文隔开。如用页下注的方式，还要注意不跨页注释。

八、参考文献

"参考文献"与"注释"这两个名词有时会混用，有时也会区分使用。如果区分使用，那么，注释（页下注或文后注）往往用于标注文中所直接或间接引用的观点、数据、材料等的来源，有时也用于对文中某些术语与特殊情况的额外说明；参考文献则是指那些能够提供背景知识或方便读者进一步阅读的文献。本文将从可混用的角度讨论参考文献。

（一）参考文献的作用
（1）尊重原作者，避免夺人之美的嫌疑，表明作者研究的严肃性。
（2）反映作者为撰写论文阅读材料的范围和水平；方便读者了解课题研究的深度和广度；是评价论文学术水平的一个重要依据。
（3）文中引文若有差错，便于及时查对。
（4）有利于有关研究者从文献中了解情况或受到启发。

（二）文献的引用原则
引用文献要尽可能地引用新近文献、核心文献、正式文献。

（三）参考文献的标注方法
参考文献比较方便的标注方法是顺序编码制，即在引文出现的地方，用阿拉伯数字按序编码，并用"上标"方式将所编号码置于引文结尾处的右上角，再以脚注的方式或在论文末尾列出对应的参考文献。

（四）参考文献的著录规则
有关参考文献的著录规则，请参看中华人民共和国国家标准《信息与文献 参考文献著录规则》（GB/T 7714—2015）。

《信息与文献 参考文献著录 规则》（GB/T 7714—2015）

九、附录

附录是指内容太多、篇幅太长，不便写入研究报告，但又必须向读者交代的一些重要材料。并非所有的学位论文都得有附录，但对某些研究来说，适当的附录能够增加研究成果的厚重感和扎实度。

通常应当列入附录的内容有：

（1）调查研究的研究工具，包括调查问卷、访谈提纲、观察表格等，如《小学数学名师课堂有效提问的观察研究》的附录《师生课堂问答情况的观察表》。

（2）写入正文有损编排逻辑，但对结果分析或结论得出确实有证明作用的材料，如《小学数学名师课堂有效提问的观察研究》的附录《"分数的初步认识"课堂提问实录分析表》。

（3）对同行有参考价值的资料，包括取材于复制品而不便编入正文的材料，如《现代汉语母语教育史研究》的附录《1897—1928 年推广国语的主要人物与事件》。

（4）某些重要的原始数据。如《统编版小学语文课本插图研究》，可以将所有插图分类、缩小后以附录的形式一起呈现。

（5）不便编入正文的罕见珍贵资料。

十、致谢

这一部分主要对在学位论文研究与撰写过程中给予过帮助的个人、单位表达感谢。就学位论文而言，通常要感谢的人包括：指导老师、提出有益建议者、资料提供者。有时，致谢对象还包括为研究工作提供便利的其他个人或单位，比如所调研的中小学、提供数据的教育行政部门、提供资金帮助的各种基金与资助单位等。

一些同学认为毕业论文致谢只是一种形式，所以就将别人的致谢拷贝过来，稍加修改作为自己的毕业论文致谢辞。这是没有将致谢看作学位论文有机构成的做法。一个好的致谢辞，既是真挚情感的自然流露，也是写作过程的侧面反映。

实践与体验

任务

古诗词教学是传承中华优秀传统文化的一条重要路径，也是一线教师的教学难点。为此，小邹同学打算以"基于典型案例的小学古诗词教学研究"作为论文选题，以最近两年发表于语文教学相关期刊上的优秀教学案例作为研究对象，对如何教好古诗词进行探析。

如果你是小邹同学，经过一段时间的研究后，你的论文可能是怎样的一个框架呢？请试着按照操作提示开展研究，并写出该论文的目录。

操作提示

（1）复习本节所学习的学位论文的基本结构。

（2）确定与语文教学有关的重要期刊，找出它们近两年所发表的所有（或几篇）小学古诗词教学案例。

（3）试着从新课导入、解读诗题、读准诗音、理解词义、感受意境和体悟情感等古诗词教学的一般环节对所选择的案例进行分析。

他山之石

《基于典型案例的小学古诗词教学研究》的目录①

摘要

关键词

一、引言

　　（一）研究背景

　　（二）研究意义

　　（三）研究现状

　　1. 关于古诗词教学案例的研究

　　2. 关于古诗词教学存在问题和解决方法的研究

　　3. 关于古诗词教学内容的研究

　　4. 关于古诗词教学方法的研究

二、研究设计

　　（一）研究对象

　　1. 关于期刊的选择

　　2. 关于案例的选择

　　（二）研究方法

　　1. 文献研究法

　　2. 案例分析法

　　3. 比较分析法

　　（三）研究维度

三、研究结果

　　（一）新课导入

　　1. 音频导入染氛围

　　2. 作者介绍导入知识背景

　　3. 图片导入忆古诗

　　4. 其他方式巧妙运用

　　5. 关于教学导入的启发

　　（二）解读诗题

　　1. 教师直接解题

　　2. 拆分法解题

---

① 该案例来自湖南第一师范学院 2018 级学生邹迎的毕业论文。

　　　（三）读准诗音

　　　1. 音律教学薄弱

　　　2. 循序渐进，用多种方式朗读

　　　（四）理解词义

　　　1. 直观识字解义

　　　2. 字理识字解义

　　　（五）感受意境、体悟情感

　　　1. 巧用图画，再现场景

　　　2. 激发想象，补充空白

　　　3. 注重朗读，读中感受

　　　4. 注重语言表达与运用

　　　5. 在对比与连读中，体会情感

　　　6. 知人论世，体悟情感

　　四、案例研究对古诗词教学的启示

　　　（一）以学生为学习主体

　　　（二）灵活运用多种教学方法

　　　（三）教师努力提升古诗词教学素养

　结语

　参考文献

　附录

　　　附录一：33 篇教学案例

　　　附录二：导入方法统计表

　　　附录三：解题方式统计表

　　　附录四：字音朗读统计表

　　　附录五：字义理解统计表

　　　附录六：情感体悟统计表

　致谢

第二节　学术写作规范与小学教育期刊常识

　　凡事均有规范，学位论文写作作为一项严谨的工作，也有符合自身规律与符合学术界约定俗成的一些规范。了解小学教育期刊，熟悉小学教育发展前沿，则是做好小学教育学术研究的应有之义。

一、学术写作的规范

开展小学教育研究需要遵守伦理性要求。小学教育研究成果的撰写，也要遵守一定的学术写作规范，杜绝学术不端。

（一）资料真实

由国家新闻出版署发布，自 2019 年 7 月 1 日实施的中华人民共和国新闻出版行业标准《学术出版规范　期刊学术不端行为界定》（CY/T 174—2019）将期刊论文的学术不端行为分为剽窃、伪造、篡改、不当署名、一稿多投、重复发表六种类型，其中前三种是写作过程中的规范，后三种是发表过程中的规范。

该标准指出，剽窃指采用不当手段，窃取他人的观点、数据、图像、研究方法、文字表述等并以自己名义发表的行为；伪造指编造或虚构数据、事实的行为；篡改指故意修改数据和事实使其失去真实性的行为。伪造、篡改均指向资料是否真实。

我国为预防和处理学术不端，除发布《学术出版规范　期刊学术不端行为界定》（CY/T 174—2019）外，还先后出台了《教育部关于切实加强和改进高等学校学风建设的实施意见》、《中华人民共和国著作权法实施条例》（2013 年修订）、《高等学校预防与处理学术不端行为办法》（2016 年 9 月 1 日起施行）等相关文件，各高校基本上也都有本校的学术不端行为查处机制。

（二）引用规范

论文在引用他人的观点、数据或其他话语时，均须在文中明确注明其确切出处。对所引用内容的来源进行标注，是尊重他人劳动成果，确保自己不剽窃的基本底线。

引用包括直接引用、间接引用和转引。直接引用，是指对原文直接加以引用。间接引用，是用自己的话对原文相关内容进行概括性的表述。转引，是指在经过努力之后仍无法找到原始文献时，通过二手文献来引用原始文献。

直接引用的主要规范一般包括：在内容择取上，不能断章取义；在表述形式上，要将所引用内容标注于引号当中；在版本选取上，对有多个版本的翻译文献或历史文献等要引用最权威版本；在引用程度上，要避免"过度引用"，包括不需要的成段成段引用，以及对同一份文献的不同内容反复引用。

直接引用时，参考文献的序号标注位置也要注意。当所引用成分作为句以上语言单位时，标注顺序为"句号（问号、感叹号、删节号）—后引号—参考文献序号"；所引用成分仅作为句子的一个成分时，则标注顺序为"后引号—参考文献序号—句号"。如以下两段文字中有两个注释：

"百姓对母语及其文化都有着天然的亲近感和朴素的热爱之情，20 万人竞答说明民众对于母语知识的渴望是何等真切！"[1]

《学术出版规范　期刊学术不端行为界定》（CY/T 174—2019）

张德鑫 2005 年提出的"水至清则无鱼"[2] 的词汇规范观，之所以影响巨大，关键就在顺应了语言约定俗成的本质特点。

间接引用的主要规范有两点：在内容上，要高度概括原文观点而并非修改文字表述；在形式上，起点位置要用"有研究者认为""据报告""同类研究表明"等字眼加以凸显，结束位置要标示对应的参考文献序号。间接引用不是直引原文，所以论文的查重报告有可能无法检索出所引用的内容与出处之间的关联，如果不严格标注出处，很容易导致剽窃或抄袭等学术不端行为发生。

转引是不被倡导的一种引用行为，因为引用者一则并未见到原始文献，不知原有语境，有可能造成误会；二则也不能确保所转引的内容完全无误。实属无奈必须要转引时，一定要在参考文献的前面标明"转引自"等字样加以说明。

另外，有一些初学者，为了达到相关机构对论文参考文献的数量要求，在不需引用甚至根本未引用的地方标注引用，这种情况是虚假注释，也必须避免。

引用时的参考文献格式规范，请参看参考文献的国家标准。

二、小学教育期刊常识

在现行评价体系内，刊物级别是评判研究成果水平的一个重要标准。

（一）核心期刊

这里的核心期刊指 CSSCI（Chinese Social Sciences Citation Index，中文社会科学引文索引，简称 CSSCI）来源期刊、全国中文核心期刊，由于这两类期刊分别由南京大学、北京大学组织认定，所以通常也被简称为"南核"与"北核"①。核心期刊不是恒定的。入选过核心期刊与小学教育有较密切关系的，有《教育研究》《课程·教材·教法》《中国教育学刊》《全球教育展望》《外国中小学教育》《教育研究与实验》《比较教育研究》《人民教育》《外国教育研究》《教学与管理》《教育理论与实践》《上海教育科研》《中小学管理》《基础教育》《心理发展与教育》等。

另外，中国人民大学人大复印报刊资料（有中小学相关学科系列刊）虽然未列入"南核""北核"，但一般被视为与"南核"同一个级别。

《与小学教育有关的核心期刊举例》

（二）一般期刊

有全国性影响的小学教育一般类刊物，有《现代中小学教育》、《中小学教师培训》、《中国教师》、《小学教学参考》、《小学教学设计》、《中小学校长》、《小学教学研究》、《小学语文教学》（会刊）、《中小学数学》（小学版）、《新课程研究》（上旬刊）等。

---

① "南核"两年评审一次；"北核"以前四年评审一次，目前是三年评审一次。"南核"与"北核"的每次遴选，新晋刊物或剔除刊物都很少，有较强的稳定性。这里"核心期刊"与"一般期刊"划分依据最新的"南核"与"北核"。

　　另外，各省、自治区、直辖市都主办了一些主要关注基础教育的教育杂志，如《上海教育》《江苏教育》《天津教育》《山东教育》《湖南教育》《宁夏教育》《四川教育》《安徽教育》《甘肃教育》《广西教育》等，这些杂志大多都有多个版本，如《北京教育》有普教版与高教版。这些刊物很少入选"南核"与"北核"，但在全国基础教育领域，至少在所在省、自治区、直辖市的基础教育领域影响较大。

主要参考文献

［1］　刘良华. 教育研究方法［M］. 3 版. 上海：华东师范大学出版社，2021.

［2］　裴娣娜. 教育研究方法导论［M］. 合肥：安徽教育出版社，1995.

［3］　叶澜. 教育研究方法论初探［M］. 上海：上海教育出版社，2018.

［4］　温忠麟. 教育研究方法基础［M］. 3 版. 北京：高等教育出版社，2017.

［5］　维尔斯马，于尔斯. 教育研究方法导论：第 9 版［M］. 袁振国，主译. 孟万金，校. 北京：教育科学出版社，2010.

［6］　高尔 J P，高尔 M D，博格. 教育研究方法实用指南：第 5 版［M］. 屈书杰，郭书彩，胡秀国，译. 北京：北京大学出版社，2007.

［7］　董奇，申继亮. 心理与教育研究法［M］. 杭州：浙江教育出版社，2005.

［8］　高尔 M D，高尔 J P，博格. 教育研究方法：第 6 版［M］. 徐文彬，等译. 北京：北京大学出版社，2016.

［9］　邵光华. 教育研究方法［M］. 北京：高等教育出版社，2016.

［10］　郑章飞，陈希. 文理信息检索［M］. 北京：高等教育出版社，2006.

［11］　冯钺. 质性研究数据分析工具 NVivo 12 实用教程［M］. 北京：人民邮电出版社，2020.

［12］　武松. SPSS 实战与统计思维［M］. 北京：清华大学出版社，2018.

［13］　邱学华. 邱学华教育实验研究［M］. 上海：华东师范大学出版社，2018.

［14］　刘力，等. 教育实验学［M］. 北京：人民教育出版社，2019.

［15］　拉伊. 实验教育学［M］. 沈剑平，瞿葆奎，译. 2 版. 北京：人民教育出版社，2005.

［16］　米尔斯. 教师行动研究指南：第 3 版［M］. 王本陆，潘新民，等译. 重庆：重庆大学出版社，2010.

［17］　斯特林格. 行动研究：协作型问题解决方案：第 4 版［M］. 郭蔚欣，译. 北京：北京师范大学出版社，2017.

［18］哈德利. 教师行动研究案例［M］. 吴欣，注. 北京：人民教育出版社，2007.

［19］陈桂生. 到中小学去研究教育：教育行动研究的探求［M］. 3版. 上海：华东师范大学出版社，2016.

［20］陈向明. 质的研究方法与社会科学研究［M］. 北京：教育科学出版社，2000.

［21］陈向明. 教师如何作质的研究［M］. 北京：教育科学出版社，2001.

［22］巴里特，比克曼，布利克，等. 教育的现象学研究手册［M］. 刘洁，译. 北京：教育科学出版社，2010.

［23］丁钢，王枬. 教学与研究的叙事探究：中加合作上海工作坊［M］. 桂林：广西师范大学出版社，2010.

［24］阿约. 人文学科学术写作指南［M］. 陈鑫，译. 北京：新华出版社，2017.

郑重声明

高等教育出版社依法对本书享有专有出版权。任何未经许可的复制、销售行为均违反《中华人民共和国著作权法》，其行为人将承担相应的民事责任和行政责任；构成犯罪的，将被依法追究刑事责任。为了维护市场秩序，保护读者的合法权益，避免读者误用盗版书造成不良后果，我社将配合行政执法部门和司法机关对违法犯罪的单位和个人进行严厉打击。社会各界人士如发现上述侵权行为，希望及时举报，我社将奖励举报有功人员。

反盗版举报电话　　（010）58581999　58582371

反盗版举报邮箱　dd@hep.com.cn

通信地址　北京市西城区德外大街 4 号

　　　　　高等教育出版社法律事务部

邮政编码　100120

读者意见反馈

为收集对教材的意见建议，进一步完善教材编写并做好服务工作，读者可将对本教材的意见建议通过如下渠道反馈至我社。

咨询电话　400-810-0598

反馈邮箱　gjdzfwb@pub.hep.cn

通信地址　北京市朝阳区惠新东街 4 号富盛大厦 1 座

　　　　　高等教育出版社总编辑办公室

邮政编码　100029